本研究受全国教育科学规划项目"国家资历框架研究"（项目号：AKA160011）、教育部发展规划司委托项目"教育现代化指标国际比较研究"、清华大学互联网产业研究院（项目号:201799003）、清华大学－长水学习与人类发展研究院资助

走向终身学习和教育现代化

国家资历框架的理论和实践

TOWARDS LIFELONG LEARNING
AND MODERNIZATION OF EDUCATION
THEORIES AND PRACTICES OF
NATIONAL QUALIFICATION FRAMEWORKS

文 雯 吴圣楠 著

社会科学文献出版社
SOCIAL SCIENCES ACADEMIC PRESS (CHINA)

导　言

文　雯

　　21 世纪的第二个 10 年标志着一个新的全球历史节点，全球的智力格局和物质基础发生了翻天覆地的变化，教育和学习在人类发展中的作用日益凸显却又变得异常复杂：信息技术的进步让学习变得人人可得、随时随处可得，学习的门槛似乎被极大地降低，但对学习成效的认可却又争议重重；技术革新正在重塑工作需要的技能，教育与就业之间的鸿沟日益扩大，劳动力市场对高级认知技能、社会行为技能以及能够预测适应能力的技能组合需求不断上升，但现有教育系统对这些新兴工作岗位和技能要求的应对能力不足，人力资源未能得到充分有效开发；经济全球化程度的加深一方面加速工作者和学习者在国家间的流动和在不同工作岗位上的转换，另一方面又扩大了国家和地区间的不平等，使发展中国家面临经济损失、人才短缺、价值危机和文化殖民主义；快速的经济发展和城市化进展正在消耗不可再生的自然资源，人与环境的关系岌岌可危，人类发展模式需要重新被定义……所有这些复杂多变的全球性议题，都敦促我们重新审视知识和教育在人类发展中的作用。①

　　为应对这些挑战，联合国提出 2015 年后全球发展议程，形成了以人的全面发展为中心，强调经济、社会、环境三位一体的可持续发展理念，将"兼容并包和公平的优质教育，为所有人提供终身学习机会"看作是实现这一理念的核心。我国的十九大报告也将建设社会主义现代化强国部署为"全面建成小康社会（2017～2020）"、"基本实现社会主义现代化（2020～

---

① 　世界银行：《2019 年世界发展报告：工作性质的变革》，华盛顿特区：世界银行，2019。

2035)"和"全面建成社会主义现代化强国（2035～2050）"三个阶段，不仅确定了从工业社会到知识社会、从工业经济到知识经济、从人口大国到人才强国的发展模式转型，而且确定了从以经济建设为中心到以人的生活质量为中心的发展内涵转变。学习和教育在人的全面发展中扮演重要角色，是确保人的主体性和人的独立自由得以实现的关键，更是我国民生的核心构成部分。

可以说，经济社会变革与人自身发展的双重需求敦促我们重新审视知识和教育的发展形态及作用——不断增强教育系统的多样性、灵活性和社会性，使教育和学习成为社会生产和人类生活不可或缺的力量之源。事实上，如何构建终身教育体系和学习型社会是世界各国现代化发展中面临的难题，其难点在于如何在普通教育和职业教育之间，正规学校教育和非正规、非正式学习之间搭建"立交桥"，从而打破不同教育轨道之间的条块分割，有效衔接和融合各种壁垒鲜明的教育形态，进而消解学习的等级性、地域性、时间性，使学习成为我们与他人及周围世界的日常互动中持续发生的事情。

1996年雅克·德洛尔在递交给联合国教科文组织的报告《学习——内在的财富》中指出，终身学习将成为打开21世纪大门的一把钥匙。该报告超越了传统意义上对正规学校教育和继续教育的区分，直面快速变化的世界所带来的各种挑战，强调学习在人的一生发展中的必要性。《2030年可持续发展议程》中再次强调终身学习对提高社会包容性、增强积极的公民意识和促进个人可持续性发展的重要性。在过去的五十年中，科技创新的不断发展对学习的理解产生了深远的影响。学习不再被截然划分为仅发生于获取知识的地点（学校）和时间内以及应用所获知识的地点（工作场所）和时间内。相反，学习被看作是在我们与他人及周围世界的日常互动中持续发生的事情。

建立学习"立交桥"的关键在于对各种形式学习成果的认证。目前，国际上较为流行的学习成果的认证、积累与转换制度模式主要有三种，分别是以欧洲为代表的国家资历框架模式（National Qualification Framework，NQF），以加拿大、美国为代表的协议式模式和以韩国为代表的学分银行模式。其中，国家资历框架是基于知识、技能、能力、态度和价值观等学习成果对学习者能力进行评价的综合体系，是对学习者具备可以从事某种职业活动的条件和身份的认可，也是一种制度化程度最高、牵涉到利益群体最多的制度模式。从世界各国近 40 年的社会改革实践来看，国家资历框架是认可程度最高、使用范围最广的一种政策工具，自 20 世纪 80 年代在英国诞生后已在全球 150 多个国家和地区得以扩散。这些已经或正在构建国家资历框架的国家希望通过构建资历框架促进人们通过各种正规、非正规学习渠道所取得的不同性质与类型的学习成果转换，加强教育和劳动力市场衔接，最终推动终身学习。

国家资历框架（NQF）是一种对学习者掌握的知识、技能、能力和态度等进行标准化评价的制度工具，它有三个重要特点：一是不同于传统意义上的学历或学位证书基于教育过程对人的资质进行认可，资历主要是基于学习成果对学习者具备某种资质、资格，具备可以从事某种活动的条件和身份的认可，是评价社会人才规格的一种新标准；二是国家资历框架按照学习者在知识、技能、能力、态度上的递进形式或不同层级的就业与岗位需求，为学习者终身学习提供了向上进阶的通路，即达到相应资历的学习者可以以此申请相应的资历，参与下一个资历的学习；三是国家资历框架打破了普通教育、继续教育、职业培训等各类教育形式之间的隔阂，认可人们通过正规学习（formal learning）、非正规学习（informal learning）、非正式学习（non‐formal learning）所获取的学习成果，认可在职场、工作场、生活场的学习成果和工作业绩，通过质量保证机制，实现学校教育和非学校教育、正规学习和非正规学习、成人教育和职业培训等不同类型的教育之间学习成果的相互认可和多维转换。

截至 2018 年底，全球已有 150 多个国家和地区已经或正在构建国家资历框架①，西方发达国家中除了美国，几乎都已经建立了国家资历框架体系，发展中国家如南非、印度、东盟成员国等也都建立了国家资历框架或

---

① 欧洲各国在欧盟的强势督促之下，截至 2016 年底已有 33 个成员国正式完成国家资历框架的创建，另有 6 个成员国处于设计开发阶段。亚洲的国家资历框架建设相对较晚，在东盟的倡议下，目前文莱、柬埔寨、印度尼西亚、马来西亚、菲律宾、新加坡、泰国等 7 个成员国已经建立国家资历框架；老挝、缅甸、越南以及东亚的日本、韩国、中国尚处于设计开发阶段。

者正在建立过程中。① 从西方各国的实践效果来看，虽然国家资历框架的设计蓝图十分完美，但因为现实中的种种困境，并没能达到全部的预期目标。在大多数国家只实现了以下三个目标：第一，为国家的教育和培训系统提供了一套共用的话语体系；第二，增加了教育和培训系统的连续性和协同性，使之更加统一；第三，为学习者在不同教育类型之间的流动提供了可能。② 而对于将职业教育和普通教育公平对待、为政府和社会提供问责和控制工具、提升学习质量、变革经济和社会等目标尚未完全达到。

各国的国家资历框架在实施过程中有以下一些经验或教训：第一，国家资历框架所提供的话语体系依旧有可能出现混乱（如爱尔兰）或者被社会拒绝接受（如新西兰）；第二，国家资历框架的设计和实施需要利益相关群体广泛和深入地参与，如果对话和共识不能发生，国家资历框架也就形同虚设（如东南亚国家），资历得不到教育者和市场的认可；第三，国家资历框架是监管资历的管制型工具，尤其对职业教育来说，在已经有成熟的管制体系的国家（如俄罗斯），国家资历框架的管制功能就不能得到正常发挥；第四，国家资历框架不能解决教育资源短缺而导致的质量问题（如南非）；第五，国家资历框架的一个重要制度安排是学习的单元化和模块化，这有可能增加学习的灵活性，但并未解决深层次的教育问题，比如教育公平问题，国家资历框架在有些国家甚至降低了教育系统的透明性，造成了学习的碎片化；第六，各国为推行和实施国家资历框架往往动用大量财力、人力建设国家机构，但由于普遍存在官僚化、高成本的问题，并未形成雇主和学习者的需求导向。总而言之，各国实施国家资历框架的经验告诉我们，国家资历框架不是解决教育问题的万能灵药，这一制度能否充分发挥作用取决于该国是否拥有政治、经济、社会、教育与学习的文化等多种要素，以及质量保障、课程评价等一系列配套政策。

进入 21 世纪以来，我国一直陆续有类似国家资历框架的行业性和区域性尝试。党的十八大提出了"构建终身教育立交桥，畅通人才成长渠道"

---

① 朱贺玲、文雯：《从"一致"、"等值"到"认可"：教育资历跨境认可的全球实践和新动向》，《复旦教育论坛》2018 年第 3 期。

② D. Raffe, "What is the Evidence for the Impact of National Qualification Frameworks?" *Comparative Education* 49（2013）：143 – 162.

综合改革任务，《中华人民共和国国民经济和社会发展第十三个五年规划纲要》中将完成这一任务的路径正式明确为"组建国家资历框架管理机构，发布国家资历框架，制定统一的学习成果、认证标准；建立国家资历框架认证平台，建设国家学习成果转化管理网，学习成果认证服务体系等基础设施，为学习者建立终身学习成果档案；推进同层次或不同层次学校之间，学校与行业、企业、培训机构之间，区域之间实现学习成果互认"①。虽然国家政策中有了对国家资历框架相对明确的目标表述，但各部门对政策实施的方式和前景在整体上持谨慎和观望态度，不同部门和行业对于实施步骤的意见还存在一定的分歧。

资历体系的组织方式是一个国家教育培训体系的重要基础性特征，资历体系的改变并不是一种表面的、简单的、"加法式"的改革，而是可能触及教育培训深层运作的重大变革，会影响整个国家技能和知识供给的数量、质量和方向，乃至社会经济的长期发展和运行。②毫无疑问，国内已有的研究和实践成果为我国建立国家资历框架提供了大量有价值的信息，但是这些成果对于揭示如何实现国家资历框架与既有社会经济制度环境的匹配，更好地促进人力资本提升和社会经济发展，避免美好的制度设想最终束之高阁，避免改革反而损害社会发展潜力等方面是远远不够的——我们必须对国家资历框架实际发挥作用的条件和范围、国家资历框架内在逻辑与外在制度背景的关系有高度的理论自觉。

国家资历框架究竟是一种什么样的制度？其内涵、结构、功能及其在整个社会系统中的定位是什么？如果其功能如研究显示的那样并非全然实现，为什么短短半个世纪就能在全球范围内得以扩散？中国近年来在该领域的尝试性实践究竟是全球化推动下不可抗拒的趋同性使然，还是有内在的社会需求？中国特有的学习和教育文化传统、教育治理体系、教育现代化的目标和任务将会如何影响这一制度在中国的发展？基于上述这些问题，本书系统梳理了国家资历框架产生和发展的背景（第一

---

① 王立生：《落实十九大精神，加快国家资历框架建设》，教育部网站，http://www.moe.gov.cn/jyb_xwfb/moe_2082/zl_2017n/2017_zl76/201804/t20180419_333588.html。

② Michael Young, *National Qualifications Frameworks: Their Feasibility for Effective Implementation in Developing Countries* (Geneva: International Labour Organization, 2005).

章)、国家资历框架的内涵和理论基础（第二章）、国家资历框架的国家及区域实践（第三章）、国家资历框架的多样性和制度背景（第四章）、国家资历框架和跨境教育资历认可（第五章）、国家资历框架的中国背景（第六章）、中国特色国家资历框架构建（第七章），在深入探究国家资历框架的内涵及各国实践的基础上，尝试对我国建立国家资历框架的必要性进行论述，同时对我国国家资历框架的构建和实施进行整体的制度设计。

世界各国国家资历框架建设的不确定性意味着我们可能需要探索一条中间道路，一条不同于大多数妥协方案的中间道路。这条中间道路需要充分考虑中国的政治制度、教育体制、历史传统、教育和学习的文化。我们不能被西方的概念和制度所迷惑，进而在思想和行动上被它们所误导，我们需要穿越概念的丛林，找到教育改革创新的正确方向。①

---

① 石中英：《穿越教育概念的丛林，找到教育改革创新的正确方向》，搜狐网，http：// mp. sohu. com/a/289766700_815891。

目 录
Contents

第一章
国家资历框架产生和发展的背景

国家资历框架（National Qualification Framework，NQF）是一种源自英国的制度工具，这一制度通过对学习者的知识、技能、能力（而非传统意义上的学历或证书）进行标准化的规定和评价，衔接教育系统和劳动力市场之间的认证制度，进而统整一国内部各种正规、非正规、非正式的学习形式，搭建不同类型、不同层次教育培训之间的"立交桥"，最终实现终身教育。国家资历框架主要包括三个制度要素：第一，标准化的学习成果；第二，学分转换和累积系统；第三，对先前学习经历的认可系统。①

自20世纪80年代末以来，随着高等教育国际化和区域化进程的加快加深，国家资历框架如同雨后春笋一般在世界各国快速发展。截至2018年底，全球已有150多个国家和地区已经或正在构建国家资历框架。整体来看，因为欧盟有统一欧洲高等教育的勃勃雄心，在其强势推动下，成员国几乎都建立了各自的国家资历框架，并且与欧洲区域性资历框架完成对接；相比之下，东盟推行国家资历框架的方式则相对柔和，但东盟10个成员国中也已有7个完成了国家资历框架的设计，另外3个成员国也将国家资历框架建设提上日程。中、日、韩三个东亚国家由于独特的教育、文化传统，在建立国家资历框架上持观望态度，步伐相对缓慢，但也都不同程度地将其提上了政府日程。

国家资历框架的产生有其特殊的时代背景。这一制度最初的产生与20世纪70年代新自由主义政治思潮的流行和政党的政治实践有直接关系，但

---

① 文雯：《中国特色国家资历框架构建：一种制度构想》，《中国高等教育》2019年第8期，第42~44页。

在后期能得以成为一种遍及全球的制度，还有更为复杂的社会、文化和教育原因。本章将从新自由主义与教育市场化、知识经济时代的教育、全球化时代的教育、教育向学习的观念转变四个方面阐述国家资历框架产生和发展的背景。

1. 新自由主义和教育市场化

新自由主义最初是英、美等西方国家为克服经济"滞胀"危机而采取的经济政策，其核心政治主张是自由化、市场化、私有化，反对政府干预经济，认为只要排除各种障碍和干预，让市场机制自发地发挥作用，人类就可以达到所有可能实现的状况中最理想的状况。[1] 随着新自由主义政策在经济领域的成功，加之苏联解体和东欧剧变引起的地缘政治结构变化，新自由主义逐渐演变成一种意识形态和社会思潮，并渗透到教育领域。新自由主义在教育领域的主张是，教育要引入市场和竞争机制，要像企业那样建立在对经济效益的考量的基础上，应该减少一切国家干预和财政支持，因为它们对于自由市场的运行是有害的，并且会导致低效。[2] 新自由主义代表人物弗里德曼在《政府在教育中的作用》一文中指出：公共教育制度缺乏必要的市场竞争的约束，效率低下，资源浪费；要改变这种状况，唯一的出路是走市场化道路。[3]

新自由主义对市场和效率的追求，对专业团体利益的普遍怀疑，对"客户导向"和"市场驱动"的教育与培训体系的信任，以及"根据结果付款"的问责制度，在中央政府对教育与培训干涉传统较弱、在教育领域采取新自由主义政策的国家（如英国、澳大利亚、新西兰等）得到积极的响应和支持，这些国家纷纷采纳了以国家资历框架、学分积累与转换体系为主的教育绩效考核标准和制度工具。在这些国家中，中小学和大学逐渐

---

① 陈玭、张以明：《论新自由主义理论的历史性困惑》，《贵州社会科学》2019 年第 2 期，第 24 ~ 29 页。

② 贺五一、〔波兰〕亚采克·斯罗科斯：《波兰高等教育市场化论析——兼与中国高等教育改革相比较》，《江苏师范大学学报》（哲学社会科学版）2019 年第 5 期，第 111 ~ 116 + 124 页。

③ 张征：《新自由主义背景下大学制度变革研究》，中国海洋大学出版社，2014，第 15 页。

摆脱地方政府的控制，并被迫参与对学生与经费的准市场竞争。

国家资历框架作为一种从市场对劳动力的需求出发而制定的教育标准规定，实际上体现了自由市场（服务质量）导向与强大的国家官方控制的结合。① 一方面，国家资历框架通过对学习成果的标准进行规定甚至是预先指定，对各级学校教育施加影响，使其与自由市场需求相适应。其中暗含了自由主义思潮对教育的重要主张之一，即学习本身不是目的，而是达到目标的一种手段，这个目标就是提升学习者在自由市场中的竞争力，学习的目的是获取最好的知识和技能以达到在劳动力市场的成功。另一方面，国家政府也依据国家资历框架设定的标准对教育和培训进行质量评估，实际上是根据劳动力市场的要求对教育质量进行监控，促进教育和劳动力市场的结合。

2. 知识经济时代的教育

"知识经济"一词最早出现于 20 世纪 60 年代。1996 年，经济合作与发展组织（OECD）在年度报告《以知识为基础的经济》中对"知识经济"作出了定义：知识经济是以知识（智力）资源的占有、配置、生产和使用（消费）为最重要因素的经济形态。② 这是相对于农业经济与工业经济提出的概念，是依据经济形态赖以存在和发展的基本资源与生产要素的结构及其特点制定的标准。农业经济最依赖土地和劳动力，对知识和资本的依赖较小；工业经济也较为依赖土地和劳动力进行机械化生产，对资本和知识的依赖逐渐增加；而知识经济对土地的依赖较小，对劳动力的要求从更依赖体力转变为更依赖脑力，对资本尤其是知识资本的依赖更大。有学者认为，知识经济就是以知识和信息的生产、分配和使用为基础，以创造性的人力资源为依托，以高科技产业为支柱的经济。③ 知识已经成为知

---

① 贺五一、〔波兰〕亚采克·斯罗科斯：《波兰高等教育市场化论析——兼与中国高等教育改革相比较》，《江苏师范大学学报》（哲学社会科学版）2019 年第 5 期，第 111～116＋124 页。

② OECD, *Measuring What People Know: Human Capital Accounting for the Knowledge Economy* (Paris: OECD Publishing, 1996), https://doi.org/10.1787/9789264065482-en.

③ 周巧姝：《浅析知识经济与现代教育创新的发展》，《长春师范学院学报》2006 年第 12 期，第 171～172 页。

识经济时代经济发展的主导性生产要素。知识的生产、传播、转化及应用推动了生产技术革命，促进了现代信息技术的发展，有力地推动了全球经济一体化。信息技术的发展使知识以前所未有的速度在全球范围内流动，市场对于经济变化反应更为灵敏，也更为开放，为跨国组织、跨国项目提供了发育的土壤，也日益深化了国家间的产业转移和国际分工，深刻影响了各国经济发展、产业结构的变化。知识作为一种新兴的无形资产与生产要素，被谁拥有、向谁流动，都能够反映出知识经济时代的主导权掌握在谁的手中。

知识经济时代有两大明显的特征：其一，知识的数量爆炸性增长，并呈现出快速更新迭代的特征；其二，知识获取的渠道更为多样化且更为便利，知识的生产和传播出现在经济生产过程的各个环节中，而不仅仅局限于学校等正规教育场所。这对知识经济时代的学习和教育提出了新的挑战。

首先，快速更迭的知识使得学习者在学校里学到的知识在他们进入劳动力市场时已经不能完全适应工作场所的需要。知识更新迭代的周期在持续性地缩短，不久以前还被广泛使用的技能，也许在一次知识变革之后就会彻底被新技术所取代，譬如数十年前在会计部门吃香的珠算技能，在计算机技术普及之后便逐渐被冷落，人们开始习惯在计算机的环境里进行无纸化办公。随着技术的进步，人类需要不断学习新的技能，提高自己的受教育水平，去适应工作岗位新的要求。随着经济的发展，越来越多的工作岗位对一般劳动力的知识、技能水平也提出了更高的要求。自 2001 年以来，新兴经济体中高端认知技能和社会行为技能密集型职业的就业比例从19%增加至23%，发达经济体中这一比例从33%增加至41%。[1] 技术变革导致人们更加难以预测在不久的将来哪些工作需要的技能会持续发展，而哪些工作所需要的技能将被淘汰。[2] 传统的教育体系愈发难以适应劳动力市场的结构性变革，教育系统在传授传统知识、培养基础技能以外，若是

---

[1] 世界银行：《2019 年世界发展报告：工作性质的变革》，华盛顿特区：世界银行，2019。

[2] 叶赟：《我们用什么和机器人展开竞争？高阶认知技能和社会行为技能》，《劳动报》2019 年 10 月 15 日，http://www.labour‒daily.cn/shsldb/lbxw/content/2e6f3a3d‒4a8a‒412e‒b823‒6ca9dfc93d72.html。

只针对具体某一工种进行专业化的培养，则难以及时根据市场的需求进行培养体系的调整；而针对具体工作进行的技能的学习和调整越来越多地发生在学校之外，发生在人生的任何一个可能的时间段中。此外，人们不得不接受的是，机械技术的发展减轻了人力劳动的负担，提高了工作效率，却也在快速地削减旧有的工作岗位。机器取代的不仅是人力，更可能是一整个工种。

其次，知识经济的发展，不仅对一般劳动者提出了终身学习的要求，也对高素质劳动力提出了不断创新的要求。知识经济所需要的知识不是一般的知识，而是能够推动和引领经济发展、对生产力发展起决定性和启发性作用的知识。[1] 这种知识往往具有跨学科、创新性的特点，知识的增长也越来越依赖于跨学科、跨部门的综合，大学也随之成为一个更为开放的系统，不仅研究领域的学科界限逐渐模糊，学术研究与政府、市场等的边界也越来越模糊，而且大学生产的知识越来越具有任务导向（mission - oriented）、跨学科、复合型、利益群体多元和评价标准多元等特点，这对大学人才培养模式也提出了新的要求：大学不仅要培养跨学科的知识生产者，还要培养能将跨学科知识与解决复杂问题所需技能联系起来、具备创新精神和创新实践能力的创新型劳动者。

再次，知识经济时代的知识生产和传播超越了正规教育体系，知识不仅是由学校系统进行生产，也可以由企业、社会组织乃至个人进行生产和传播。科学技术尤其是信息技术的发展使知识的获取更为便利，人们获取知识的渠道也变得越来越多样化。在此情况下，知识的大门向大众敞开，拥有知识不再是少数人的权利，而是普罗大众共有的权利。这意味着知识作为一种生产要素的可获得性增强了，人们学习、接受教育的场所和实践发生了变化——学习、教育不再仅仅局限于学校范围内，也不再仅仅局限于规定的受教育年限内，而是拓展到了社会生活的各个领域和阶段。

可以说，知识经济时代的教育能够赋予人们这样一种能力，它不仅能够使人们获得知识，同时能够使人们利用知识去创造更大的经济价值。而

---

[1] 贝毅、曲连刚：《知识经济与全球经济一体化——兼论知识经济条件下国际产业转移的新特点》，《世界经济与政治》1998 年第 8 期，第 28～30 页。

为了获得这样的能力，人们对于教育和教育体系变革的需求也在日益增强，不仅对学习的内容有了新的要求，对于学习的时间、场所也都有了更加灵活的要求。国家资历框架在一定意义上就是这样一种衔接教育系统和劳动力市场的制度工具，它提供了一个帮助劳动者界定学习水平、鉴定技能水平的机制，而不受限于这种水平是在何时、何地达到的。这种制度使劳动者能够在不断变化的劳动力市场中得到雇主的认可；而对雇主来说，国家资历框架也提供了评价人才是否符合工作岗位需求的参考标准体系。

3. 全球化时代的教育

经济发展和技术进步推动人类社会进入了全球化时代。交通技术和通信技术的快速发展打破了空间和时间的隔阂，加强了世界各地的往来沟通，促使人类成为在同一时空中共同生活的整体，并产生了相互依赖、共同生活、风险共担的全球文化。全球化的现象首先出现在经济领域，20世纪90年代以来，随着冷战的终结和世界贸易组织（WTO）的诞生，经济全球化进入了一个全新的阶段，不仅形成了真正意义上的世界市场，而且出现了统一的、有约束力的国际经济规则；全球性的区域经济合作也呈现出前所未有的发展。[①] 全球化不仅出现在经济领域，也以不可阻挡之势进入了教育领域。三次技术革命极大地推动了国家间的产业转移和国际分工，也促进了人员、项目和产品的全球流动。交通运输技术的成熟和信息技术的发展为跨境教育活动的开展提供了便利条件；产业转移和国际分工的深化也促进了以知识生产为核心目的的教育相关人员、知识、项目、政策、理念、课程、研究和服务等跨越国家或区域的流动。

当前，跨国学术交流频率的增加、跨国教育与服务的增多、跨国流动人次的增加均体现了高等教育全球流动的重要趋势。据联合国教科文组织的统计，2017年，全球有580万名学生在国外学习[②]，并且这一数字还将持续增长。高等教育学生流动的国际版图也发生了变化，从早先的欧美为

[①] 李向阳：《全球化时代的区域经济合作》，《世界经济》2002年第5期，第3~9+80页。

[②] UNESCO, "Education: Outbound Internationally Mobile Students by Host Region," http://data. uis. unesco. org/Index. aspx? DataSetCode = SCN_ DS.

全球高等教育的中心，到 21 世纪出现了一批新兴高等教育中心。根据调查数据，尽管全球范围内近半数留学生仍主要分布在美国（19%）、英国（10%）、法国（6%）、澳大利亚（6%）和德国（5%）等传统留学强国，但是这些国家的留学生人数占总数的份额不断下降，从 2000 年的 55% 下降至 2012 年的 47%。越来越多的学生选择了新兴国家作为留学目的地，如中国（2%）、沙特阿拉伯（2%）、土耳其（1%）、韩国（1%）等。① 从流动趋势上看，在传统的南—北流动以外，也逐渐有了越来越多的南—南流动。

　　教育流动的内涵也在不断扩大，从传统的人员流动（学生、教师、学者交流访问）扩展到项目流动、供应商流动（建设分校），乃至制度流动（质量保障、资历框架、学分体系的相互借鉴）。截至 2017 年 1 月 20 日，全球共有 248 所海外分校，另有 22 所正在筹建中，这些分校分布在四大洲 73 个国家中，其中亚洲 26 国 146 所，欧洲 25 国 61 所，美洲 9 国 22 所，非洲 13 国 19 所。② 国际教育流动日益频繁和深化的背后主要有两方面的动力：一方面，国际学生支付的高昂学费往往成为目的院校的重要经济来源之一，在一定程度上提供了高等教育机构发展国际教育的动力；另一方面，由于国际化教育通常被视作提高教育水平、增加教育多样性和促进跨国知识交换的手段，不断提高高等教育的国际化水平也成为大多数国家高等教育的政策目标。

　　教育国际化的过程中面临的障碍也随之凸显。不仅来自不同国家的学生面临语言、学业上的挑战及文化的冲突，多元化的国际生源也向各国教育系统及教育机构提出了更多的教育服务需求。首先，不同国家教育质量缺乏统一的衡量标准和规范。国际学生最为关心的问题是：他/她所选择的跨国教育机构/项目是否真实可靠——是否拥有开办教育机构或开设教育项目的合法执照，是否拥有向国际学生颁发文凭、学位等的资质？即使在当地是被承认的合法机构或项目，国际学生的来源国是否承认这些机构

---

① OECD, *Education at Glance* 2019 *OECD Indicators*（Paris：OECD Publishing, 2019），https：//read. oecd－ilibrary. org/education/education－at－a－glance－2019_f8d788od－en#page5.

② Cross－Border Education Research Team，*C－BERT Branch Campus Listing*（Albany, NY：Author, 2017），http：//cbert. org/resources－data/intl－campus/.

或项目的合法性？其次，这些机构/项目的教育质量如何，在当地、在学生的来源国分别属于什么层次和水平？在学成之后，学生的学业水平应该如何评判，能否达到其来源国家对应的教育水平标准？而在各国教育体系和评价体系不一致的情况下，学生又如何证明自己已经达到一定的教育水平，满足相应的人才需求？另外，此类学历、学位证书需要通过什么机构证明才有权威性？在解答这一系列问题的时候，各国教育机构/项目的学习内容、学习时长的规定如果缺乏透明性，便难以比较国外教育机构/项目与本国教育机构/项目之间的差异。随着国际教育机构及项目不断增多、牵涉国家不断增多，以上问题在实践层面也会日趋凸显，在一定程度上对高等教育国际化的进一步发展形成了阻碍。如果各国间教育体系无法互通，则国际教育将仅仅是在国家的夹缝中孕育的怪胎，无法对学生形成持续的吸引力。

随着教育全球流动的增强，先发国家与后发国家在教育上的竞争与冲突日益明显。我们正在步入一个新的历史阶段，各国之间相互联系和相互依存，各种复杂性、不确定性和张力达到了前所未有的程度。全球化竞争所带来的不平等的加剧，民族主义、反全球化浪潮等问题出现，是全球教育治理中需要应对的挑战。教育全球化的过程中，先发国家已形成的教育体制构成了文化霸权，迫使后发国家迎合其所制定的、对其有利的规则体系。在此情况下，后发国家也通过加强本土的教育制度和文化建设，试图打破西方国家主导的国际教育格局。实力较强的后发国家逐渐成为新兴的高等教育中心，试图打破业已形成的教育壁垒（无论是知识上的还是制度上的），结成新的区域性教育联盟，为本土文化圈的相关群体争取利益。新兴的高等教育中心将更加强调本土文化特色，建设本土制度体系，以此来获得一定范围内教育治理的主导权。自此，世界教育必然会由单一中心向多个中心的格局发展。但是在全球化的大背景下，各种区域性高等教育中心的形成也将带来新的问题：一方面，它需要在中心辐射范围内建设一个各国互通的教育系统，以促进地区内部的教育流动；另一方面，也需要一套更为透明、可比的教育流动体系，使其既能满足区域内部沟通的需求，又能减轻区域外交流的困难。

因此，教育全球化的进一步发展需要一套统一的、可行的、权威的教育标准体系，用以指导国际教育中教育机构/项目资质鉴定、学生学业水平评价、学分认可及学习等级转换、教育质量评估等具体工作，从而消除教育服务中出现的技术壁垒，推动教育国际化进入新的阶段。本书所讨论的国家资历框架在一定程度上提供了一套基于学习成果的标准体系，同时也具有较大的国际可比性，是促进教育国际化的重要手段。

4. 从教育向学习的观念转变

联合国教科文组织在《反思教育》一书中指出，当今世界的教育格局正在发生剧变，主要源于人类的学习模式在过去二十年里发生了巨大的变化。[①] 移动通信技术使人们与知识的交流互动方式发生了改变，人们可以采用的知识来源增多，知识应用门槛降低，学习机会也得以增加。人们获取知识的途径被拓宽，学习空间不再局限于学校的教室而是延伸到了教室之外，学习结构的安排将更为松散，但也更为新颖，这将深刻影响教学方法、教师的权威和学习过程。传统的正规教育系统难以应对如此快速的变化，正规教育之外的学习将比以往发挥更大的作用，学习格局将向混合、多样和复杂的趋势转变。在此情况下，学习不再是在人生规定时段中、在固定的学校场所内进行的活动，而是作为一种社会经验贯穿人的一生，不断为人的发展进行丰富和补充。人们越来越需要实现正规学习、非正规学习与非正式学习三者的互动与结合，进一步拓展学习的空间和时间，形成终身学习的习惯和能力，以灵活的非正规学习与非正式学习弥补正规教育系统对于工作领域需求的滞后。

在这样的背景下，教育理念发生了从"教育"到"学习"的转变，更加强调教育活动中学习者的主体性。这意味着学习者不再是完全受制于传统正规教育系统的被动的接受者，而是成了依据自身需求选择教育资源、进行自主学习的主体。在非正规与非正式学习的领域中，学习者有权自主设计"培养方案"——依据其个人兴趣、发展需求来选择相应的学习模

---

① 联合国教科文组织：《反思教育：向"全球共同利益"的理念转变?》，http：//unesdoc. unesco. org/images/ 0023 /002325 /232555c. pdf。

块。教师的权威性及对学习者的约束力降低，教师成为学习者学习过程中的引导者和辅助者。

但是这一转变也会面临新的问题。尽管"教育"向"学习"的转变前所未有地强调了学习者的主体性，技术手段的发展也为人们打造了"无边界学习"的愿景，学习行为却仍然很难在大众日常中广泛发生。技术的发展大大提高了知识的易得性，却并不足以构建学习者独立的、以自我为导向的学习动机，也因而难以保障学习的切实发生。而过于迎合市场人力资本需求、过于关注学习者个体的教育体系也极容易忽视知识本身的整体性，导致学习内容碎片化、学习过程随机化，难以保证教育质量或学习质量。脱离了固定的学习场所和教育系统，非正规教育与非正式学习如何保证质量，确保其能赋予学习者"强有力的知识"？对于用人单位而言，他们凭借什么标准判断学习者真的具备了就业岗位所需求的知识、能力或素养？理想情况下，国家资历框架可以提供一套涵盖各个学习阶段、反映不同层次学习者知识能力及素养的标准体系，它不仅能够用以评价学习者的实际学习成果，由此判断其能否胜任某一工作岗位，更可以为广大学习者勾勒出终身学习的框架和进阶路线，引导学习者在个体需求的基础上不断完善自身知识和能力。国家资历框架作为一种衔接正规学习与非正规学习、非正式学习的理想工具，因而受到了各国的青睐。

第二章
国家资历框架的内涵和理论基础

　　国家资历框架的核心在于对资历的认证和编排。在各国的实践中，国家资历框架主要存在两种价值取向，即学习成果取向和过程制度取向，其中运用最为广泛的是学习成果取向。[①] 作为一种基于学习成果的认证机制，国家资历框架不仅涉及正规学习，还涉及非正规学习和非正式学习。国家资历框架的运作方式是基于能力标准来判断个体的学习成果达到了何种资历级别的要求，并给予认可。这些环节共同构成了国家资历框架的基本要素。

　　国家资历框架连接了教育、培训、学习者和劳动力市场，发挥了多方面的功能：不仅为学习者的终身学习提供了通路，也为国家教育治理提供了重要抓手。国家资历框架具备对接各个国家劳动力市场和教育系统的功能，使其在全球治理中也扮演了重要角色。本章将从国家资历框架的概念、价值导向和功能三个方面阐述其基本内涵，从终身教育、全球治理和国家治理三个方面讨论其理论基础。

1. 国家资历框架的内涵

　　理解国家资历框架，需要把握其基本概念、价值导向和基本功能。资历（qualification）、认可（recognition）、资历级别（qualification levels）、通用能力标准（level descriptor）是国家资历框架的核心概念，正规学习

[①]　〔英〕迈克尔·杨:《把知识带回来——教育社会学从社会建构主义到社会实在论的转向》，教育科学出版社，2018。

(formal learning)、非正规学习（informal learning）、非正式学习（non – formal learning）则是其运用场景。不管其价值导向为何，国家资历框架在世界各个国家都发挥了诸多相同或相似的功能，也有一些国家根据自身需要对国家资历框架提出了更多的功能要求，这些或同或异的功能是推动国家资历框架在全球扩散的重要动力。

1.1 国家资历框架的相关概念

1.1.1 资历

资历（qualification）是国家资历框架的核心，这一概念容易与学位、文凭、证书等混淆，有必要首先对此进行辨析。总体说来，资历、证书、文凭和学位四个概念在含义上既有重叠又有所区分。

从概念内涵上来看，"资历"一词的内涵最为广泛。按照经济合作与发展组织（OECD）的定义，资历是"评价、认定过程的官方结果（认定证书、结业证书、称号），由合适的机构对学习者按照规定的标准达成的学习成果，或者在特定业务领域具备的所需能力（实践性工作、项目完成能力）作出的判定；是对劳动力市场及教育培训中的学习成果价值予以的官方承认，有时也是开展某项业务所需的法律资格"[①]。从某种程度上来说，资历可以将证书、文凭和学位囊括其中——如在进行资历认证时，证书、文凭或学位常用以作为一个人具有某种资历的证明，也即证书、文凭和学位可以作为具有某种资历的外在呈现。从涵盖范围上来看，资历和证书的涵盖范围更加宽泛，基本涵盖了劳动力市场和教育培训系统，而文凭和学位则只适用于正规教育系统内部，其中学位仅用于高等教育系统。从合法性来看，学位、文凭和资历具有更强的合法性和权威性，通常由官方权威机构、主管部门等颁发，而证书的颁发机构更为多样化，合法性和权威性也相对较弱。从层级性上来看，学位、文凭和资历的认证体系呈现较鲜明的垂直结构，具有较为明显的层级分布，而证书更多呈现水平结构，层级分化较少。但是随着终身学习理念的逐步推广，资历的认证也开始逐

---

① OECD, "OECD Glossary of Statistical Terms," https：//stats. oecd. org/glossary/detail. asp？id = 744.

步加强其水平化的程度。最后，从时效性上来看，学位和文凭属于终身性的称号或证明，一旦获得，则终身享有，而证书的时效性相对较短，需要进行周期性的更新。近年来，资历拓展了其在非教育培训系统中的认证路径，越来越倾向于非终身性，也需要进行周期性的或不定期的更新。

（1）资历的词源及词义演变

英文资历"qualification"一词在14世纪就已出现，其词源为"quality"，是从法语及拉丁语中借用来的，并被赋予了越来越丰富的含义。在12世纪晚期，"quality"表示物品的属性和特性；到13世纪被解释为"种类""性质""特性"等义；到17世纪时加入了"优秀、优越性"的含义；到19世纪早期，又增加了表示特殊阶层或等级的含义。这个词也可以用于人，表示人的特性、性情、天性、个人属性、特点等，含有褒义。到19世纪后期，也用于表示人的社会地位、名号、类型、能力、高贵性、优越性、好的天性等，同样具有褒义。

由此可以看出，从词义涵盖的范围来说，资历既能表示人的特性（且其特性倾向于天赋的特性），又是一种与社会地位的获得、社会阶层的流动有关的条件。资历是指对某一对象特性品质的归因，也可表示对一种理论的陈述，或是着眼于其独特性的评估行为，也作特质、修订、缓解等解。在牛津词典中，与资历相关的主要词条解释如下：第一，条款、条件或环境，使具有资格、修改、有限制的；第二，是使某些位置、功能具有资格的行动、过程或结果；第三，能够使一个人适合某一确定的位置或功能的一种资质或成就，通过完成培训项目或一门课程来获得专业或行动认可的资格。简单说来，仅从词义来说，资历至少包含以下几个含义：第一，具有条件性、限制性；第二，是一种结果的呈现；第三，与评价行为相关。

（2）资历在教育领域的现代意涵

近年来，随着国家学位体系、国家资历框架相关实践的快速发展，资历一词也被赋予新的意涵，并作为关键术语被广泛运用。中文一般将"qualification"译作"资历"①或者"资格"。在1997年的《欧洲地区高

① 本文采用"资历"译法。

等教育资历认可公约》中，高等教育的资历被界定为：任何能够证明成功完成了一段高等教育项目，由主管部门颁发的学位、文凭或其他证书。国际劳工组织将资历定义为"以证书的形态判断官方认定价值的基准及学分包"[①]，这其中既包含了资质、能力的内容，也包含了教育体系中的评价方式之一——学分制的内容。南部非洲发展共同体将资历定义为"将学习成果与明确目标有计划的结合，包括明确的、应用的和已证明的能力以及进一步学习的基础"[②]。2015 年的《欧洲高等教育机构认可手册》提出了评估资历的五个参量：

> 层级（level）：资历是分层级的，每一个层级的资历都通过一套叙述来进行界定，这些成套的叙述规定了达到这一层级所必须获得的学习成果，以此作为评判是否能够获得该层级资历的依据；
>
> 工作量（workload）：常以时间作为取得某一资历的测量工具，如用学年或是分配在一个学年中的学分来衡量学生的工作量，而其中具体的衡量方式也因不同地区、教育体系而不尽相同；
>
> 质量（quality）：指教育项目的质量水平，在高等教育中既有对学生学习成果的内部评价，也有外部质量保障的规程，同时还有国家性或全球性的排名；
>
> 学习档案（profile）：一般用以描述专业的一般目标和内容，并根据其培养目标提供不同的关于学习产出的整体观，学习档案包括科目范围、资格认证的导向、专业特色、专业内容、教学方法以及评价方法；
>
> 学习成果（learning outcome）：学习者在完成一个阶段的学习后所能知道、理解以及表现的东西。

这五个因素在概念上或许有些重叠，但都是与资历评估有关的重要因素。其中，学习成果被认为是最重要的因素，对其评价也是由其他要素辅助实现的，因此五个要素的重要性依次为：学习成果 > 质量和学习档案 >

---

① ILO（SED）Global, *An Introductory Guide to National Qualifications Frameworks*（Geneva：ILO, 2007）, p. 63.

② South African Development Community, *Glossary 2011*, p. 26.

层级和工作量。

传统上，资历是进入更高一级学校以及劳动力市场的前提条件，也是个人的资质、职业能力的证明，在劳动力市场中具有通用性。但是，当今资历的特质正在发生大的转变，从直接对应某一级教育培训体系，用作升学、就业的凭证，逐渐演变为和从业经验、社会经验等一起填写在简历之中，向劳动力市场表明个人具有适当资质的证书。[①]

随着教育观念由职前培训向终身学习的方向转变，资历的特性也从根本上发生了改变。传统的资历认证关注年轻的、未曾工作过的学习者，学习内容由资历的提供者决定，资历认证的评估基于既定的课程和内容，由单一的权威机构进行监管；而现代的资历认证则面向所有类型的学习者，学习内容由该资历的利益相关者共同决定，资历认证的评估基于学习成果，学习者有多种可选的学习路径，也可将资历用于多种不同的目的，其监督机构也包括了各种不同的利益相关者（见表2-1）。

表2-1 传统职前培训资历与现代终身学习资历的区别

区别	传统的职前培训资历	现代的终身学习资历
学习内容	由培训提供者决定	由利益相关者规定
评估基础	基于课程	基于学习成果
学习路径	在既定的环境中学习	多种可选路径
认证目的	为进入第一份工作所用	为不同的目的，包括求职、更换工作、更长远的学习和事业发展
学习者	关注年轻的学习者	为所有类型的学习者
发展方向	可预测垂直的发展	水平的与垂直的发展与波动
监管者	由单一的权威机构监管，通常由教育部领导	包括不同的机构和利益相关者
认证范围	仅仅为完全资格认证	部分认可这一关键原则，促进对非正式学习和非正规学习的认证

资料来源：Serban, *Qualifications Frameworks：Possible Tools for（Vocational）Education and Training Reforms？Based on ETF's Experience*（Berlin：ASEM TVET Symposium，2012）.

1.1.2 认可

认可（recognition）是国家资历框架运作过程中的重要环节，该环节

[①] https：//www.daad.de/imperia/md/content/asem2/events/2012 tvet berlin/keynote serban.pdf。

意味着国家权威部门对教育资历价值的正式认可，是对该资历是否可以继续深造或者就业的判断。

与认可意思相近的概念还有认证（accreditation）和核定（validation），但它们在内涵和外延上有差异。认可、核定和认证均是根据教育和培训的明确定义以及质量保障标准，增加各类学习成果（包括知识、技能和能力）的可见性并且判断其内在价值的制度安排。三者均能够从不同环境中识别、记录、评估和认可学习成果。联合国教科文组织（UNESCO）与经济合作与发展组织（OECD）均将认可看作是一个比认证和核定更宽泛的术语，其核心在于被社会认可，也就是说认可是从社会整体背景中对学习成果的价值进行解读和承认的。认证和核定则是更侧重于将学校课程或教育标准之外（更具体地说是在劳动力市场）的各种知识具体化的技术流程。认证是个人根据非正规和非正式学习的成果取得能够获得资历的学分的过程，同时也是评估教育机构整体或个别教学项目质量水平的过程，从而确保该教育机构已符合相关既定的最低质量标准。核定主要是评估和承认一系列知识、技能和能力的过程。[①]

资历认可有四类表现形式：（1）认可；（2）建议由其他认可机构做出认可决定；（3）暂不认可，要求资历申请者或者其他机构（如现工作单位或意向工作单位、高等教育机构等）提供待认可资历和资历使用国的可比信息；（4）其他建议。

资历认可中争议比较大的是跨境资历认可。跨境资历认可分为完全认可和不完全认可两种情况。不完全认可又分四种情形：（1）待认可的某国资历的学习成果与认可国相关资历的学习成果有实质性差异；（2）待认可的某国资历的进阶目标（继续学习、研究、就业等）与认可国相关资历的进阶目标有实质性差异；（3）待认可的某国资历的专业核心要素与认可国相关资历的专业核心要素有实质性差异，此条不可单独使用，必须配合（1）和（2）使用；（4）待认可的某国资历的颁发专业/高等教育机构与认可国相关资历的颁发专业/高等教育机构有实质性差异。

---

① UNESCO Guidelines for the Recognition, "Validation and Accreditation of the Outcomes of Non - formal and Informal Learning," http://old. nordvux. net/download/6997/3_unesco. pdf.

可见，"实质性差异"是跨境资历认可中的一个关键判断原则，但对于什么是实质性差异，各国的实践中却并没有一个规范性的定义，是否被判定为实质性差异与资历认可的功能和目的有关。首先，不同资历和行业在实质性差异的确定上会有较大差别，这是每个行业的特点所决定的。但根据《里斯本公约》的精神，各国的认可机构应当尽可能寻找能够认可跨境资历的证据而非费尽心思寻找实质性差异的证据。欧洲信息网络中心（ENIC）/欧盟国家学术认可信息中心（NARIC）就对实质性差异采取灵活的处理态度，而不做严格和强制性规定。[1]

其次，认可的目的对于确定实质性差异也有重要影响。一般而言，认可外国资历的目的有以下几项：帮助申请人达成在资历认可实施国接受普通高等教育、研究生教育、专业培训，进入一般性的劳动力市场，从事受管制的职业（如医生、护士、律师等需要行业执照的职业或者水管工、电工等学徒性职业）等目的。不同的认可目的会对认可结果造成影响。比如，假设某学生在质量较差、远不如资历认可国教育水平的学校获得了突出的成绩，如果其资历认可的目的是在资历认可实施国进一步深造学习，则该资历更容易获得认可，但如果是为了进入资历认可实施国的劳动力市场，由于该资历的就业活动将对其他公民有直接影响，且无法确保该资历在从事该职业时是否满足资历认可国的有关要求，那么获得认可就相对困难。

最后，认可应当是一个定性（qualitative）证据（譬如学习成果的质量、教育系统的特征等）与定量（quantitative）证据（譬如资历级别、学习时长、学分数量等）相结合的过程，其中应以定性为主，定量为辅，不能仅仅基于定量的证据进行认可。

1.1.3　资历级别

资历级别（qualification level）是资历框架的构成要素之一，用以反映某种资历所要求的学习深度、难度和复杂程度，多数资历能对应特定的等级，以表明其在框架中有别于其他资历的定位。如英国的本科、硕士、博

---

[1]　"Council of Europ Terms of Reference of the Joint Council of Europe/UNESCO European Network of National Information Centres on Academic Mobility and Recognition（ENIC），" https：//pub-licsearch. coe. int/#k = ENIC#f = % 5B% 5D#s = 51.

士学位分别对应于其国家资历框架（NQF）的第 6、7、8 级。各国（地区）教育体系差异较大，资历框架的级别亦不完全一致。目前，多数国家（地区）采用了涵盖普通教育、职业教育、高等教育等各级各类资历的 8 级框架；中国香港、冰岛、挪威、新加坡等国家和地区则采用了 7 级资历框架；亚美尼亚、印度尼西亚等国采用 9 级框架；澳大利亚、斯洛文尼亚、印度等国采用 10 级框架；苏格兰采用 12 级框架。另外，法国、孟加拉国等少部分亚欧国家的资历框架仅涉及特定教育阶段，并以 5 级框架为主。

1.1.4　通用能力标准

通用能力标准（level descriptor）即厘定资历级别的标准，通常规定了各级资历所应达到的学习成果。"学习成果"这一术语最早可以追溯到 19、20 世纪的行为主义学派，按照行为主义的相关理论，学习成果可以被看作是特定学习情境下的行为目标，该目标又被细化为不同的"领域参照目标"（domain - referenced objectives），用来测量学习者在知识、理解、态度及技能等方面的掌握程度。这一术语关注的不是学习的过程，而是要学什么和学到了什么。

欧洲各国的通用能力标准相对较为统一，除爱尔兰、法国、英国外，其他国家均在一定程度上参考"欧洲终身学习资历框架"（European Quali-fication Framework，EQF）的知识、技能、能力三个维度开发通用能力标准。[1] 具体来说，知识主要指涉理论性或事实性的知识；技能即认知性技能和实践技能，前者包括逻辑、直觉感知及创造性思维等，后者通常涉及动手能力及运用各种方法、材料、工具和器具的能力；能力则专指责任感和自主性。[2] 不过，除爱沙尼亚、奥地利、葡萄牙等少数国家较为直接地使用或参考了"欧洲终身学习资历框架"（EQF）的通用能力标准外，其他国家均对知识、技能、能力进行了不同程度的拓展或延伸。欧洲以外的其他国家和地区虽然或多或少参考了欧洲的通用能力标准，但由于文化和

---

[1] European Centre for the Development of Vocational Training (CEDEFOP), *Analysis and Overview of NQF Level Descriptors in European Countries*, (R. Luxembourg: Publications Office of the European Union, 2013), pp. 7 – 12.

[2] European Parliament and European Council, *Recommendation of the European Parliament and of the Council of 23 April 2008 on the Establishment of the European Qualifications Framework for Lifelong Learning* (R. Brussels: Official Journal of the European Union, 2008), pp. 1 – 7.

教育传统不同，其通用能力标准更为多样和细化（见表2-2）。

表2-2　部分国家和地区通用能力标准的维度

国家/地区	通用能力标准维度
毛里求斯	知识；技能（二维）
澳大利亚	知识；技能；知识和技能的应用（三维）
中国香港	知识及智力技能；过程；应用能力、自主性及问责性；沟通能力、运用资讯科技及运算能力（四维）
墨西哥	知识和能力；社交能力；态度；创新能力；道德能力（五维）
特立尼达和多巴哥	主题的复杂性；所需能力的宽度；专业化程度；能力的可迁移性；创新和应对非常规活动的能力；计划、组织和监督能力（六维）
柬埔寨	知识；认知技能；心智运动技能；人际交往技能和责任感；沟通技能；信息技术技能；计算技能（七维）
马来西亚	学科知识；实践技能；社交技能和责任感；价值观、态度和专业精神；沟通、领导力和团队合作技能；问题解决和科学技能；管理和创业技能；信息管理技能（八维）
南非	知识范围；知识素养；方法和过程；解决问题的能力；道德准则和专业实践；访问、处理和管理信息的能力；制造和传播信息；管理复杂的情境和系统；学习管理能力；责任感（十维）

注：南非国家资历框架1~4级的通用能力标准为"应用能力""自主学习"二维度；5~10级为表中所列的十维度。

资料来源：笔者整理。

由表2-2可见，在通用能力标准的评价维度上，欧洲各国多以三维、四维为主，其他四大洲的国家和地区则依据本国教育系统，设为二维至十维不等。

1.1.5　正规学习、非正规学习、非正式学习

国家资历框架涉及的学习过程既包括传统的正规学习（formal learning），也包括非正规学习（informal learning）和非正式学习（non-formal learning）。根据联合国教科文组织（UNESCO）的定义，正规学习发生在教育机构或培训机构里，该学习形式被国家权威机构认可，并且最终可以获得文凭和资格证书。[①] 正规学习的结构是根据诸如课程、资历、教学要

---

① UNESCO ISCED, "Global Formal Education," 2011, https：//unevoc. unesco. org/go. php? q = TVETipedia + Glossary + A - Z&id = 222.

求等教育安排决定的。

非正规学习是在正规学习以外附加或可替代的学习方式，其结构同样根据一定的教育安排来决定，但更加灵活。非正规学习是由一些为补充正规学习体系的组织或服务项目提供的，常出现在社区、工作场所或是市民团体的活动中。非正规学习也可以通过认可、核定与认证来获得资历认可或其他形式的认可。

非正式学习是一种无意识的学习，它常常发生在日常生活中，譬如家庭、工作场所、社区。认可、核定与认证过程可以使从非正式学习中获得的能力可视化，并且对资历或其他认可有所帮助。非正式学习注重从经验中学习。"经验学习"（experiential learning）这一说法就是用来说明这一过程的。

1.2 国家资历框架的价值取向

国家资历框架存在两种不同的价值取向：一种是基于学习成果的国家资历框架，另一种是基于过程或制度的国家资历框架。其中影响最为广泛的是学习成果取向的资历框架，可追溯至 1987 年英国国家职业资格框架体系的尝试[1]，其基本前提是认为学习成果可以进行精确评价，同一种资历能够广泛应用于社会不同等级和不同类型的学习之中。因此这一框架中学习成果标准的制定需要先于评估过程，也需要先于学习过程，而且往往排除了教学大纲或课程学习的要求。

在此取向下，学习成果越来越多地用于描述课程、资格证书、评估过程和国家资历框架等级。[2] 各国国家资历框架虽采用了不同形式的水平描述，但均不同程度地显示了以学习成果为基础，包含从教育、培训到工作场所的不同情境的国家资历。[3] "学习成果"一词已被纳入联合国《教育2030 议程》，虽然这一概念的定义在不同的背景和教育子部门中有所不同，

---

① 〔英〕迈克尔·杨：《把知识带回来——教育社会学从社会建构主义到社会实在论的转向》，教育科学出版社，2018。

② UNESCO ED/pls, "Global Inventory of Regional and National Qualifications Frameworks," *UNESCO Institute for Lifelong Learning*, 2016.

③ 〔南非〕詹姆斯·柯维、〔法〕伯恩·查克劳：《学习成果的分层和认定》，福建教育出版社，2018。

但是可以确定一些共同的要素，即学习者在成功完成某一教育环节后，预计其将会掌握的信息、知识、理解、价值观、技能、能力或行为的总和[1]，以及对学习者在完成学习后掌握的知识、理解和能力的陈述[2]。在这两种情况中，学习成果都包括三个主要领域：知识（了解）、技能（做）和能力（习得）。

学习成果取向的资历框架得以全球扩散，主要基于三个方面的原因：首先，通过整合清理不同种类的资历，学习成果取向的综合性国家资历框架被假定为成功的现代经济的必要条件；其次，综合性国家资历框架能够使学习者在其一生的工作中，有信心在不同的部门、工作岗位和学习场所间流动；最后，不同等级资历对学习成果的明确标准意味着原则上在获取更高等级的资历时，没有人会被排斥在外。

除了给学习者个体提供持续学习的动机和机会，国家资历框架也为问责教育机构提供了抓手，尤其是加大了国家政府对教育的监管力度：第一，增强政府对相对薄弱地区的控制；第二，为政府向各教育机构分配资金提供简单量化的标准；第三，加大对地方性与区域性的教育与培训组织的问责；第四，为政府政策的成效提供量化的评估支持。国家资历框架的政策工具价值使其被那些采纳新自由主义政策、政府对教育和培训干预较少的国家所广泛接受。[3]

但是学习成果取向的资历框架在实际实施中也出现了"过度标准化""评估行政化""学习碎片化"等问题。首先，这种提前规定学习成果的框架遭到了大学和专业团体等高地位教育学术机构的排斥——因为国家资历框架在一定程度上会剥夺大学设计学习项目、授予资历的权力。其次，学习成果取向的国家资历框架在强调不同类型、不同行业资历之间可转换的同时，忽视了资历之间清晰的边界在促进特定类型学习中也可以起到积极作用。再次，单一性国家框架容易忽略职业教育和普通教育的各自特色，将二者在学

---

① UNESCO Institute for Statistics, "International Standard Classification of Education (ISCED) 2011 - Draft," 10 (2010).

② UNESCO ED/pls, "Global Inventory of Regional and National Qualifications Frameworks," *UNESCO Institute for Lifelong Learning*, 2009.

③〔英〕迈克尔·杨：《把知识带回来——教育社会学从社会建构主义到社会实在论的转向》，教育科学出版社，2018。

习上的特征完全等同。最后，国家资历框架过分强调了国家在教育与培训政策中的领导作用，但是没有将它们视为更宏大的社会政策的一部分。[1]

此外，实施学习成果取向资历框架的国家更加注重资历框架的内部逻辑，往往忽略了制度环境的影响。首先，全球经济并未均匀地向一个更为灵活的方向变革，对于大部分人而言，终其一生也主要是在同一领域工作，而且新经济所创造的工作岗位更多的是一些通用型岗位，并不需要具备高级别资历证书的员工，所以资历框架所预设的一个流动性和资格化日益增强的社会在现代经济中并不存在。其次，一个无缝对接的国家资历框架本身并不能保证消除不同类型资历之间的鸿沟。相关案例显示，绝大多数高级别的资历是通过学院或大学等途径获得的，并不是从低级资历进阶的结果，这一现象其实表明作为职业和学术分工细化的传统资历体系依然具有持续的影响力。最后，从制度微观层面来看，国家资历框架的实施需要获得社会的信任，传统社会中基于行业或职业共同体形成的对职业资格的信任，并不会轻易被国家资历框架所替代，而且许多传统的行业共同体本身就会排斥这种国家干预的努力。[2]

第二种价值取向被称为制度性取向或过程取向。德国、法国等大多数非英语欧洲国家在国家资历框架的建设和实施中采取了这种更为全面和综合的建设路径。这种导向的国家资历框架被看作是广泛的教育与培训体系的某种内在和公认的特征，而不是被当作改革的独立工具。比如在德国，职业资格证书与职业学院、培养职业教育教师并制定职业教育教学大纲、评价方式与学习项目的大学、雇主、行业协会，在地方政府领导下的各种供应商，联邦以及国家职业教育与培训管理部门等都有广泛和深入的内部联系。在制度性取向的国家资历框架下，资历的提升主要依赖于行业协会、政府和雇主对资历证书的信任。

制度性取向的资历框架更加适合教育和培训机构、用人单位业已形成的社会关系和结构功能。但是在全球经济改革的环境下，制度本位取向也

①　〔英〕迈克尔·杨：《把知识带回来——教育社会学从社会建构主义到社会实在论的转向》，教育科学出版社，2018。
②　〔英〕迈克尔·杨：《把知识带回来——教育社会学从社会建构主义到社会实在论的转向》，教育科学出版社，2018。

存在一定的缺陷：首先，制度性取向的框架过度建立在社会共识的基础上，因此呈现出惰性并且拒斥改革；其次，资历框架的建设牵涉到教育和劳动力市场的整个体系，往往难以找到合适的抓手，成为一块"难以下嘴的肉骨头"；再次，国家资历框架不能很快适应新兴行业的学习需求；最后，不同行业间、普通资历与职业资历之间的相互转换理论上可行，但实践起来却很困难。

1.3　国家资历框架的功能

根据《全球区域性及国家资历框架清单 2017》（*Global Inventory of Regional and National Qualifications Frameworks* 2017），全球约有 150 多个国家正在以某种方式参与国家资历制度的建设和改革。[1] 其中大多数国家都将国家资历框架视为提高教育和培训质量、提高劳动力技能水平的途径[2]，期望通过国家资历框架帮助人们获得更为体面的工作，提高工作效率，增强经济的竞争力和可持续性。

从全球范围来看，各国建设和实施国家资历框架所期望实现的功能包括 13 个方面：让教育培训系统及其组成部分更加清晰和易于理解；加强教育培训系统的协调性和一致性，使其更加统一；提高各种教育和学习项目的可获得性、可迁移性和深入性；促进对已有技能的认可和利用，包括通过非正规和非正式学习获得的技能；建立职业学习和普通学习的平等地位；提供国家问责和监管的工具；更新和扩展教育和学习标准，使其更符合当前需求；使教育和培训更加以需求为中心，增加雇主对学习者的影响力；提高学习的质量；促进学习者和工人的国际流动；促使国家资历体系与跨国资历框架对接；促进终身学习；变革经济和社会。[3] 上述众多功能既反映了各国对国家资历框架的期待，也反映了国家资历框架在治理过程中所涉及的深层关系。

---

①　UNESCO ED/pls, "Global Inventory of Regional and National Qualifications Frameworks," *UNESCO Institute for Lifelong Learning*, 2017.

②　S. Allais, *The Implementation and Impact of National Qualifications Frameworks*: *Report of a Study in* 16 *Countries* (Geneva: ILO, 2010).

③　D. Raffe, "What is the Evidence for the Impact of National Qualifications Frameworks?" *Comparative Education* 49 (2013): 143 – 162.

其中，建设国家资历框架的核心目标有两方面：一方面是促进终身学习，另一方面是保障和认可教育质量。此外国家资历框架还可能引申出更多功能，譬如在有些国家，引入国家资历框架可能还是促进社会正义的国家议程的组成部分。再比如，促进终身学习的功能包含了多个具体目标：提高对学习进阶路线和资历以及它们之间的相互关系的理解，改善获得教育和培训的机会，为参与教育和培训创造激励机制，使进阶路线更容易、更清晰，以改善学习者和职业的流动性，增加和改善资历之间的信用转移，扩展先前学习认可的范围等。促进质量保障和认可同样包含了多个具体目标：确保资历与认可的社会和经济需求相关，确保教育和培训标准由多方商定的学习成果确定并应用，确保教育和培训提供者符合质量标准，确保国家承认国家资历框架等。

分析以上目标可以发现，大多数国家资历框架试图实现的目标及作用定位并非有明确的区分，不同的目标之间也存在重叠，目标之间还存在逻辑上的递进关系。例如南非国家资历框架中专门提出的促进终身学习和改变经济和社会这两个预期目标的实现，必须通过其他目标的完成来实现，这是一个长期的过程。

从各国国家资历框架的官方政策来看，多数国家资历框架都试图通过以下7种变革路径来实现国家资历框架的目标作用：

（1）建立一种共同话语。国家资历框架引入了等级、成果、学分等一套共同话语，这些话语使学习系统各组成部分以及它们之间的关系更加透明和易于理解。这套共同话语也为个体学习者规划和协调学习提供了概念性工具，使学习系统更加连贯和统一，并为其他目标提供支持，例如促进学习成果的取得、转移和认可。

（2）利益相关者的参与和协调。国家资历框架的制定和实施过程要把教育培训提供者、学习者和其他利益相关者聚集在一起，确定共同利益，协调国家资历框架的实施，从而使学习系统与社会需求更具一致性。

（3）确立规则和监管体系。国家资历框架可以成为规范资历的工具，从而强制改革教育和培训体系。

（4）质量保障。无论是否通过监管强制执行，大多数框架都与质量保障体系相关联。

（5）单元化或模块化。在许多国家资历框架中，学习计划或资历获得都基于学习单元，学习单元可以以不同方式组合和累积，并用于学分转移和升级。这种模块化的学习方式为学习者或最终用户提供了在学习市场中进行选择和提高其资历的机会，并使其更快、更容易地提高自身资历水平。

（6）提高资历的透明度。国家资历框架可以使个人资历更加透明，从而更容易提高教育标准，并将资历与劳动力市场需求联系起来，增加学习者在培训市场中的影响力，促进其职业培训水平的提高。

（7）促进学习文化和教育的变化。国家资历框架将刺激学习文化的变化，特别是有利于更多"以学习者为中心"的方法，从而促进教学方法和评价方法的改进。[1]

从各国资历框架的实施状况来看，总体上只达成了以下 3 个目标：第一，为国家的教育和培训系统提供了一套共用的话语体系；第二，增加了教育和培训系统的连续性和协同性，使之更加统一；第三，为学习者在不同教育类型之间的流动提供了可能。[2] 其他目标尚未得到有效实现。

2. 国家资历框架与终身教育

从理论角度而言，引入国家资历框架首先与终身教育有密切的关联。终身教育作为一种解决全球化问题的重要理念，被越来越广泛地运用于制定发达国家和发展中国家的教育和培训改革政策。[3]

---

[1] D. Raffe，"What is the Evidence for the Impact of National Qualification Frameworks？" *Comparative Education* 49（2013）：143－162.

[2] D. Raffe，"What is the Evidence for the Impact of National Qualification Frameworks？" *Comparative Education* 49（2013）：143－162.

[3] "Lifelong Learning," *Obo in Education*, June 27, 2019, https：//www.oxfordbibliographies.com/view/document/obo－9780199756810/obo－9780199756810－0024.xml.

终身学习有两种不同的定义，也分别具有不同的政策含义。第一种强调所有类型的学习，包括不同年龄段和不同类型（包括非正规和非正式）的学习，都需要被视为终身学习的一部分。另一种观念是在义务教育之后，当个人进入劳动力市场或进入高等教育后继续学习（在这里，学习可以是正式的，也可以是非正式的）。这一概念有许多同义词，如"终身教育"、"经常性教育"和"全方位教育"。"终身学习"概念旨在深刻改善各国的教育和培训系统，以适应全球化和国家经济的变化，满足知识经济时代下知识生产的需要，适应企业竞争下工人所需的技能和能力的变化。

经典终身教育的理念与良好社会的形成和良好人格的养成具有紧密关联。在轴心时代，孔子、柏拉图等人的思想已经包含了终身学习的思想。1965 年保罗·朗格朗在巴黎召开的联合国教科文组织（UNESCO）的国际成人教育会议上，以"终身教育"为主题进行学术报告，首次提出了"终身教育"的概念，并在 1970 年出版的《终身教育引论》中系统阐述了他的终身教育思想内容：终身教育是在人的整个一生过程中，不论何时何地何种形式出现的教育总和，强调具备学会学习的能力，养成良好的学习习惯，最终达到一种对于人性和人的愿望更加尊重，有效、开放的社会的目的。[1]

此外，对经济发展和工作性质变革的回应也是推动终身教育发展的原因。世界银行《工作性质的变革》指出，在新技术变革下，各企业组织的边界、工作需要的技能、工作方式都发生了深刻变革，对劳动力的素质和知识都产生了不一样的需求，对劳动者提出了明确的终身学习的要求。[2] 经合组织和欧盟同样强调终身教育对经济竞争、经济增长、社会融合、社会发展的作用。[3] 这种终身学习的目标是促进个体的自我发展与自我实现，增进社会融合，提高就业和竞争力，而终身学习的核心素养在于适应劳动

---

[1] 朱婷：《国内外知名学者终身教育概念的分析与比较》，《继续教育》2018 年第 8 期，第 80~82 页。

[2] 世界银行：《2019 年世界发展报告：工作性质的变革》，https://www.shihang.org/zh/publication/wdr 2019。

[3] EU Commission White Paper, *Teaching and Learning: Towards the Learning Society* (Brussels: European Union, 1995), p. 5.

力市场的素质和技能。①

国家资历框架与终身学习的关联体现在多个方面。首先，国家资历框架提供了终身学习的成果认证和激励作用。国家资历框架使得所有正式和非正式的学习成果能够得到统一的认证，也使得在工作中所积累的经验可以成为资历的一部分，被国家认可的资历框架认为其能够满足市场需求，获得市场和雇佣者的信任，因此国家资历框架通过认证成果成为激励人们终身学习的手段。

其次，国家资历框架提供了终身学习的渠道。国家资历框架的存在为终身学习打通了制度渠道，譬如学分转化、模块化的学习单元以及社会认可，这些制度设置使得终身学习不单单是一种习惯和品质，而成为有制度支撑与承载的活动。

最后，国家资历框架提供了终身学习的指向。国家资历框架通过规定不同层级的学习成果要求，为终身学习提供了明确的指向。这种指向不仅涉及终身学习的内容，还涉及终身学习的路径和可能性。对于学习者来说，既可以在同一职业领域逐步提高资历等级，也可以通过终身学习实现职业的切换。

3. 国家资历框架与全球治理

全球治理同样是国家资历框架的理论基础。联合国全球治理委员会在1995年的报告《天涯若比邻》中将治理定义为"各种公共的或私人的个人和机构管理其共同事务的诸多方法的总和，是使相互冲突的或不同利益得以调和，并采取联合行动的持续过程"，其中既包括了正式的制度与机制，也包括非正式制度。② 这一概念指出全球治理包括了多种类型的行为主体和制度机制，也表明世界公共事务的治理不仅是国家间的政治，而且是各个主体在一个相互依赖的世界中的共同参与。在建构主义者看来，国

---

① 谷贤林：《终身学习思潮的理论基础与价值取向》，《比较教育研究》2018年第12期，第54～60页。

② Commission on Global Governance, *Our Global Neighborhood*: *The Report of the Commission on Global Governance* (Oxford: Oxford University Press, 1995).

际机制是全球治理中的重要组成部分，它是"一系列隐含或明示的原则、规范、规则和决策程序，它们聚集在某个国际关系领域内，行为主体围绕它们形成相互预期"①。

全球治理被认为有四个基本特征：首先，全球治理以国际组织、政策网络等全球治理机制为基础，而不是以各个主权国家为基础；其次，全球治理是由不同层次的行为主体构成的复杂结构，多元与多样是全球治理主体的特点；再次，全球治理的基本方式是参与、谈判和协调，强调程序正义与实质正义同等重要；最后，全球治理与全球秩序紧密联系，全球秩序是世界政治在不同阶段中的常规性安排，既有基础性的，也有程序化的。②全球治理的兴起体现了两种趋势的合流。第一种趋势是全球化，全球化快速推进的背后一方面是国家间大量的活动来往和网络关联，许多非主权国家走上了世界舞台；另一方面全球化过程中也伴随了一系列全球性问题，这些问题往往超出了主权国家治理的能力。第二种趋势是治理理念的倡导，世界银行在1992年提出应对公共事务可以通过"建立一套被接受为合法权威的规则对公共事务进行公正而透明的管理，是为了促进发展而行使全面管理一个国家的经济和社会资源的权力"③。治理的核心就是多元主体的共同参与，因此全球层面各类主体的出现使得全球治理成为可能。

全球治理所面对的事务，既包括全球性的问题，也包括某个国家内部的问题，即全球治理既可能通过各种方式促使各国共同应对全球性问题，也可能通过全球性机制解决某个具体地区的问题。在全球治理的实施机制中，全球性和区域性的规则和规范是一种形式，由各个政府机构、专业共同体所组成的跨政府政策网络是另一种形式，借助政策网络中各个行为主体，相似的理念和方式实现了扩散，从而对全球性的政策产生影响。④ 正

---

① J. G. Ruggie, "International Responses to Technology: Concepts and Trends," *International Organization* 29 (1975): 557 – 583.

② Commission on Global Governance, *Our Global Neighborhood: The Report of the Commission on Global Governance* (Oxford: Oxford University Press, 1995).

③ World Bank, "Governance and Development," 2018, accessed May 20, 2019, http://documents.worldbank.org/curated/en/604951468739447676/Governance – and – development.

④ W. H. Reinicke, "Copeland D. Global Public Policy: Governing Without Government?" *International Journal* 53 (1998): 597.

如戴维·赫尔德指出的，全球治理"不仅意味着正式的制度和组织，以及维持世界秩序的规则和规范，而且意味着所有其他的组织和压力群体都追求对跨国规则和权威体系的目标和对象产生影响"①，后者其实就是政策网络的体现。

不断深入和扩散的全球化，也逐渐进入教育领域。教育全球化主要体现为教育资源的全球流动、国际性教育组织的出现、全球教育共享技术的发展、全球教育相互依赖性的加强、教育本土化和教育相似性并存等现象，而且教育全球化一直在塑造一种全球共同认可的教育价值观念，在教育机制上追求普适性，为教育思想、方法和制度的趋同奠定了基础。② 在此基础上，教育逐渐进入全球治理的事务中，这包括两方面的原因：一方面，随着各国人员、资本、知识流动愈加频繁、联系愈加紧密，各国的教育政策和教育方式在相互学习和竞争中出现了趋同；另一方面，为了适应全球化的趋势，"应对全球化和知识经济带来的各种挑战，消解全球化带来的负面后果"，积极参与全球化的各个国家、国际组织以及各类国际会议，纷纷给予了教育以重要关注，使得教育本身成为一个全球各种机制所关注的对象。③

由此，全球教育治理成了全球治理体系中的重要部分，一些学者将全球教育治理定义为"国际社会各行为主体通过协调、合作、确立共识等方式参与全球教育事业的管理，以建立或维持理想国际秩序的过程"④。在此之前，一些先驱性的学者已经有了诸多探索，加拿大学者 Karen Mundy 用"教育多边主义"来描述跨越国境的教育合作，他认为这意味着"在普遍的行为原则基础上协调三个或三个以上国家教育关系的体制形式"⑤。Kerstin Martens 等人也指出国家组织在教育政策领域活动的增加和教育市场化

---

① 〔英〕戴维·赫尔德、安东尼·麦克格鲁等：《全球大变革》，杨雪冬等译，社会科学文献出版社，2001。

② 邬志辉：《教育全球化：中国的视点与问题》，华东师范大学出版社，2004。

③ 杜越：《联合国教科文组织与全球教育治理：理念与实践探究》，科学教育出版社，2016。

④ 杜越：《联合国教科文组织与全球教育治理》，《全球教育展望》2011 年第 5 期，第 60 ~ 64 页。

⑤ K. Mundy, "Educational Multilateralism and World (Dis) Order," *Comparative Education Review* 42 (1998)：448 – 478.

的加深是教育领域的两大趋势，他们所揭示的多元主体、多层互动、多种形式和多层规则已经超越了多元主义的概念，凸显了全球教育治理的特点。①

世界主要国际组织以及国际机制正在积极开展全球教育治理，国家资历框架就是联合国教科文组织和欧盟、东盟、亚太地区、非盟、亚欧部长会议等区域性国际组织和平台积极推进的全球教育治理工具之一。

国家资历框架与全球治理的关系体现在三个方面。第一，国家资历框架的传播本身就是全球治理体系发展的体现。最早起源于欧洲的国家资历框架，在进入 21 世纪之后逐步在欧洲、南非、东南亚等区域发展出了区域性的资历框架乃至跨区域的全球资历框架，这一机制扩散与成长的过程本身背后是理念的传播、学术专家共同体共识的形成、各国之间政策的学习模仿和借鉴，也包括基于区域性国际组织自上而下对这一框架的推进或强制。

由多个国际组织和各个国家所推动建立的区域性资历框架和国家资历框架是全球治理的重要成果。国家资历框架建立之初主要集中在英国、澳大利亚等国家，随后进一步发展成为超越个别国家的区域性资历框架，比如南部非洲发展共同体就通过《教育与培训议定书》《阿鲁沙公约》建立了适用于该地区的资历框架；经过"博洛尼亚进程"、"里斯本战略"和"哥本哈根进程"，欧盟也在 2005 年发布了欧洲资历框架的磋商文件；加勒比共同体为了发展区域性一体化的市场，推动设置加勒比职业资格证书（Caribbean Vocational Qualifications），并在 2003 年建立了区域协调机制以进一步推动加勒比共同体资历框架（CARICOM Qualifications Framework）的构建；联邦学习联盟在 2007 年还为全球范围内 29 个国家和英联邦成员国制定了跨国资历框架；东盟也在 2014 年采纳了东盟资历参考框架；2019年联合国教科文组织大会通过的《承认高等教育相关资历全球公约》成为第一个具有法律约束力的联合国高等教育条约。这些跨国资历框架的实施与发展，体现了全球治理在这一领域的发展与深化，各国际组织、主权国

① K. Martens, A. Rusconi, K. Leuze, *New Arenas of Education Governance* (Basingstroke: Palgrave Macmillan, 2007).

家通过建立跨国机制、签署公约等方式建立了跨国间的制度机制。①

第二，国家资历框架还是实现全球教育治理的手段之一，这一框架的推广在治理目标上与教育治理乃至经济治理都密切相关。首先，国家资历框架的建立有助于实现联合国千年发展目标中关于教育的目标，尤其是教育的包容性和终身学习，基于学习成果的资历框架能够为这一目标的实现提供直接帮助。② 其次，这一制度为劳动者的跨国流动、各国的教育资历互认、促进全球教育事业的发展提供了制度基础。

国家资历框架对于实现各国制定的教育目标、促进各国经济与社会发展具有重要意义，这得到了各国和国际组织的一致认同。2018 年，第四届亚太教育 2030 会议对于青年人通过正式、非正式的方式获得技能提升给予了重要关注，其中通过资历框架的建立促进流动性和就业能力提升是会议讨论的五大主题之一。③ 2018 年 4 月，为应对非洲各层次教育培训机会和质量的挑战，非盟国家教育部长联合发布了《内罗毕教育行动呼吁和宣言》。该宣言承诺通过建立机制和政策工具，建设跨越各行业和部门的国家与跨国资历框架，以促进非洲各国各行业之间的协调并推动终身学习。④针对各国履行联合国千年发展目标的相关报告也指出，教育领域尤其是职业教育领域资历框架的缺失是各国在实现联合国可持续发展目标中的教育目标上产生重要差距的原因之一。⑤

Allais 认为各国虽然在采纳国家资历框架时目的不一，但是基本的目标是通过国家资历框架实现"更广范围的社会经济目标"。就各国内部而

---

① J. Keevy, B. Chakroun, A. Deij, *Transnational Qualifications Frameworks* (Luxembourg: Publications Office of the European Union, 2011).

② A. Deij, M. Graham, J. Bjornavold, et al., *Global Inventory of Regional and National Qualifications Frameworks. Volume I: Thematic Chapters* (Hamburg: UNESCO Institute for Lifelong Learning, 2017).

③ 4th Asia – Pacific Meeting on Education 2030 (APMED), "Transforming Learning – Meeting the Skills Demand to Achieve SDGs in the Asia – Pacific," accessed May 20, 2019, https: //bangkok. unesco. org/index. php/content/transforming – learning – 4th – apmed2030 – opens – clear – view – regional – education – challenges.

④ "Nairobi Declaration and Call for Action on Education," 2018, accessed May 20, 2019, http: //www. unesco. org/new/fileadmin/MULTIMEDIA/FIELD/Nairobi/nairobideclarationenwebsite. pdf.

⑤ UNESCO, accessed May 20, 2019, http: //www. unesco. org. pk/education/documents/2018/ DRAFT_ PK_ SDG – 4_ Gap_ Analysis. pdf.

言，通过国家资历框架可以实现公众接受教育培训、促进私营经济、减少市场与教育体系的错配等目的，但是就国际而言，国家资历框架能够实现劳动力的流动和国际资格认证，是实现国家之间资历等效的制度基础。①

第三，国家资历框架的建立对于各个国家而言是参与全球教育治理的重要基础。首先，国家资历框架提供了一种话语体系，为各国教育培训体系之间的沟通交流奠定了基础，尤其是全球性和区域性的资历框架成为全球和区域对话的机制和平台，而且基于国际协定而实现的资历自动认可和对接，减少了资历认证上的烦琐程序；其次，国家资历框架还提供了学分标准，为各国之间认定学习成果提供了标尺和参考；再次，国家资历框架还提供了一种行为准则，使得教育者和受教育者在不同国家都能够以协调一致的行为方式进行运作；最后，国家资历框架还提供了一种文化理念，推动各国尤其是教育欠发达的地区更好地实现教育大众化和终身教育。而一国的国家资历框架的完善，也可能进一步对世界其他国家的资历框架产生影响，为全球性或区域性资历框架的制定提供借鉴。在《中国教育现代化2035》中就提出需要"推动我国同其他国家学历学位互认、标准互通、经验互鉴……积极参与全球教育治理，深度参与国际教育规则、标准、评价体系的研究制定"。因此，对于中国而言，建立国家资历框架也是积极参与全球教育治理的体现。

4. 国家资历框架与国家治理

国家治理也为国家资历框架提供了理论支撑。经典的治理理论认为，在当代社会，随着经济和社会的快速发展，良好治理的实现只依靠政府的力量是远远不够的，只有多元主体的共同参与才能实现善治。② 教育治理被认为是多元主体共同管理教育公共事务的过程，它呈现出一种新型的管理形态。教育治理的直接目标是善治，即"好治理"；最终目标是"好教

---

① S. Allais, *The Implementation and Impact of National Qualifications Frameworks：Report of a Study in 16 Countries* (Geneva：ILO, 2010).

② 褚宏启：《教育治理：以共治求善治》，《教育研究》2014 年第 10 期，第 4～11 页。

育"，即建立高效、公平、自由、有序的教育新格局。① 推进教育治理的完善，需要建立新的教育治理体制，完善政府的教育治理职能，提高其他主体参与的积极性，扩大其他主体的参与空间。

国家资历框架的建设对于国家教育治理意义重大。教育治理体系和治理能力的内涵"体现为各种教育体制、法律法规和教育的管理，体现在有一整套紧密相连、相互协调的教育制度以及这些制度的执行能力"②。党的十九大报告提出了全面建设社会主义现代化强国的宏伟目标，文化强国、教育强国、科技强国与人才强国都是这一目标的题中之意。与此目标相适应，唯有通过全面深化改革，推进国家治理体系和治理能力现代化，才能推进社会各项事业的健康发展与进步。这个要求在教育领域体现为教育治理体系和治理能力的现代化。

在学者研究中，教育治理涉及政府、市场、教育机构三大部门的关系，甚至还需要全社会的参与。在我国的传统教育治理中，国家扮演了主导角色，往往通过命令、指导意见、项目等方式直接影响教育体系，教育机构尤其是大学的自主性有待提升，市场和社会的作用体现不足。国家资历框架作为一个政策工具，在不同的制度和社会背景下，对于重塑"三螺旋"和社会之间的关系可能具有不同的意涵。对于最初推动国家资历框架建立的英国、澳大利亚等国家而言，国家资历框架提供了一种统一各教育体系、评价教育成果的工具和抓手。在一个相对自由分散的制度背景下，国家资历框架事实上强化了政府在教育方面的管理权限与能力，成为一种强化权力的工具。但是在中国长期以来政府教育管理较为强势的制度背景下，国家资历框架可能扮演完全不同的角色。对于中国而言，国家资历框架的建设与中国国家教育治理体系现代化的密切关系，主要体现在这一建设能够为促进各主体发挥主动性、统一协调教育体系中的不相衔接等问题发挥重要作用，具体体现在以下四个方面。

第一，在治理主体上，国家资历框架的建立不仅有助于明确政府、市

---

① 褚宏启：《教育治理：以共治求善治》，《教育研究》2014 年第 10 期，第 4 ~ 11 页。
② 《推进教育治理体系和治理能力现代化———论深化教育领域综合改革》，《中国教育报》，http：//old. moe. gov. cn//publicfiles/business/htmlfiles/moe/s5148/201401/162283. html，最后访问时间：2019 年 12 月 5 日。

场、教育机构、社会的角色和作用，也为各个主体发挥作用提供了空间。国家资历框架作为一种结果认证式的资历框架，明确了政府作为结果认证者的基本职责。牵头组织制定资历认证和标准并非规定具体的教育方式，而是确定了政府行动的边界。同时国家资历框架使得传统学习方式之外的学习成果能够得到认可，这给个体和社区提供了多样化的学习方式，为市场创造了大量的培训和教育机会，也为教育机构改革教育方式和提升自主性奠定了基础。

各主体地位、行为空间和边界的确定，有助于建立政府、市场、教育机构、社区和个体之间的良性关系，更好地发挥各主体的自主性和能动性，极大地提高了个体终身学习的积极性，也为正式教育体系外的学习者提供了包容性的学习机会，使得学习者积极性的提升、教育事业的快速发展、劳动者素质的快速提升成为可能。

第二，国家资历框架的建立有助于促进市场在教育治理中的作用，更好地发挥教育治理与经济发展之间的协同作用。以职业教育为例，2016 年我国有职业院校 1.23 万所，在校生达 2600 万人，作为以培养应用型人才为目标的职业院校，应该以企业和劳动力市场需求为导向，主动调整人才培养模式和教学内容，使得职业教育培养的人才能够更好地适应就业市场的需要。国家资历框架为学习者提供以市场需求为导向的学习路线图，为职业教育和培训机构提供以市场实践为基础的质量标准，为用人单位提供以市场使用价值为根本的人力资源配置。[①]

第三，国家资历框架的建设通过认定各种教育形式的成果，可以为社会在国家教育治理中发挥作用提供空间。中国有非常广阔的教育培训市场空间，从需求侧而言，家长、从业者、用人者等不同主体对于教育培训有着多样的期待，然而从供给侧而言，传统的教育培训模式往往难以满足当代社会复杂多样的需求，其他多样化的教育和培训模式比如社区互助、家校联合、社区大学等囿于制度和政策的约束有待发掘。国家资历框架作为一种以学习成果为核心的认证框架，为社会多样化的教育培训模式的创造、新型教育培训组织的发展提供了制度空间。

---

① 鲁彬之、孙天洋：《构建"国家资历框架"势在必行》，《中国教育报》2018 年 3 月 13 日。

事实上，国家也一直在鼓励社会在教育上发挥其重要作用，而社会教育的发展也必然带来学习成果认证的需求。2016 年《教育部等九部门关于进一步推进社区教育发展的意见》中明确提出建立健全社区教育网络、充分利用社会资源，推动各类学习型组织与学习共同体的建设。社区教育的内涵和对象十分丰富，涉及老年人、青少年、农民工和农村居民等多个群体，涉及职业培训、居民需求、科学普及、文明素养等多种教育内容。在这一文件中，将推进学习成果积累转换诸如建设学分银行、学习成果认证积累和转换等制度作为重要保障措施。[①]

第四，国家资历框架整合了职业教育、高等教育、基础教育等不同的教育部门，进而为教育治理体系的有机结合奠定了基础。我国教育由基础教育、职业教育、成人教育、高等教育、继续教育和培训等部分组成，传统上各种教育类型之间相对分隔和疏离，国家资历框架致力于确立统一的国家教育标准，实现不同类别教育及培训体系内部学分转换、学习成果互通、不同资历互认，加强各教育培训部门之间的联系和融合，为学习者搭建灵活弹性的终身学习阶梯，为完善职业教育和培训体系打通交流互认的桥梁，从而为实现国家教育治理体系和治理能力的现代化打下坚实的基础。[②]

① 《教育部等九部门关于进一步推进社区教育发展的意见》，2016 年 7 月 8 日，http：//www. moe. gov. cn/srcsite/A07/zcs＿ cxsh/201607/t20160725＿272872. html，最后访问时间：2019 年 6 月 1 日。

② 鲁彬之、孙天洋：《构建"国家资历框架"势在必行》，《中国教育报》2018 年 3 月 13 日。

第三章
国家资历框架的国家及区域实践

　　国家资历框架始于 20 世纪 80 年代末至 90 年代中期，英国、澳大利亚、新西兰和南非等国为最早推行资历框架的国家；从 20 世纪 90 年代后期到 2000 年，国家资历框架的发展扩展到了爱尔兰、马来西亚、马尔代夫、毛里求斯、墨西哥、纳米比亚、菲律宾、新加坡、威尔士、特立尼达和多巴哥共和国等国家和地区。据联合国教科文组织的统计，目前全球已经构建完毕或正在以某种方式参与国家资历框架建设的国家达 150 多个。[①]此外资历框架也在区域层面得以发展，比如欧盟为促进欧洲高等教育一体化建立了欧洲高等教育区资历框架与欧洲终身学习资历框架，积极推进各成员国建设国家资历框架，并督促各成员国将本国国家资历框架与欧洲高等教育区资历框架和欧洲终身学习资历框架对接。

　　比较不同国家的资历框架，可以发现这些国家在推动国家资历框架变革的策略、涵盖的教育阶段、国家资历框架自身发展的程度、国家资历框架建设的参与者、国家资历框架的实施细节和成效等方面都有不小的差异，体现了国家资历框架在不同教育、文化体系中所呈现的多样性。

　　从国家资历框架为促使教育变革而采取的策略来看，可分为衔接型框架（Communications Framework）、变革型框架（Transformational Framework）和改良型框架（Reforming Framework）。其中，衔接型的国家资历框架旨在对现有教育系统进行描述或分类，使之更加透明，增加各级教育之

---

① 朱贺玲、文雯：《从"一致"、"等值"到"认可"：教育资历跨境认可的全球实践和新动向》，《复旦教育论坛》2018 年第 3 期。

间的一致性，而并不试图直接推动教育系统的变革。变革型的国家资历框架以未来的教育和培训系统为出发点，旨在定义未来教育和培训系统中的各种资历，并试图直接引发教育的变革。此类框架的结构更为严谨，具有更强的中心导向和结果导向。改良型的国家资历框架以现有教育系统为出发点，同样试图直接引发变革，并为其他变革者提供支持。苏格兰、南非（早期版本）、爱尔兰的国家资历框架分别为衔接型、变革型和改革型的典型代表。

从涵盖的教育阶段来看，国家资历框架可分为综合型资历框架和专门型资历框架，前者涵盖了普通教育、高等教育、职业教育与培训等各级各类教育资历，后者仅涉及部分教育阶段，如仅涉及职业教育或者高等教育。以欧盟为例，截至 2016 年底，有 35 个成员致力于建立涵盖各级各类教育的综合型资历框架，捷克共和国、英国的英格兰和北爱尔兰、法国和瑞士则建立了专门型资历框架，譬如分别建立国家职业教育资历框架和国家高等教育资历框架。

从建设步骤来看，国家资历框架的建设大致可分为四个阶段：第一，设计开发阶段，此阶段主要涉及国家资历框架的顶层设计，包括理念、政策目标和层级结构等，主要的利益相关方通常均参与其中；第二，正式采纳阶段，各国通过政府、内阁颁布的相关法律、法令正式宣布采纳国家资历框架；第三，早期运作阶段，国家资历框架在这一阶段开始为社会所知，各项原则得到积极的推动和运用，其中，向各级教育和培训机构宣传国家资历框架的目的和价值是此阶段较为重要的环节；第四，深入运行阶段，国家资历框架已然成为国家教育和培训体系的重要组成部分，各级教育和培训机构、个体、雇主均可从中受益。目前，多数国家的资历框架仍处于设计开发、正式采纳或早期运作阶段，只有英国等极个别国家的资历框架发展至深入运行阶段。

从国家资历框架的推动者来看，大多数国家资历框架是由政府或者中央机构推动的（美国的证书框架是由独立的私人基金会作为自愿参考工具而开发的，而不是作为官方政府文书）。国家资历框架的制定和实施过程似乎是首次将一国内部的教育和培训的利益相关方聚集在一起并使其参与制度化的过程。① 理论上说，这一过程可能对整个系统的协调和国家资历框架的构建进展产生积极影响，然而由于各国的教育培训系统都存在不同程度的障碍，这事实上阻碍了国家资历框架对教育培训系统的积极影响。例如，马来西亚的国家资历框架在其各个子框架内相对成功，但由于负责不同教育阶段和类别的政府部门之间存在分歧，因此无法观察到"更加连贯和明确的资历制度"的进展。② 对于大多数国家而言，产业部门一直难以有效参与国家资历框架的制定和实施，即使在爱尔兰和苏格兰这种相对完善的框架体系中，雇主作为重要的利益相关群体也很难参与进来，而且一些国家的资历框架还通过引入新的术语、技术要求、程序设定等来进一步减少雇主的影响。

从实施情况来看，国家资历框架确立了一种新的通用语言，在某种程度上增加了资历系统的透明度和连贯性，这种情况在法国、澳大利亚、苏格兰等国家或地区性资历框架中体现得最为明显。但资历框架在各国实践中也存在一些问题，譬如采用过于复杂的技术语言取代旧有的、熟悉的术语，不同的资历框架引入不同的术语等，反而增加了不连贯性，例如新西兰国家资历框架的术语就被一些大学拒绝承认。③ 当存在多个具有重叠范围的专门资历框架时，透明度也会受到影响，这一现象在英国的资历框架中表现明显。

日益加深加广的全球化进程促进了具有共同特征的国家资历框架在世界范围内扩散，如学习成果、质量保障、认可和认证等。本章将主要从国家资历框架的背景、政策目标、组织治理结构、非正规和非正式学习成果的认可与认证、实施现状等五个方面，对国家资历框架在世界主要国家及区域的实践进行梳理。其中，韩国虽然尚未建立国家资历框架体系，但是已经建立了较为完善的学分银行制度，其在一定程度上是国家资历框架的

---

① P. Grootings, "Discussing National Qualifications Frameworks: Facilitating Policy Learning in Practice," *ETF Yearbook 2007* (Turin: ETF, 2007); J. Bjørnåvold, "The EQF as a Catalyst for European NQF Developments," *Paper Presented at International Peer Learning Activity on NQFs* (Brussels: Belgium, 2010).

② J. Keating, "The Malaysian Qualifications Framework," *Case Study* (Geneva: ILO, 2009).

③ S. Allais, *The Implementation and Impact of National Qualifications Frameworks: Report of a Study in 16 Countries* (Geneva: ILO, 2010).

另一种替代性制度；美国和日本是世界上仅有的两个尚未建立国家资历框架的发达国家，但其对国家资历框架的前期探索和实践也具有十分重要的参考意义，因此也收录本书中。

1. 欧洲各国国家资历框架

作为目前最有影响力的区域一体化组织，欧盟进入 21 世纪以来积极推进区域和国家资历框架的建设，并将其作为推进欧洲高等教育一体化的重要政策工具。在 2005 年之前，欧洲仅有爱尔兰、法国和英国 3 个国家建立了国家资历框架，自欧盟于 2005 年开始督促各国建立国家资历框架后，截至 2017 年 5 月，已有 39 个国家正式完成了国家资历框架的创建，其中 35 个国家致力于建立涵盖各级各类教育的综合性国家资历框架，其余 4 个国家的资历框架仅涉及部分教育阶段，如专门的职业教育资历框架或高等教育资历框架。

1.1　英国国家资历框架建设情况

1.1.1　背景概述

英国由英格兰、苏格兰、威尔士及北爱尔兰组成，是世界上最早构建和实施资历框架的国家之一。其中，苏格兰政府于 2001 年推出的"苏格兰学分和资历框架"（Scottish Credit and Qualifications Framework，SCQF）被视为最早的和最为成功的综合性国家资历框架之一。[①] 2005 年 10 月以前，英国并无涵盖各个地区、各级各类教育的综合性资历框架，除"苏格兰学分和资历框架"（SCQF）外，其他地区还同时采用了四个不同的学分和资历框架，即"威尔士学分和资历框架"（Credit and Qualifications Framework for Wales，CQFW）、"英国国家资历框架"（National Qualifications Framework，NQF）、"英国高等教育资历框架"（Framework for Higher Education Qualifications，FHEQ）以及"英国资历和学分框架"（Qualifica-

---

① 　D. Raffe, J. Gallacher, N. Toman, "The Scottish Credit and Qualifications Framework: Lessons for the EQF," *European Journal of Vocational Training* 42（2008）：59 - 69.

tions and Credit Framework，QCF）（见表 3 − 1）。

表 3 − 1 英国不同地区采用的学分和资历框架汇总

资历框架名称	适用地区	建立年份	对应的教育阶段
苏格兰学分和资历框架（SCQF）	苏格兰	2001	衔接各级各类教育
威尔士学分和资历框架（CQFW）	威尔士	2003	衔接各级各类教育
高等教育资历框架（FHEQ）	英格兰、威尔士、北爱尔兰	2001	衔接本科、硕士、博士等高等教育阶段
国家资历框架（NQF）	英格兰、北爱尔兰	1997	衔接职业教育、职前教育和培训
资历和学分框架（QCF）	英格兰、威尔士、北爱尔兰	2008	衔接职业教育、职前教育和培训
资历调整框架（RQF）	英格兰、北爱尔兰	2015	衔接英格兰普通教育、职业教育；衔接北爱尔兰职业教育

资料来源：依据相关资料自主整理。

英国于 2015 年推出资历调整框架（RQF），并试图逐步取代资历和学分框架（QCF）与国家资历框架（NQF）。英国资历框架处于不断发展和变化过程中，资历框架的透明度、可见性和整体影响取决于自身的社会政治背景，这在英格兰和北爱尔兰尤为明显，多个资历框架的并行可能与资历框架本身透明度高以及加快学习进展的目标相矛盾。

1.1.2 国家资历框架的政策目标

英国的各资历框架均有其明确的政策目标或设计目的，以及开放的特性，注重雇主等社会部门的参与，鼓励终身学习并帮助提高劳动者技能。以下分述英国几个主要资历框架的目标。

（1）国家资历框架（NQF）

英国国家资历框架（NQF）是为了将学术资历、普通国家职业资历与国家职业资历联系起来，打破学历教育与职业教育的隔阂而建立的。英国历来并行两条独立的资历体系，国家职业资历框架（National Vocational Qualification，NVQ）和 A 级证书（General Certificate of Education，Advanced Level，A − Levels）。其中国家职业资历框架（NVQ）以岗位培训为基础，其实质为职业资格证书；而 A 级证书即普通教育高级级别证书，主要面向普通中等教育证书（General Certificate of Secondary Education，GCSE）成绩较好的部分 16～19 岁的学生，使其能够升入大学。[①]

1986 年，英国成立国家职业资历委员会（NCVQ），并于次年推出国家职业资历框架（NVQ），以行业门类和等级为基础，将种类繁多的职业资历统一为国家职业资历 1 级（NVQ1 级）、国家职业资历 2 级（NVQ2 级）、国家职业资历 3 级（NVQ3 级）、国家职业资历 4 级（NVQ4 级）、国家职业资历 5 级（NVQ5 级），以期实现职业资历体系化，并为其与高等教育对接做好准备。

1992 年，国家职业资历委员会（NCVQ）进一步推出普通国家职业资历框架（General National Vocational Qualification，GNVQ），试图打破普通教育和职业教育的鸿沟。普通国家职业资历框架（GNVQ）课程主要向学习者提供广泛的职业或专业所需的一般技能、知识和理解，为其就业培训和继续接受高等教育打好基础，也就是说，职业院校的学生也拥有了接受高等教育的途径。1997 年，国家职业资历委员会（NCVQ）和学校课程与评审局（School Curriculum and Assessment Authority，SCAA）合并成为资历与课程署（Qualification and Curriculum Authority，QCA），并于同年建立 5 级的国家资历框架（NQF），将学历教育与职业教育联系起来，使转换教育轨道成为可能。

（2）资历和学分框架（QCF）

2008 年，为整合英格兰、威尔士、北爱尔兰除高等教育之外的各种资历，英国推出资历和学分框架（QCF）。依据相关政策文本，资历与学分框架（QCF）于 2010 年取代国家资历框架（NQF）中的职业教育资历，但国家资历框架（NQF）中的普通教育资历，尤其是普通中等教育证书（GCSE）以及普通教育证书 A 级（A‑Levels）仍然得以沿用。

事实上，资历和学分框架（QCF）的推出就是为了解决国家资历框架（NQF）存在的等级描述繁杂重复，以资历为单位的学习内容较多，学习

---

① 陈霞：《一种为学生的升学和就业做准备的课程—英国普通国家职业资格（GNVQ）课程述评》，《外国教育研究》2002 年第 9 期，第 41～45 页。

者的积极性不高，以及职业资历等级与普通高等教育等级无法在实践中等值互换等问题。

（3）资历调整框架（RQF）

英格兰和北爱尔兰地区 2015 年出台资历调整框架（Regulated Qualifications Framework，RQF），其目的是引入一个简单的描述性框架，并试图逐步取代资历和学分框架（QCF）以及国家资历框架（NQF）。资历调整框架提供资历概述并说明它们之间的相互关系，并通过设置一致的测量单位（学习者学习和评估资格的时间长度）和难度级别来确保该框架的透明度。资历调整框架由资历和考试规则办公室（Office of Qualifications and Examinations Regulation，Ofqual）及课程考试和评估委员会（Council for Curriculum，Examinations and Assessment，CCEA）监管所有资历，并通过现有的一般认可条件①对资历要求提出要求，取代以前资历和学分框架的部分监管职能。这一变化将监管责任从国家层面下放给资历授予组织和教育培训提供者，并根据雇主的需求设计高质量的职业资历，而不是仅设计符合规定的资历和学分框架规则。②

（4）高等教育资历框架（FHEQ）

1997 年，英国高等教育调查委员会（National Committee of Inquiry Into Higher Education）发布《迪林报告》（*Dearing Report*），首次提出建立全国性的高等教育资历框架（Framework for Higher Education Qualifications in England，Wales and Northern Ireland，FHEQ）。2001 年，高等教育质量保证局（QAA）发布第一版高等教育资历框架（FHEQ），后在广泛征求高等教育界以及社会各界意见的基础上，于 2008 年进行了修订。值得注意的是，高等教育资历框架适用于英格兰、威尔士、北爱尔兰三个地区，苏格兰虽有独立的资历框架，但高等教育部分与其他地区并无较大差别。

依据相关政策文本，高等教育资历框架（FHEQ）的主要目标是为高

---

① Ofqual，"General Conditions of Recognition，" 2016，https：//www. gov. uk/government/up-loads/system/uploads/attachmentdata/file/529394/general - conditions - of - recognition - june - 2016. pdf.

② "Page of the Consultation on After the QCF：A New Qualifications Framework（Go to Consultation Description），" UK Government Web，https：//www. gov. uk/government/consultations/after - the - qcf - a - new - qualifications - framework.

等教育机构及外部审查机构制定和评价学术标准提供参考依据；在终身学习的背景下，协助个体了解升学及就业机会；统一高等教育阶段各学术资历的名称，促进社会各界对各级资历的共同认识和理解等。①

（5）苏格兰学分和资历框架（SCQF）

苏格兰学分和资历框架（Scottish Credit and Qualifications Framework，SCQF）有五个主要的政策目标：支持终身学习；明晰各等级的资历和学习计划的要求；向学习者或其他人展示学分转移和提高资历的可能途径；呈现不同类型资历的一般级别和学分规模；在资历或学习计划之间通过学分转换建立连接，以帮助学习者在已取得的成绩的基础上继续学习。

围绕上述目标，苏格兰学分和资历框架（SCQF）使得整个资历系统和学习计划易于理解。作为世界上最早的综合性国家资历框架之一，苏格兰学分和资历框架（SCQF）表明了资历框架作为发展工具实现改革的潜力，它已经超越了简单的"沟通"角色，逐渐成为修订和更新教育和培训（课程和标准）系统以及开发人力资源的参考。

苏格兰学分和资历框架（SCQF）是一个开放性的框架，它对私营部门和雇主进行的培训项目给予认可并将其纳入资历框架。该框架帮助劳动者明确其学习途径，并使得他们所取得的个人成就得到认可，允许学习者通过各种私营培训项目进入更高等级的学习阶段，鼓励劳动者进行学习，强化劳动者学习动机并提高其对企业的忠诚度，促进劳动者技能发展并帮助其进行有效的技能利用。

（6）威尔士学分与资历框架（CQFW）

威尔士学分与资历框架（Credit and Qualifications Framework for Wales，CQFW）则被视为实现威尔士政府的经济和技能政策目标相关的重要支持工具，也被定位为威尔士终身学习政策和战略的关键部分。威尔士学分与资历框架旨在为所有威尔士学习者提供国家资历认可，为学习成绩提供通用"货币"，支持各等级的学分和资历认可，促进学习者进步，为教育和培训机构提供一个明晰的、易于理解的，且在国际社会

---

① QAA, "The Framework for Higher Education Qualifications in England, Wales and Northern Ireland（FHEQ），" 2008, http：//www. qaa. ac. uk/publications/information - and - guidance/publication？PubID = 2718#. WAR7fywiu04.

中可以通用的资历体系。威尔士学分与资历框架有五个具体目标：使每个人都能掌握基本技能；鼓励人们成为终身学习者；探索商业和教育机构提供的课程内容；鼓励企业和工人获得新技能；帮助社区内的人们掌握新技能。

1.1.3 各资历框架等级和组织治理结构

英国于 1997 年首次提出 5 级国家资历框架。2004 年 9 月，为了与英国高等教育资历框架（FHEQ）及欧洲资历框架（EQF）衔接，英国将 5 级国家资历框架调整为 9 级（包括一个入门级）。2008 年，英国推出资历和学分框架（QCF），取代国家资历框架（NQF）中的职业教育资历，但 NQF 中的普通教育资历，尤其是普通中等教育证书（GCSE）以及普通教育证书 A 级（A - Levels）仍然得以沿用。2015 年 10 月，英国资历及考试监督办公室（The Office of Qualifications and Examinations Regulation，Ofqual）推出资历调整框架（RQF），该框架同样采用与资历和学分框架相同的资历等级，但赋予了资历授予机构更多的自主权和责任。

一般而言，资历框架的建立由政府教育主管部门负责制定并实施资历的质量标准和评审机制，或者由政府指定专门机构，或由以伙伴关系为基础的多个机构统筹资历框架的建立和运行①，英国主要采用后述方式。其中，国家资历框架（NQF）、资历和学分框架（QCF）、资历调整框架（RQF）主要由英国资历及考试监督办公室（Ofqual），北爱尔兰课程、考试及评价委员会（Council for the Curriculum, Examinations and Assessment in Northern Ireland, CCEA），威尔士政府等共同负责。其中英国资历及考试监督办公室（Ofqual）负责英格兰普通教育、职业教育以及北爱尔兰职业教育的资历框架；北爱尔兰课程、考试及评价委员会（CCEA）负责北爱尔兰普通教育资历框架；威尔士除可由学位授予机构直接颁授资历外，其他所有各级各类资历均由威尔士政府负责管理。另外，高等教育资历框架（FHEQ）主要由高等教育质量保障局（Quality Assurance Agency, QAA）负责；苏格兰学分和资历框架（SCQF）、威尔士学分和资历框架（CQFW）

---

① S. Lester, "The UK Qualifications and Credit Framework：A Critique," *Journal of Vocational Education and Training* 63（2011）：205 – 216.

的管理机构则分别为苏格兰学分和资历框架合作伙伴（SCQF partnership）及威尔士政府。①

（1）国家资历框架（NQF）（英格兰和北爱尔兰地区）

1997年，英国资历与课程署（QCA）建立了5级的国家资历框架（NQF）。该框架将学术资历、普通国家职业资历与国家职业资历联系起来，打破了学历教育与职业教育的隔阂（见表3-2）。

表3-2　英国国家资历框架（1997年）

证书等级	学历证书（Academic）		普通国家职业资历（GNVQ）	国家职业资历（NVQ）
5级	高等教育	学士学位	无	NVQ5级
4级		文凭（副学士）	无	NVQ4级
3级	GCE A/AS Levels普通中等教育证书A级（大学入学级别）（16~18岁）		GNVQ高级（16~19岁）	NVQ3级
2级	GCSEs A * ~C普通中等教育证书（义务教育结束，GCE-O级考试通过，获中学毕业资格级别）（14~16岁）		GNVQ中级（16~19岁）	NVQ2级
1级	GCSEs D~F普通中等教育证书（中学在学级别）（14~16岁）		GNVQ初级（14~16岁）	NVQ1级

资料来源：刘阳《图解英国国家资格框架之改革进程》，《职业技术教育》2006年第25期，第81~84页。

2004年9月，为了与高等教育资历框架（FHEQ）及欧洲资历框架（EQF）衔接，英国将5级的国家资历框架调整为9级（包括一个入门级）。其中，原有的第4级资历被细化为第4、5、6级，原有的第5级资历被细化为第7、8级，其他级别并未有所改变（见表3-3）。

由表3-3可见，该资历框架将国家职业资历证书与高等教育对应起来，其中，NVQ5级对应博士学位、硕士学位；NVQ4级对应学士学位、高级文凭/副学士学位、高等教育证书。也就是说，英国借由国家资历框架（NQF）实现了5级高等职业教育体系的建立。值得注意的是，职业资历与普通高等教育尽管在制度层面实现了等值，但在实践中仍受到较多人的

---

① QAA, "The Framework for Higher Education Qualifications of UK Degree - awarding Bodies," 2014, http：//www. qaa. ac. uk/en/Publications/Documents/ qualifications - frameworks. pdf.

表 3 - 3　英国国家资历框架（2004 年）

证书等级	学历证书（Academic）		普通国家职业资历（GNVQ）		国家职业资历（NVQ）
8 级	高等教育	博士学位	—		NVQ5 级
7 级		硕士学位			
6 级		学士学位			NVQ4 级
5 级		高级文凭/副学士学位			
4 级		高等教育证书			
3 级	GCE A/AS Levels 普通中等教育证书 A 级		职业教育证书 VCE	GNVQ 双重授予	NVQ3 级
				GNVQ 高级	
				GNVQ 高级补充	
2 级	GCSE D ~ F 普通中等教育证书		职业课程普通教育证书（GCSE Vocational Subject）		NVQ2 级
1 级	GCSE A ~ C 普通中等教育证书				NVQ1 级
入门级	—		—		—

资料来源：匡瑛《英、澳国家资格框架的嬗变与多层次高职的发展》，《高等工程教育研究》2013 年第 4 期，第 122~126 页。

质疑，以至于二者互换的可能性并不大。

（2）资历和学分框架（QCF）（英格兰、北爱尔兰和威尔士）

资历和学分框架（QCF）以更为简洁的方式呈现难度和学习量。如图 3 - 1 所示，该框架涉及难度和资历类型两个维度，涵盖学分、等级、学习量、学习单元和资历五大要素。框架沿用了 NQF 的 9 级框架，其中，入门级别最低，8 级最高。每个级别对学习者所应具有的认知和理解能力（knowledge and understanding）、应用和实践能力（application and action）、自主性和责任感（autonomy and accountability）均做了明确规定，详见表 3 - 4。

通常情况下，各国资历框架的管理机构均基于通用能力标准，对相应的学术和职业资历课程进行评审。其中，通过评审的课程名单可以进入政府的资历名册网站并向全社会公布，学习者可借此了解和选择具有质量保证的资历课程。英国资历和学分框架同样采取了类似措施，主要涉及认证

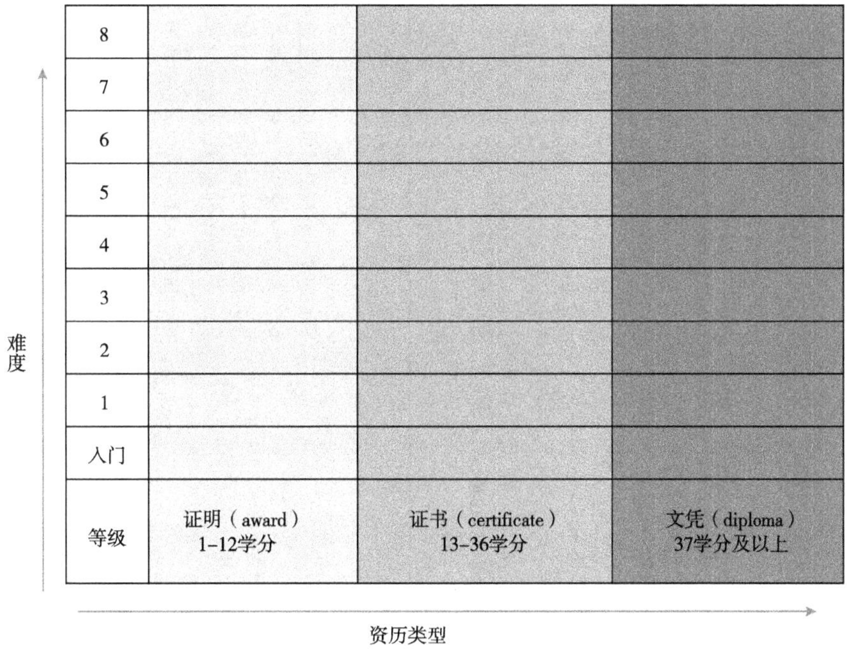
8
7
6
5
4
3
2
1
入门
难度
等级
证明（award）1-12学分
证书（certificate）13-36学分
文凭（diploma）37学分及以上
资历类型

图3-1　英国资历与学分框架（QCF）的结构

资料来源：Qualifications and Curriculum Development Agency，“Regulatory Arrangements for the Qualifications and Credit Framework,” 2008.

注册组织机构、规范各级管理与执行机构、建立标准数据与学习记录信息等三大举措。

首先，资历和学分框架运行过程中所涉及的相关机构均须经过资历管理机构的认证。一般来说，资历框架的管理机构通常负责资历与单元标准的审查、维护与发布，资历与单元开发、实施机构的认证与监管，资历和学分框架信誉与公信力的维护等，例如英格兰资历框架的负责机构是资历及考试监督办公室（Ofqual），威尔士的负责机构是儿童、教育、终身学习与技能部门（Department for Children，Education，Lifelong Learning and Skills，DCELLS），北爱尔兰的负责机构是课程、考试与评估委员会（Council for Curriculum，Examinations and Assessment，CCEA）。

其次，资历和学分框架在实施过程中亦涉及资历与单元开发、认证先前学习成果等，这些任务由其他机构负责，包括资历授予机构（awarding organization）、培训中心/培训提供者（center/provider）、先前学习认证机构、数据管理机构及其他相关机构等。管理机构位于质量保证体系的最高

表3-4 英国资历和学分框架（QCF）等级描述

级别	总述	认知和理解	应用和实践	自主性和责任感
8	研发原创性知识并延伸知识或专业实践领域；能够领域通过设计和完成研发性和策略性活动解决复杂交互因素的问题，能够自主做出判断，并能领导共同承担的工作和知识领域的研发，或承担专业和组织变革的责任；理解相关的理论和方法以及它们如何影响工作和学习	研发原创性、实用性、概念性或技术性因素交互解决缺乏解释、复杂交互因素的问题；批判性分析、解释和评价复杂的信息、理念和理论，创造新的知识和理论；了解和厘清新学习和工作领域广泛的背景；对原创性知识和思想的贡献；应用不同理论延伸到领域的关键性知识并了解它们如何影响工作和学习	构思并能处理涉及复杂交互因素的问题；制定和使用适合的工作和途径；设计和完成工作或学习领域的研发和策略性活动；批判性评价工作和它们对工作领域的关键知识以及结果以及它们对工作领域的关键知识以及环境长、短期的影响	负责规划和制定行动方案以及组织或领域自主响的行动方案，并作为开拓者或学者共同负责研发专业知识和工作领域或实践的变革；承担专业实践提升的责任
7	能够运用相关的知识、方法和途径解决复杂交互因素的问题；承担基础解和作用的行动方案的责任，并自主做出判断；理解相关的理论和方法以及它们如何影响工作和学习	运用实用、概念性和技术性知识解决新方法的问题；批判性分析、解释和评价复杂的信息、理念和理论，修正的概念；了解所有广泛的领域更广泛的背景；了解学习和工作领域的最新发展；理解不同的理论和方法以及它们如何影响工作和学习	构思并处理涉及交互因素的问题；决定采用适合的方法；设计和研发策略性活动，了解工作或学习领域以及产生组织和专业变革；批判性评价方法和结果以及它们的长、短期的影响	承担制定和开发能够引起重大变化的行动方案的责任；在宽泛的条件下对重要的学习和工作领域自主做出判断；发起和领导复杂的工作任务和程序，对相关人的工作作用负责

续表

级别	总述	认知和理解	应用和实践	自主性和责任感
6	能够提炼并选用相关的知识、方法和技能解决复杂问题；制定和开发发展的行动或发展的行动方案，并在复杂或变化的行动中做出判断；理解不同方法、思想和学派并支持他们的理论	运用实用性、技术性和理论性知识在较复杂环境下找到解决问题的办法；分析、解释和评价相关的信息和理念；了解学习和工作领域的背景和前沿；理解不同方法、思想和学派并支持他们的理论	解决解释有限但涉及因素复杂的问题；改定采用适当的方法和技能；适当运用相关的设计研究解释行动；评价行动及其影响	制定和开发能够引起重大变化和发展的行动方案，发起和领导工作和负责；在宽泛的条件下自主做出判断
5	能够识别选用相关的方法、知识和技能解决复杂的非常规问题；在相当宽泛的条件下能承担制定和研发行动方案的责任；了解不同观点、方法和学派思想以及支持原因	运用实用性、技术性知识在较复杂环境下找到解决问题的办法；分析、概念和理念；了解所学习和工作领域的特性和边界；了解不同观点、方法和学派思想以及支持原因	解决解释明确但复杂的问题；改定采用适当的方法和技巧；运用相关的研究解释行动方案；评价行动、方法和结果	制定和开发行动方案，对他人相关的条件下自主负责；在宽泛的条件下自主做出判断
4	能够识别选用相关的方法、知识和技能解决明确且明确的非常规问题；负责制定总结的行动方案，并在相当宽泛的条件下自主做出判断；了解工作或所学习领域各种方法和观点	运用实用性、程序性和评价非日常问题；解释和评价相关的信息和理念；了解学习和工作领域的特性和范围；了解掌握所学工作或所学领域各种方法和观点	解决明确又复杂非日常问题；识别、选择和应用合适的技能和技巧；运用适当的调查解释方法、行动和结果的有效性和准确性	制定和开发行动方案，对他人相关工作负责；在宽泛但明晰的条件下自主判断

续表

级别	总述	认知和理解	应用和实践	自主性和责任感
3	能够识别选用相关的方法、知识和技巧解决明确又了解复杂的问题；承担发起并完成明确的任务和程序的责任；在有限的条件下自主做出判断；了解所学或所工作领域的各种方法和观点	运用实用性、程序性和理论性知识完成任务并明确又明确又较复杂的问题；解释和评价相关的信息；了解所学习和所工作领域的特性；掌握所学或所工作领域的各种方法	解决明确又较复杂的非日常问题；识别、选择和应用合适的技能、方法和程序；运用适当方法的调查解释活动；评述方法和实践的效果	承担发起和完成工作任务和程序相关人的责任，以及监管和指导相关人的责任；在一定条件下自主做出判断
2	具有选用相关的技能、方法、知识和程序完成清晰的日常任务；能够解决简单的问题的能力，包括在指导下完成任务和程序的责任	运用事实性、程序性的任务并解决简单的问题；解释相关的信息和方法；了解与学习和所工作领域相关信息	完成清晰的常规任务并解决简单的问题；选用相关的技能和程序；识别、收集和使用相关的信息解释活动；识别活动的有效程度	承担完成任务和程序所需的责任；能够在监督和指导下自主做出判断
1	能够使用相关的技能、知识和程序完成日常任务，包括在指导下完成任务和程序的责任	运用事实性、程序性的常规任务；识别完成清晰的常规任务；了解学习和工作领域的相关信息	完成清晰的常规任务；运用相关的技能和程序；选用相关的信息；识别活动的有效程度	承担在必要的指导下完成任务和程序所需所需的责任

续表

级别		总述	认知和理解	应用和实践	自主性和责任感
	入门3	在恰当的指导下能够使用相关技能和知识完成熟悉的任务	能够使用相关技能和知识完成熟悉的任务；了解完成熟悉环境中活动的步骤	完成熟悉环境中活动的步骤；了解活动结果对自身和他人的影响	在恰当的指导下承担活动结果的责任；积极参与熟悉的活动
入门级	入门2	在指导下能够使用相关的技能和知识完成熟悉的任务	能够完成简单、熟悉的活动；了解完成活动的步骤	能够完成简单、熟悉的活动；在指导下完成活动	在恰当的指导下承担部分活动结果的责任；积极参与熟悉的活动
	入门1	初步运用技能和知识完成日常任务			

资料来源：Qualifications and Curriculum Development Agency, "Regulatory Arrangements for the Qualifications and Credit Framework," 2008.

层，主要负责监管资历授予机构的行为，并定期或按需维护资格标准。资历授予机构处于质量保证体系的中间层，负责向学习者授予学分和资历，培训中心/培训提供者负责开发单元、组合规则、组织培训，向学习者提供资源、协助资历授予机构实施学分与资历授予工作。培训中心则主要向学习者提供有质量保证的课程，并接受相关机构的评估。先前学习认证机构主要针对未通过资历和学分框架单元学习而获得的成果进行评价和认证，并给予相应的学分。数据管理机构是负责资历和学分框架学习记录（learning record）管理、资历与单元标准数据管理以及门户网站运营与管理的机构，通常由技能资助署（Skills Funding Agency，SFA）负责管理，该机构为商业、创新与技能部（Department for Business Innovation and Skills，BIS）的下设部门。

除此之外，资历与课程开发委员会（Qualifications and Curriculum Development Agency，QCDA）主要负责审查、发布资历和学分框架的具体规范与操作方法，该委员会为英国教育部下设部门，前身为资历与课程署（QCA），曾参与资历和学分框架前期的开发与测试；技能资助署（SFA）负责实施资金与绩效评价，同时也存储学习者从认证机构获得的学习成果数据，其前身为学习与技能委员会（Learning and Skills Council，LSC）；部门技能委员会（Sector Skills Councils，SSC）主要在资历与学分框架资格、单元开发、资历审查以及资金支持等方面提供建议；国家就业和技能委员会（UK Commission for Employment and Skills，UKCES）则负责资助与管理各个专业技能委员会，为政府机构向各行业技能委员会发放许可证提供建议。

资历和学分框架（QCF）的资历认证机制基于学习者成就记录，学习者如想获得相应的资历，需经过注册、获取学分、申请认证等步骤。首先，学习者可在资历及考试监督办公室（Ofqual）下设的学习者注册服务中心（Learner Registration Service）进行注册，并得到一个"唯一学习者编码"（unique learner number），此乃认证资历的首要步骤。

完成注册后，学习者可访问已经过资历及考试监督办公室（Ofqual）授权的机构（注册服务中心负责提供机构清单），并依据自身需要选择资历类型。资历和学分框架中各资历的名称均详细标明该资历的类型、级别和学习单元。其中，相关资历的类型、级别、学习单元、学分等均由资历与课程开发委员会（QCDA）负责开发。学习者每完成一个学习单元并经评估合格后，均可获得相应的学分，并被编号录入国家认证资历数据库（National Database of Accredited Qualifications，NDAQ）。值得注意的是，学习者成就记录与该数据库相连，学习者可随时查看自己的学习进度。

最后，学习者借由学分的累积、组合，获得相应资历。其中，学分的累积、成绩的组合需要部门技能委员会（Sector Skills Councils）等机构的认证，另外，英国亦制定"组合规则"来规范学分累积及资历获取的原则。值得注意的是，获得资历和学分框架认证机构认证的成绩、学分在不同机构中均可得到承认，不需要学习者重复学习已经掌握的知识、技能等。而且，学习者之前累积的学分经由资历及考试监督办公室（Ofqual）认证后，可以折算到新的资历中。

（3）资历调整框架（RQF）（英格兰、北爱尔兰）

2015 年 10 月，资历及考试监督办公室（Ofqual）推出资历调整框架（RQF），该框架采用与资历和学分框架（QCF）相同的资历等级，包括入门级（细分为入门 1~3 级）和 8 个级别，5~8 级与英格兰、威尔士和北爱尔兰的高等教育资历框架（FHEQ）级别一致。级别描述符构建在资历与学分框架（QCF）使用的描述符之上，但运作规则更为简单、明确。例如资历和学分框架（QCF）每个等级从知识和理解、应用和实践、自主性和责任感三个方面进行描述，资历调整框架（RQF）的等级描述只包括知识和技能两个方面。

资历调整框架（RQF）类似图书馆的书架（bookcase），为各个资历张贴"级别"（level）和"规模"（size）的索引标签，其中，资历级别意味着某种资历所蕴含的知识与技能的困难程度与复杂程度，大多数资历均能对应特定的等级（见表 3－5）。

资历规模（qualification size）指习得一种资历并获得评价所需的总时间，该时间因人而异，可能持续几小时或者几年之久。资历规模以总的资历时间（total qualification time）表示，每个时间单位包括"接受指导时间""直接学习时间""考试评价时间"3 项。不同等级的资历可能需要类似的学习与评估时间，而同一等级的资历亦可能需要不同的学习与评估时间。

表 3 – 5　资历调整框架（RQF）

资历调整框架 （RQF）等级	资历	欧洲终身学习 资历框架（EQF）等级
8	哲学博士 8 级证书 8 级文凭 8 级奖项	8
7	硕士学位 7 级证书 7 级文凭 7 级奖项 7 级国家职业资历 研究生证书 研究生文凭	7
6	荣誉学位 本科文凭 本科证书	6
5	高等教育证书 基础学位 国家高等教育文凭 5 级证书 5 级文凭 5 级奖项 5 级国家职业资历	5
4	高等教育证书 高级学徒 国家高等教育证书 4 级证书 4 级文凭 4 级奖项 4 级国家职业资历	5
3	A 级证书 – 高等教育准入证书 高阶学徒 3 级证书 3 级文凭 3 级奖项 3 级国家证书 3 级国家文凭 3 级国家职业资历 6、7、8 级音乐等级	4

资历调整框架 （RQF）等级	资历	欧洲终身学习 资历框架（EQF）等级
2	普通中等教育证书 中阶学徒 2 级证书 2 级文凭 2 级奖项 2 级核心技能 2 级基础技能 2 级国家证书 2 级国家文凭 2 级国家职业资历 4、5 级音乐等级	3
1	初级证书 普通初级教育证书 1 级证书 1 级文凭 1 级奖项 1 级核心技能 1 级基础技能 1 级国家职业资历 1 级 ESOL 证书 1、2、3 级音乐等级	2
入门 1～3 级	入门级奖项 入门级证书 入门级文凭 入门级核心技能 入门级基础技能 入门级 ESOL 证书 生存技能	1

资料来源：14 Office of Qualifications and Examination Regulation（Ofqual），"Regulated Qualifications Framework: A Postcard," 2015, https: //www.gov.uk/government/ uploads/system/uploads/attachment_data/file/461298/RQF_Bookcase.pdf.

　　总而言之，资历调整框架（RQF）将现有的资历分门别类，使之能够以更为简洁、统一的方式呈现，相较资历和学分框架（QCF）更为细致的运作规则，资历调整框架（RQF）则强调给予资历授予单位较大程度的自主权和责任，使资历设计与培训更贴近实际需求，激发个体的学习兴趣，为学习者、教育者以及资历框架的使用者提供便利。

（4）高等教育资历框架（FHEQ）（英格兰、北爱尔兰和威尔士）

关于高等教育资历框架的级别，2001 版的高等教育资历框架采用 C 级、I 级、H 级、M 级、D 级等五级框架，其中，前 3 级对应本科层次的资历，M 级对应硕士学位，D 级对应博士学位。后在 2007 年举办的关于资历框架的圆桌会议中，部分代表提出倾向于用数字区分高等教育资历级别，2008 年修订的高等教育资历框架采纳了这一建议，以数字代表各级资历，并同样采用 5 级框架（见表 3-6）。

表 3-6　高等教育资历框架（FHEQ）

高等教育阶段	高等教育资历框架（FHEQ）等级	高等教育资历
博士	8	博士学位（Doctoral Degrees）
硕士	7	硕士学位（Master's Degrees）
		综合硕士学位（Integrated Master's Degrees）
		研究生文凭（Postgraduate Diplomas）
		教育专业研究生证书（Postgraduate Certificate in Education）
		研究生证书（Postgraduate Certificates）
本科	6	荣誉学士学位（Bachelor's Degrees with Honours）
		学士学位（Bachelor's Degrees）
		教育专业本科证书（Professional Graduate Certificate in Education）
		本科文凭（Graduate Diplomas）
		本科证书（Graduate Certificates）
	5	基础学位（Foundation Degrees）
		高等教育文凭（Diplomas of Higher Education）
		国家高等教育文凭（Higher National Diplomas）
	4	国家高等教育证书（Higher National Certificates）
		高等教育证书（Certificates of Higher Education）

资料来源：QAA，"The Framework for Higher Education Qualifications in England, Wales and Northern Ireland（FHEQ），" 2008.

如表 3-6 所示，高等教育资历框架（FHEQ）8 级对应博士学位，其中，英国的博士学位可大致分为学术博士学位（Doctor of Philosophy）和专业博士学位（Professional or Practice-based Doctorates）两类。学术博士学位（PhD/DPhil）是英国最为常见的博士学位之一，通常要求修读者产出获得学术界认可的原创性的研究成果；专业博士学位（Professional Doctorate, ProfDoc）目前在英国占有相当的比例，旨在于在学术框架下，重点发展专业知识（professional knowledge），满足不同职业的实际需求。有鉴于此，专业博士往往要求工作经验，其修读者多为处于职业生涯中的专业人士（mid-career professional）。据统计，英国目前已有教育博士、工程学博士、公共管理博士等36种专业博士学位。

高等教育资历框架（FHEQ）7级对应硕士学位，其中，英国的硕士学位可大致分为三种类型：研究型（research）、进阶型（advanced）和专业型（professional/practice）。① 研究型类似我国学术硕士学位，强调学生独立研究的能力；进阶型和专业型类似我国专业硕士学位，强调学生在特定专业领域的研究能力，旨在为学生进入相关职业领域或提升当前领域的专业能力提供机会。二者均要求学生具有荣誉学士学位或同等学力，并已获得相应的工作经验，但进阶硕士学位通常要求修读者具有相同或相近领域的学习背景，后者对此则不做硬性要求。

高等教育资历框架（FHEQ）4～6级对应本科阶段，其中，除荣誉学士和学士为学位（degree）外，其他资历均为证书或文凭。值得注意的是，欧洲高等教育框架仅认可如上所述的英国各级学位（degree），其他资历，如研究生文凭、研究生证书、本科文凭、高等教育证书等均未获得认可。

高等教育资历框架（FHEQ）的能力标准包括两大方面：其一，各级资历的授予标准，内容涉及对学习成果的描述，学生只有取得规定的学习成果，方能获得相应的资历；其二，资历持有者应具有的能力标准，即学生获得某一资历后所应具备的能力和个人品质。其中，高等教育质量保证局（QAA）负责依据其他参考报告，如"博洛尼亚进程"引导下欧洲学术基准的发展等，增加或修正高等教育资历框架（FHEQ）的能

---

① QAA, "Characteristics Statement: Master's Degree," 2015, http://www.qaa.ac.uk/publications/information - and - guidance/publication? PubID = 2977#. WATDnSwiu05.

力标准。

(5) 苏格兰学分和资历框架 (SCQF)

苏格兰学分和资历框架于 2001 年正式提出，涵盖普通教育、职业教育和高等教育的各类资历，由低到高分为 12 个资历级别。苏格兰学分和资历框架 (SCQF) 由苏格兰高等教育资历框架 (FQHEIS)、苏格兰资历局 (Scottish Qualifications Authority, SQA) 资历框架，以及苏格兰职业教育资历框架 (SVQ) 等三大资历框架组成，被视为世界上最早建立，也是最为成功的综合性资历框架之一 (见表 3 - 7)。

表 3 - 7　苏格兰学分和资历框架 (SCQF)

苏格兰学分和资历框架 (SCQF) 等级	苏格兰资历局 (SQA) 资历框架		苏格兰高等教育资历框架 (FQHEIS)	苏格兰职业教育资历框架 (SVQ) 等级
12			博士	
11			硕士	第 5 级 (SVQ 5)
			综合硕士	
			研究生文凭	
			研究生证书	
10			荣誉学位	
			本科文凭	
			本科证书	
9		专业发展证明 (Professional Development Award)	学士学位	第 4 级 (SVQ 4)
			一般学位	
			本科文凭	
			本科证书	
8	苏格兰高级文凭 (Higher National Diploma)		高等教育文凭 (Diploma of Higher Education)	

苏格兰学分和资历框架（SCQF）等级	苏格兰资历局（SQA）资历框架		苏格兰高等教育资历框架（FQHEIS）	苏格兰职业教育资历框架（SVQ）等级
7	高级证书（Advanced Higher Scottish Baccalaureate）	苏格兰高级证书（Higher National Certificate）	高等教育证书（Certificate of Higher Education）	第3级（SVQ 3）
6	高等证书（Higher）			
5	中级（2级）（Intermediate 2）			第2级（SVQ 2）
4	中级（1级）（Intermediate 1）	苏格兰证书（National Certificate）	苏格兰进展证明（National Progression Award）	第1级（SVQ 1）
3	入门（3级）（Access 3）			
2	入门（2级）（Access 2）			
1	入门（1级）（Access 1）			

如表3－7所示，苏格兰学分和资历框架（SCQF），有助于普通教育、职业教育和高等教育的各种资历之间的衔接和沟通。同时，该资历框架亦包括企业、社区和专业团体开设的课程，如微软和甲骨文等公司的企业培训课程所提供的资历。①

另外值得注意的是，前述高等教育资历框架（FHEQ）适用于英格兰、

---

① A. M. Ponton，"Qualifications Frameworks in the UK：Do They Support Credit Transfer？" *International Journal of Continuing Education and Lifelong Learning* 6（2013）：1－18.

威尔士、北爱尔兰等地区,苏格兰虽拥有独立的高等教育资历框架(FQHEIS),但与高等教育资历框架(FHEQ)基本一致,并无较大差别(见表3-8)。

表3-8 苏格兰高等教育资历框架(FQHEIS)与高等教育资历框架(FHEQ)之比较

高等教育资历	FHEQ	FQHEIS
	FHEQ 等级	SCQF 等级
博士学位(Doctoral Degrees)	8	12
硕士学位(Master's Degrees)	7	11
综合硕士学位(Integrated Master's Degrees)		
研究生文凭(Postgraduate Diplomas)		
教育专业研究生文凭/证书(Postgraduate Diploma/Certificate in Education)		
研究生证书(Postgraduate Certificates)		
荣誉学士学位(Bachelor's Degrees with Honours)	6	10
学士学位(Bachelor's Degrees)		9
教育专业本科证书(Professional Graduate Certificate in Education)		
本科文凭(Graduate Diplomas)		
本科证书(Graduate Certificates)		
基础学位(Foundation Degrees)	5	—
高等教育文凭(Diplomas of Higher Education)		8
国家高等教育文凭(Higher National Diplomas)		—
国家高等教育证书(Higher National Certificates)	4	—
高等教育证书(Certificates of Higher Education)		7

在高等教育资历框架(FHEQ)中,4~6级对应本科阶段,7级对应硕士阶段,8级对应博士阶段,而在苏格兰高等教育资历框架(FQHEIS)中,本科、硕士、博士阶段分别对应7~10级、11级、12级。另外,两个框架中的博士学位与硕士学位基本一致,而在本科阶段,高等教育资历框架(FHEQ)中荣誉学士学位与学士学位、教育专业本科证书、本科文凭、本科证书同属一级,而苏格兰高等教育资历框架(FQHEIS)则将荣誉学士学位置于其他学位之上。值得注意的是,国家高等教育文凭(HND)与

国家高等教育证书（HNC）仅适用于英格兰、威尔士和北爱尔兰，而且，苏格兰目前也未设置基础学位（foundation degrees）。

苏格兰学分和资历框架（SCQF）由苏格兰学分和资历框架合伙公司（Scottish Credit and Qualifications Framework Partnership，SCQFP）运作，该企业是一家担保有限公司，也是一家苏格兰慈善机构。该企业由苏格兰资格管理局、苏格兰大学、质量保证局、苏格兰大学协会和苏格兰部长会议组成。此外，雇主群体也在其中有代表。

资历获得者可以通过苏格兰学分和资历框架（SCQF）得到所有教育和培训部门以及劳动力市场利益相关方的评估。这反映了该框架对包括高等教育机构、职业培训机构在内的不同类型和等级资历的处理方式。

（6）威尔士学分和资历框架（CQFW）

威尔士学分和资历框架（Credit and Qualifications Framework Wales，CQFW）于2003年起开始实施，由三个资历框架构成，一是与英格兰及北爱尔兰共享的高等教育资历框架（FHEQ）；二是与英格兰及北爱尔兰共享的资历和学分框架（QCF）；三是威尔士学分及资历框架独有的终身学习质量保证机制（Quality Assured Lifelong Learning，QALL）（见表3-9）。

表3-9　威尔士学分和资历框架（CQFW）与对应的资历类型

威尔士学分和资历框架（CQFW）等级	对应的资历类型
8	博士学位
7	硕士学位 综合硕士学位 研究生文凭 教育专业研究生证书
6	学士与荣誉学士学位 教育专业本科证书 本科证书
5	高等教育文凭 国家高等教育文凭 基础学位

威尔士学分和资历框架（CQFW）等级	对应的资历类型
4	国家高等教育证书 高等教育证书 威尔士基本技能
3	职业资历 3 级 普通中等教育证书（GCSE）及高级职业教育证书（A - Level） WBQ① 高级
2	职业资历 2 级 WBQ 中级 普通中等教育证书（GCSE）A ~ C 级
1	职业资历 1 级 普通中等教育证书（GCSE）D ~ G 级 WBQ 基础
入门	入门资历，威尔士基本技能

资料来源：Cedefop，"National Qualifications Framework Developments in Europe," in *Annual Report 2015.*

威尔士学分和资历框架（CQFW）由威尔士政府、威尔士高等教育拨款委员会（Higher Education Funding Council for Wales，HEFCW）和威尔士资格证书组成的战略伙伴关系机构共同管理。在 2014 年的评估中指出，威尔士学分和资历框架（CQFW）在高等教育、成人和社区学习领域中的应用已经非常成熟，但是其他利益相关者，尤其是雇主和大多数学习者对框架的参与程度较低，教育和培训部门对框架的认识和支持也需要进一步提高。

1.1.4　非正规和非正式学习成果的认可与认证

英国各地区资历框架对于非正规和非正式的学习成果均可通过各自的方式进行认可与认证。

在英格兰和北爱尔兰，非正规或非正式学习可以通过"学习进展和成就认可记录体系（Recording Progress and Achievement in Non-accredited

---

① WBQ 即 Welsh Baccalaureate Qualification。

Learning)"的五个阶段得到认可，同时国家职业资历证书（National Vocational Qualifications，NVQs）提供了认证工作场所学习成果的机会，使学习者能够获得国家认可的资历，以证明其有能力达到国家认可的职业标准，第三部门也有单独的认证举措。但是，英格兰和北爱尔兰地区目前没有适当的系统来协调不同部门的认证活动。

苏格兰目前的先前学习认可（Recognition of Prior Learning，RPL）活动主要与高等教育有关。苏格兰对先前学习的认可涵盖了所有部门的先前正式、非正规和非正式学习。苏格兰多个机构都提供了有关先前学习认可的指导，如苏格兰学分和资历框架合伙公司（Scottish Credit and Qualifications Framework Partnership，SCQFP）、苏格兰高等教育质量保证局（Quality Assurance Agency for Higher Education in Scotland，QAA Scotland）、苏格兰资历局（SQA）等。近年来苏格兰先前学习认可（RPL）的变化很小，相关政策或实践的进展缓慢。

在威尔士，非正规学习可以通过三种方式得到认可。首先，个人可以使用其得到认可的先前学习成果从而获取正式资历（包括高等教育文凭和职业资历证书）或进入正规教育系统继续学习的机会。其次，威尔士学分和资历框架（CQFW）独有的终身学习质量保证机制（Quality-Assured Lifelong Learning，QALL）将非正式学习作为威尔士学分和资历框架（CQFW）的一个单元来给予认可。最后，国家职业资历证书（NVQs）也提供了认证工作场所学习成果的机会。

1.1.5　实施现状

2010 年 2 月，资历和学分框架（QCF）、苏格兰学分和资历框架（SCQF）、威尔士学分和资历框架（CQFW）与欧洲终身学习资历框架（EQF）进行了对接，但是高等教育资历框架（FHEQ）并未对接欧洲终身学习资历框架（EQF）。高等教育资历框架（FHEQ）和欧洲终身学习资历框架（EQF）之间没有建立联系，这是由于高等教育部门认为建立对接关系对于本地区高等教育的发展并不能带来好处。

2015 年的改革结束后，英格兰和北爱尔兰地区逐步全面实施了资历调整框架（RQF），用资历调整框架取代之前的资历和学分框架（QCF）和国家资历框架（NQF），这意味着英格兰和北爱尔兰与欧洲资历框架

（EQF）的对接已经过时。目前英国正在计划更新英国与欧洲资历框架（EQF）的对接。

苏格兰学分和资历框架合伙公司（SCQFP）通过系统评估来确定苏格兰学分和资历框架（SCQF）的实施状况。2013 年该公司对最终用户（学习者及其家长）进行了调查评估，2015 年又对使用苏格兰学分和资历框架（SCQF）的高等教育机构和大学进行调查评估，评估结果一定程度上反映了苏格兰学分和资历框架（SCQF）的实施现状。

2013 年的评估考察了学习者、家长、教学人员和管理层对苏格兰学分和资历框架（SCQF）的态度、认知和理解程度。[①] 该评估基于 27 个焦点小组、1444 份在线问卷、250 次面对面访谈和 16 次深度访谈的结果，展示了苏格兰学分和资历框架（SCQF）的实施状况。结果令人鼓舞，苏格兰学分和资历框架（SCQF）得到了苏格兰学习者、家长和教育专业人士的广泛认可。

2015 年的评估专门考察了苏格兰学分和资历框架（SCQF）在高等教育机构和大学中的使用情况[②]，为了进一步明确高等教育机构是否使用以及如何使用该框架，了解资历框架的应用（包括学分转移和对先前学习的认可）如何影响高等教育机构的战略发展方向。评估表明，苏格兰学分和资历框架（SCQF）很好地融入了大学的课程开发和质量保证程序，并被用以保证内部质量，以便为课程/项目批准和评审提供信息。大学在线调查的反馈表明，苏格兰学分和资历框架（SCQF）最常被用来完成课程批准/认证文件、制定资历、确定学习模块/单元、设计教学和评估方法等。苏格兰学分和资历框架（SCQF）还被用于帮助大学开展课程规划，以确保课程组合能够为不同资历级别提供教育内容并提供跨越不同级别的

---

① Ashbrook, "Final Report: Evaluations of the Awareness, Perceptions and Understanding of the SCQF Amongst Learners and the Understanding, Awareness and Perceptions of the Framework Amongst Management and Teaching Staff in Schools," 2013, http: //scqf. org. uk/wp – content/ uploads/2014/04/Ashbrook – Report – Key – Findings – Learners – Teaching – Staff – July – 2013. pdf.

② Kerson Associates Ltd, "The Use and Impact of the SCQF in the HEI and College Sectors: Follow – up Study 2014 – 15: Final Report for the SCQF Partnership," 2015, http: //sc-qf. org. uk/wp – content/uploads/2015/09/COLLEGE – AND – HE – FINAL – REPORT – with – recommendations – Sept – 2015. pdf.

途径。

威尔士学分和资历框架（CQFW）于 2002 年正式通过后便制定了一项长达十年的实施计划，这也说明实施资历框架需要一个相当长的过程。来自各个部门的利益相关方认为，威尔士学分和资历框架（CQFW）在认证非正规和非正式学习方面发挥了主要作用，该框架的终身学习质量保证（QALL）作用对弱势学习者产生了影响，增加了框架的灵活性，提高了学习者的期待值，并有助于促进学习者进步。威尔士学分和资历框架（CQFW）支持学分的"共同货币"属性，这使得在各个部门、各级和各个区域内呈现和交流学习成果更加容易；等级指标可用来支持利益相关方之间的一致性和信任感，这种一致性和信任感可以让学习者更好地理解资历的价值，并确定各种提升途径。

同时，这种以学习成果为基础的资历认可认证方法带来了较高的灵活性，并迅速更新以满足不同学习者群体的需求。同时，框架还避免了学习单元和资历的重复，从而节省了个人学习的经济成本。

然而，威尔士学分和资历框架（CQFW）在实施的过程中也存在一定的问题。大多数利益相关方认为，威尔士学分和资历框架（CQFW）并没有像期望的那样得到广泛应用，尽管在某些领域得以实践但"概念尚未得到大规模接受"，该框架尚未覆盖普通公众、雇主和学习者。同时，利益相关方承认先前学习的过程过于复杂，有可能使潜在学习者望而却步。

1.2　德国国家资历框架建设

1.2.1　背景概述

德国的教育系统尤其是职业教育系统，由于其自身独特的培养方式，使德国成为欧盟近年来毕业生就业率最高的国家之一。2015 年，德国拥有中等资历毕业生的就业率为 88.2%，远高于欧盟 70.8% 的平均水平，大学毕业生就业率也远高于欧盟 81.9% 的平均水平，达到 93.3%。[①] 参与各种形式教育和培训的人数也在逐年上升，学习效果日益显现。2014 年德国的

---

① Cedefop, *Application of Learning Outcomes Approaches Across Europe：A Comparative Study*（Luxembourg：Publications Office，2016），http：//www. cedefop. europa. eu/en/publications – and – resources/ publications/3074.

辍学率为 5.8%，低于欧盟平均水平。

然而德国的教育系统也面临一系列的挑战。首先，高等教育和职业教育两轨之间转换困难，德国独特的职业教育体系培养了大批优秀的产业工人，但是随着技术的快速更新换代和产业转型，教育和职业体系难以继续为需要进行职业转型的劳动力提供切实可行的资历提升途径，失业人群再就业困难。其次，最近涌入的数量庞大且只拥有很低级别资历甚至没有资历的年轻难民，对德国的教育系统来说也是一项巨大的挑战。[1] 因此，德国试图通过国家资历框架的建立进一步促进劳动力资历的提升、转换和认证。

德国国家终身学习资历框架（Deutscher Qualifikationsrahmen für lebenslanges Lernen，DQR）分为 8 级，并且已经全面投入运行。该框架的建立经历了一个漫长的过程。2006 年，德国联邦教育和研究部（Bundesministerium für Bildung und Forschung，BMBF）和各州教育和文化事务部长常设会议（Kultursministerkonferenz，KMK）同意就新兴的欧洲资格框架进行合作。经过广泛的准备工作，2009 年 2 月发布了德国国家资历框架提案。但直到 2013 年 5 月，德国各州教育和文化事务部长常设会议、联邦教育和研究部、各州经济部长和联邦经济及能源部才以联合决议的方式正式确立了德国终身学习资历框架（DQR），该决议的附件还包括该资历框架所包含的资历清单、级别说明以及德国终身学习资历框架手册（Manual for the German Qualification Framework）。截至 2017 年，德国终身学习资历框架已经包括了大多数职业教育培训及高等教育资历，但尚未包括所有的正规教育资历，例如基础教育的各种证书尚未进入资历框架，也没有与欧洲资历框架进行对接。德国终身学习资历框架的制定和实施受到了国内的广泛支持，各类社会主体和商业组织都通过德国国家资历框架工作组（Arbeitskreis，DQR）发挥了作用。

1.2.2 国家资历框架的政策目标

德国从欧洲资历框架提出伊始就持积极支持的态度，并为欧洲资历框

---

① European Commission，"Education and Training Monitor: Country Report Germany," 2016, https://ec. europa. eu/education/sites/education/files/monitor2016 - de_ en. pdf.

架的开发付出了大量的努力。欧洲资历框架所采用的基于学习成果的路径，被德国视为一个能把德国资历进行分类，并可以用作提高德国公民在欧洲劳动力市场中竞争力的工具。①

学习成果路径被视为加强德国教育和培训系统的连贯性和整体渗透性，并用以连接和整合各种教育子系统以及促进教育系统发展的工具。该路径可以促使学习者根据所掌握的知识、技能和能力在各级教育和院校之间流动，并且不受正式教育体制障碍的限制。各种教育和培训机构有机会成为教育综合系统的一部分，并能为学习者提供更好的发展可能。② 2015年，德国"过渡部门"的学习者人数比上一年增加了7.2%。③

德国终身学习资历框架主要有以下8个政策目标：提高德国资历的透明度，使得德国资历可以在欧洲其他地区获得认可；支持德国境内外学习者和雇员的流动；提高不同类型教育资历的可比性和差异的可见度，并增强普通教育和职业教育之间的渗透性；提高资历的可靠性、可转移性和质量保障；增强资历的技能导向；加强资历认可的学习成果导向；增加认可和认证非正规和非正式学习的机会；鼓励和改善终身学习的获取和参与。④

1.2.3 国家资历框架的等级和组织治理结构

德国终身学习资历框架分为8个等级，覆盖了德国目前已有的大部分资历，并对取得各等级的资历应具备的能力进行了界定，且该界定以德国已有资历的术语、概念、方法为指导，以能力为核心（见表3 – 10）。

---

① G. Hanf, "Changing Relevance of the Beruf," in M. Brockman, L. Clarke, C. Winch, Knowledge, *Skills and Competence in the European Labour Market：What's in a Vocational Qualification?* (London：Routledge, 2011), p. 50.

② G. Hanf, "Changing Relevance of the Beruf," in M. Brockman, L. Clarke, C. Winch, Knowledge, *Skills and Competence in the European Labour Market：What's in a Vocational Qualification?* (London：Routledge, 2011), p. 52.

③ BMBF, "Berufstbildungsbericht 2016 [Vocational Training Report 2016]," https：//www. bmbf. de/ pub/Berufsbildungsbericht_2016. pdf.

④ *German EQF Referencing Report*, BMBF 德国联邦教育及研究部、KMK 教育部和文化事务部常设会议，2013。

表 3 – 10　德国终身学习资历框架（DQR）与欧洲终身

学习资历框架（EQR）等级对应

DQR/EQR 等级	资历
1	预备性职业教育培训
2	职业教育准备培训
3	双轨制职业教育和培训（两年）
4	双轨制职业教育和培训（三年到三年半）
5	IT 专业人员
6	学士学位
7	硕士学位
8	博士学位

资料来源：Bundesministerium fur Bildung und Forschung, *German EQF Referencing Report*, June 13, 2013。

德国终身学习资历框架将能力分为两类：职业能力和个人能力。能力表示在工作或学习环境中，综合运用个人、社会的知识、技能及方法的能力。其中，运用方法的能力被理解为横向能力，在德国终身学习资历框架矩阵中没有进行单独说明。由于德国终身学习资历框架所强调的这种全面综合的能力具有强烈的人文和教育含义，难以进行确切表述，因此在资历框架中仅对选定的特征进行了描述（见表 3 – 11）。

表 3 – 11　德国终身学习资历框架（DQR）等级描述

职业能力		个人能力	
知识	技能	社会能力	自主能力
深度和广度	运用工具和系统的能力、判断能力	团队领导能力、参与团队合作及沟通的能力	责任心、反思能力和学习能力

德国终身学习资历框架中部分能力的描述是从两个方面展开的，并且可以相互替代，例如"研究或工作领域"和"专业领域或职业活动领域"，在使用时二者选其一即可。

德国终身学习资历框架的每个等级都包括了多个可比较的不同资历，而非同一类型的资历，例如学士学历和经认证的商业专家同属资历等级的第6级，这也是其关键原则"每个资历等级应始终可通过各种教育途径获取"的具体体现。① 也就是从理论上来说，无论学习者起点如何，均可以通过各种教育途径取得预期的资历（见表3-12）。

表3-12　德国终身学习资历框架

等级	资历
8	博士及同等水平的艺术教育毕业
7	硕士 战略IT专业人员（经认证的） 《职业训练法》和《手工业法》规定的其他职业培训资格（7级）
6	学士及同等学力 商业专家（经认证的），企业管理专家（经认证的），大师工匠（经认证的），IT实践操作专业人员（经认证的） 根据《职业训练法》和《手工业法》规定的其他职业培训资格（6级）
5	IT专业人员（经认证的），服务性工程技术人员（经认证的）
4	双轨制职业教育和培训（三年及三年半培训课程） 全日制职业学校（助理职业） 完全职业资历（全日制职业学校）
3	双轨制职业教育和培训（两年培训课程） 全日制职业学校（通识教育学校毕业证书在高中完成10年级或在某些情况下，在其他较低的中等学校完成）
2	职业培训预备，职业介绍所项目，青年职业入门培训，全日制职业学校，基础职业技术培训
1	职业培训的准备，职业介绍所的项目，一年的预备性培训

资料来源：DQR，"The German Qualifications Framework for Lifelong Learning," 2011，http：//empleo. ugr. es/unilo/ documentos/dqr_ document_ en_ 110322. pdf.

学习成果导向是德国职业培训和高等教育资历级别的判断标准。② 自2009年以来，所有教育和培训子系统都不同程度地采取了学习成果导向的资历认可措施。③

① DQR，"The German Qualifications Framework for Lifelong Learning," 2011，http：//empleo. ugr. es/unilo/ documentos/dqr_ document_ en_ 110322. pdf.

② BMBF, KMK，"German EQF Referencing Report," 2013，https：//ec. europa. eu/ploteus/ sites/eaceqf/files/German_ EQF_ Referencing_ Report. pdf.

③ Cedefop, *Application of Learning Outcomes Approaches Across Europe：A Comparative Study* (Luxembourg：Publications Office, 2016)，http：//www. cedefop. europa. eu/en/publications - and - resources/ publications/3074.

能力评判成为学习成果导向的核心，同时也是德国普通教育改革和国家教育标准（Bildungsstandards）的特征。在职业教育与培训中，德国于 20 世纪 90 年代引入的"行动能力"（Handlungskompetenz）概念，在不断发展中逐渐成为资历中的关键角色。以能力为核心的教育评价标准在德国也尤为突出，课程改革的趋势就反映了教育评价标准的转变。德国的教育和培训系统已经制定了以"学习领域"为基础、基于能力的培训规则和框架课程，人们越来越关注基于能力的教学、评估和基础教育的发展。

德国终身学习资历框架的开发和实施采用了自下而上和寻求共识的方式。[①] 国家资历框架指导小组（Bund – Länder – Koordinierungsgruppe）由德国联邦教育与研究部（Bundesministeriumfür Bildungund Forschung，BMBF）及德国各州教育与研究部和文化事务部长常设会议于 2007 年初共同成立，指导小组下设工作组（Arbeitskreis，DQR），其成员包括来自高等教育、基础教育、职业教育的人员，社会合作伙伴，教育和劳动力市场的公共机构代表，以及研究人员和从业人员。每个成员与各自所在机构和组织密切合作、广泛探讨，所有关于国家资历框架的决定都是在达成共识的基础上做出的。

负责德国终身学习资历框架实施的机构是由联邦政府和各州政府联合发起的德国资历框架协调点（Bund – Länder – Koordinierungsstelle，B – L – KS）。协调点有 6 名成员，分别是来自德国联邦教育及研究部、德国联邦经济与能源部、各州教育与研究部和文化事务部长常设会议、各州经济部长会议的代表，其主要作用是监督资历的分配，以确保德国终身学习资历框架结构的一致性。

1.2.4 非正规和非正式学习的认可与认证

德国终身学习资历框架的发展进一步加强了非正式和非正规学习的认可及认证需求，所有的非正式和非正规学习都可以量身定做地进行认可，

---

① J. Klenk, *Nationale Qualifikationsrahmen in Dualen Berufsbildungssystemen. Akteure，Interessen und Politischer Prozess in Dänemark，Österreich und Deutschland* [*NQF in Dual VET Systems：Actors，Interests and Political Process in Denmark，Austria and Germany*] （Bielefeld：W. Bertelsmann，2013）.

从而支持学习者在不同教育部门之间转换。为此，德国终身学习资历框架进行了多种制度安排。

首先，有关法律对职业教育与培训中的非正规和非正式学习认可认证的过程和方法进行了明确的规定。例如，根据《职业培训法》（*Vocational Training Act*）第45（2）段和《工艺品法典》（*Crafts Code*）第37（2）段的规定，非正规教育体系的学生可以通过考试在学徒期间取得完整的资历（相当于正式获得的教育资历）。资历的获取取决于具体的从业要求，通常包括正规教育中课程长度1.5倍的学习时间，或是在职业培训中同等时间的初始培训，或者申请人能够证明他们已获得相应的职业能力。德国2012年4月颁布了主要适用于初级职业教育和培训的《职业资历认定法》（*Vocational Qualifications Recognition Assessment Law*，BQFG），该法案规定，个人有权将其在外国获得的资历与相应权威机构的德国资历相匹配。该法案还在第14段中概述了在无法提供先前学习证据时可以确定等同性的其他程序。

其次，法案规定未接受过系统性高等教育的学习者在获得一定的工作经验后可以参加考试，并获得工业大师（Industriemeister）和大师级工匠（Handwerksmeister）资历。考试的预备培训不是强制性的，也可以通过各州针对这些学习者的专门考试（Schulfremdenprüfung，Externenprüfung）获得普通教育学校的毕业证书，只需要满足居住地和最低年龄要求以及提供适当的考试必备证明即可。

各州教育与研究部和文化事务部长常设会议的两项决定也为非正式和非正规学习成果的认可认证奠定了基础。第一项决定是帮助合格工人接受进一步的高等教育，持有某些职业资格但没有高中学历的人可以进入高等教育学校。该决定自2009年3月以来一直在实施。第二项决定是为在工作中获得的能力授予学分。在从职业教育与培训向高等教育过渡的过程中，非正规学习及其认可认证程序也在被不断开发和测试。① 根据这两项决定，如果在正规高等教育体系以外获得的学习成果的内容和级别与正式资历中的级别相等，那么在高等教育之外获得的知识和技能最多可以被承

---

① Übergängevonder beruflichen in die hochschulische Bildung (ANKOM).

认 50% 。

德国对于非正式和非正规学习成果的认可还有一些低于立法层面的举措，以项目或不同的利益相关方联合行动方案的形式存在。例如联邦职业教育和培训研究所（BundesinstitutfürBerufsbildung，BIBB）目前负责管理的项目就是明确非正规和非正式学习方法、要求和可能的行动方案。2015年，联邦职业教育及培训研究所和贝塔斯曼基金会对非正规和非正式学习认可方法的学习者易得性和局限性的意见进行了专家调查。调查显示最成功的举措之一是对基于申请人自述的学习成果进行咨询和记录的 Profil-PASS 系统的运用。

除此之外，商会在非正规和非正式学习成果认可中也发挥了重要的补充作用。德国联邦教育及研究部（Federal Ministry of Education and Research，BMBF）同意商会从 2015 年开始运行 ValiKom 试点项目。① ValiKom 是在德国建立学习成果认可系统的参考项目，主要用以解决成年人通过工作场所获得的技能和能力无法获得正式资历证书的问题。该项目不仅针对在德国工作的低技能成人，也针对具有工作经验但没有任何正式资历的劳工，未被职业资历认定法（BQFG）纳入的难民也可以从这一认证程序中受益。

其他社会部门也有自愿参与学习成果的认可和认证的机会。例如能力文化证书（Kompetenznachweis Kultur）记录了学习者在艺术和文化活动中获得的能力，国际参与证书（Nachweis International）记录了学习者在国际青年工作项目中获得的能力。尽管这些证书受到了雇主的积极评价，但迄今尚未建立与普通教育的联系。

德国终身学习资历框架目前尚不能直接纳入非正规教育部门的资历，终身学习资历框架委员会目前正在研究为非正规教育部门制定适当程序，以提高纳入终身学习资历框架的可能性。

1.2.5　国家资历框架的实施现状

德国联邦政府和各州政府于 2007 年成立联合指导委员会，负责与欧洲

---

① ValiKom Project，http：//www. bildungsspiegel. de/news/ weiterbildung – bildungspolitik/17 – valikom – chancen – fuer – menschen – ohne – berufsabschluss.

终身学习资历框架的对接，并于 2012 年 12 月提交对接报告。[1] 德国终身学习资历框架目前已经全面进入运行阶段。

德国终身学习资历框架包括了职业教育培训和高等教育的大多数资历，每个资历等级均可通过各种教育途径获取，这表明德国终身学习资历框架的资历级别对不同教育部门开放，并具有了可比性。2016 年，继续培训领域的 21 项资历被纳入德国终身学习资历框架。目前，其他继续培训资历是否纳入以及如何纳入资历框架的问题正在讨论中，相关实施标准和程序也正在制定以便将非正规学习的结果纳入德国终身学习资历框架。

从 2014 年 1 月开始，欧洲终身学习资历框架和德国终身学习资历框架开始逐步将职业教育培训证书、证书补充文凭和高等教育补充文凭纳入其中。德国终身学习资历框架的等级也在欧洲终身学习资历框架的资历数据库中有所体现。[2] 例如，自 2014 年以来，德国大师级工匠（Master Craftsman）资历已经在德国终身学习资历框架及欧洲终身学习资历框架中有所对应。从教育和培训政策的角度来看，这是一个重要的里程碑，被分配到资历框架的相应级别证明了该资历的价值和质量。在德国，职业教育与培训的资历覆盖了除 8 级资历以外的所有德国终身学习资历框架等级，例如三年制学徒对应第 4 级资历，大师级工匠（Master Craftsman）资历对应第 6 级资历。

德国终身学习资历框架具有一套连贯的等级指标，涵盖了不同等级和类型的教育和培训部门，其核心是纵向和横向的高度可渗透性，这与促进职业教育培训与普通教育之间的平等、非正规和非正式学习与正规学习之间的平等的初衷是一致的。德国在终身学习资历框架的制定和实施过程中还实现了教育和培训的所有子系统（普通教育、基于工作场所的职业教育、高等教育等）以及劳动力市场、政府各部门、各州的利益相关方的广泛参与。

德国终身学习资历框架的五年试运行阶段已于 2017 年结束，正规教育和培训部门的所有主要资历正在全面应用，而将非正规教育与培训部门的

---

[1]　BMBF, KMK, "German EQF Referencing Report," 2013, https：//ec. europa. eu/ploteus/sites/eac – eqf/files/German_ EQF_ Referencing_ Report. pdf.

[2]　https：//www. dqr. de/content/2316. php#qs – result.

资历纳入国家终身资历框架体系还需要很长时间。

1.3　法国国家资历框架建设

1.3.1　背景概述

法国早在 1969 年就建立了属于第一代欧洲资历框架的国家资历框架，包含 5 个资历等级。此后法国加入"博洛尼亚进程"，法国国家资历框架需要与欧洲终身学习资历框架进行对接，之前的 5 级结构和欧洲终身学习资历框架差异很大，而且法国国家资历框架中也没有包括欧洲终身学习资历框架中级别在 3 级以下的资历和证书，不能满足框架对接的要求。于是，2002 年由法国国家职业资历委员会与国家职业资格注册委员会共同推出了新的法国国家资历框架，涵盖了几乎所有的职业或专业资历，在教育和培训系统的综合治理，特别是职业或专业资历治理方面发挥着重要的作用。

修改后的法国国家资历框架于 2010 年 10 月与欧洲终身学习资历框架（EQF）进行了对接，依旧采用了 5 级资历结构，欧洲资历框架等级及其与 5 级结构的对应关系在数据库以及证书和文凭补充中均有明确说明。法国的国家资历框架范围比目前在欧洲运行的大多数综合性的国家资历框架的覆盖范围要小。普通教育的资历，特别是小学教育和普通高中学历并不包括在内。

1.3.2　国家资历框架的政策目标

法国国家资历框架包含的资历与资历分级主要基于国家职业登记目录（Register of Occupations in the French Labor Market，Répertoire Opérationnel des Métiers et des Emplois，ROME），该资历框架涵盖目录中所有职业和专业资历，包括具有职业和专业导向的所有高等教育资历。法国国家资历框架主要涵盖以下三种类型的资历：一是由法国各部委授予的资历，该类型资历的考核与授予过程主要依靠职业咨询委员会（Commission Professionnelle Consultative）与社会部门合作进行；二是由培训机构和各部委联合授予的资历，在这一过程中没有咨询委员会的参与；三是社会机构根据自己的职权责任设立和授予的资历。

法国最近的政策举措强调资历的取得必须优先考虑学习者的就业能

力。2016 年修订资历等级及其指标的提案更进一步表明了资历必须体现对劳动力市场和就业能力的重视，明确各级各类教育和培训提供者（包括大学）都有义务进一步明晰其资历与劳动力市场的相关性。

与许多其他欧洲国家相比，法国国家资历框架的等级描述及学习成果评价等各方面，在职业教育培训和高等教育之间的区别并不明显，这表明法国在各等级教育层面支持职业和专业资历的取向。自 20 世纪 70 年代以来，职业课程和项目一直是法国传统大学的重要组成部分，专业学士十分常见。在大学之外，专业的技术和职业学校也提供高等级的职业课程和资历。由不同的部门或工商会运作的技术和职业学校提供涵盖各自学科领域（如农业、卫生等）的课程和资历，这些机构、学校或商学院的学生也能够取得相当于传统大学的学士及硕士学位这样的高等级资历。高等教育部门则负责发放高等教育领域的学士和硕士学位，并对文化或工业等其他部门颁发的相同等级的资历进行认证。

1.3.3 国家资历框架的等级和组织治理结构

虽然法国目前实施的国家资历框架的级别结构及指标与其他国家具有较大的差异，但其资历的授予也同样采用了学习成果认定的方法。法国国家资历框架中资历的定义、编写和评估均根据国家要求进行了明确定义。2002 年法国通过关于非正规和非正式学习认证的法律（Validation des Acquis de l'Expérience，VAE），明确了资历的国家标准，并强调学习成果是授予任何认证资历的基础。

表 3-13 是法国 5 级国家资历框架与欧洲终身学习资历框架的对比。法国国家资历框架等级 1 是最高级别，包含了整个研究生层次，并没有区分硕士和博士；等级 5 为最低级别，包含了所有的初级职业资历，但也未做出具体的细分。其高中、大学、硕士学历基本能与欧洲资历框架接轨，找到对应层级，但是在与欧洲资历框架进行对接的过程中，仍然存在一些障碍。

为消除法国国家资历框架和欧洲终身学习资历框架在对接中存在的障碍，法国国家职业资历委员会（CNCP）进行了两次法国国家资历框架的修改尝试。2012 年，法国国家职业资历委员会（CNCP）和利益相关方代表所组建的工作组提交了一份关于引入 8 级结构的报告，其中明确了各等

表 3-13　法国国家资历框架结构与欧洲终身学习资历框架的对比

法国国家 资历框架等级	法国国家资历类型	欧洲终身学习 资历框架等级
1-博士	博士课程	8
1-硕士	硕士学位 工程师学位（一级头衔）	7
2-学士	学士课程 职业学士（二级头衔）	6
3	高级技师证书（Brevet de Techinicien Supérieur, BTS） 本科农业技师证书（Brevet Detechinicien Supérieur Aricole, BTSA） 大学技术文凭（Diplôme Universitaire de Technologie, DUT） 由行业协会（Chambre des Metiers）颁发的硕士证书（Brevet de Maitriese）	5
4	职业学士（Baccalaureat Professionnel） 技术学士（Bacalaueat Technoloique） 职业证书（Revet Professionnel） 应用艺术证书（Brevet des Metiers d'Art） 技师证书（Brevert de Technicien）	4
5	中等职业证书（Certificat d'Aptitude Professionnel, CAP; Brevet d'Etudes Professionnelles, BEP） 中等农业职业证书（Cerificat d'Aptitude Professionnelle Agricole, CAPA; Brevet d'Etudes Professionnelles Aricoles, BEPA）	3
无	无	1 和 2

级资历需具备的知识、技能和能力，由于该报告并未得到落实，2016 年法国国家职业资历委员会又提出了 7 级结构的国家资历框架的提议，将技能、自主权/责任和知识作为主要的学习成果类别/领域进行等级描述。然而，由于已有的 5 级资历等级已经被用作工资协议的参考标准，7 级等级结构及指标的修订有可能对工资协议产生影响，加上 7 级结构中拓展了一些较低级别的证书（相当于欧洲资历框架的 1 级和 2 级），这也将影响法国现有的劳动协议，例如最低工资等条款，因此 7 级结构提议也未获得通过。可见，法国国家资历框架的等级调整不只是简单地考虑与区域性资历框架进行对接，更为重要的是将资历结构与职业标准联系起来，特别是与劳动力市场的国家职业登记目录（Répertoire Opérationnel des Métiers et des Emplois，ROME）和国际标准职业分类（International Standard Classification of Occupations，ISCO）联系起来，这也是法国国家资历框架设立的主要目标之一，即明确资历持有者的就业能力的具体方面。

法国参与设计和授予资历的所有部委（教育部、高等教育部、劳工部、社会事务部、农业部、文化部、青年和体育部、国防部、经济和财政部）以及社会伙伴和其他利益相关方（如商会）合作和参与协调资历均在国家职业资历委员会（CNCP）的框架内进行。这种广泛的参与不论是在资历的设计方面，还是在保证法国资历的多样性和可信度等方面，都发挥了重要作用。

法国国家职业资历委员会（CNCP）作为法国国家资历框架"守门人"，其作用非常重要，未经其批准，任何资历都不能包含在官方注册系统中。任何一种资历要在国家资历框架中完成注册，必须满足资历的一致性、整体质量和透明度等相应要求，也必须具备完善的非正规和非正式学习的认证途径；而一旦完成注册，则意味着所有利益相关方都承认该资历的有效性。

1.3.4　非正规和非正式学习成果的认可与认证

法国非正规和非正式学习成果认证系统（VAE）允许授予各等级的非正规教育和培训的全部或部分职业及就业导向（Finalité Professionnelle）的资历证书；通过非正规和非正式学习成果认证系统获得的资历与通过正式培训获得的资历相同。非正规和非正式学习成果认证系统（VAE）从国家角度出发，强调终身学习、培训和就业政策，并已经将其整合到劳动和教育法典中。

根据定义，非正规和非正式学习成果认证系统包括识别、记录、评估和认证等程序，其发展重组了法国的学习成果认证系统体系。任何通过非正规和非正式学习成果认证系统获得的资历都必须在国家职业资历委员会（CNCP）的系统中注册。自2013年以来，VAE系统授予了3万多个完整资历证书。目前通过非正规和非正式学习成果认证系统（VAE）可以获得大约1300种资历证书。

与其他欧洲国家的非正规和非正式学习成果认证系统相比，法国非正规和非正式学习成果认证系统非常发达。法国2014年修订的有关教育和劳动的立法框架提出非正规和非正式的学习成果认定应该为学习者提供更多的支持，简化认证程序，改善利益相关者之间的协调关系，加强数据的追踪，这对非正规和非正式学习成果的认证产生了积极影响。法国非正规和非正式学习成果的认证要求很高，特别是对于技能低、资历级别低的学习者来说更是如此。尽管调查显示这些学习者认为文凭不能作为单一的资历证明，但是对培训提供者来说满足非正规和非正式学习成果认证的高要求仍然是必须完成的重要任务。法国的非正规和非正式学习成果认证系统也存在需提高的方面，例如需要努力扩大资历的准入范围，使学习者多样化，缩短认证程序并鼓励其在更广泛的资历范围内使用等。

1.3.5 国家资历框架的实施现状

法国自 2002 年实施国家资历框架以来的经验表明，国家资历框架制度需要不断发展才能与时俱进。而正是因为法国未能及时改进国家资历框架的等级结构，才阻碍了其国家资历框架的进一步发展。目前法国有多种文凭形式，比如大学普通学习文凭（Diplôme d'Etudes Universitaires Générales，DEUG）[1]、管理科学硕士文凭（Maîtrise des Sciences de Gestion，MSG）[2]、科学与技术硕士文凭（Maîtrse des Sciences et Techniques，MST）[3]、深入研究文凭（Diplôme d'Etudes Approfondies，DEA）[4]、高等专业学习文凭（Diplôme d'Etudes Supérieures Spécialisées，DESS）[5]、大学职业教育学院文凭（In-

---

[1] DEUG 是大学二年级（bac + 2）的国家文凭。课程设置以基础课为主，而且有一部分专业课，为下一步的学习做准备，DEUG 毕业的学生大部分会继续进行大学学习，上本专业的第二阶段的第一年，即 Licence。DEUG 的毕业生还可以选择更趋向专业培训的文凭：DUT 的第三年、MST、MSG、la magistère、IUP 的第二年、工程师学院、高等商校等。

[2] 管理科学硕士文凭，为企业培养金融、管理、市场等方面专业人才而设置的国家文凭，也是一个专业性很强的 Maîtrise。课程涉及管理中的大部分领域，既有理论又有实践。

[3] 与 MSG 相反，MST 是为企业培养理工科专业人才的国家文凭。课程设置分为理论与实践两部分，到企业实习是获得文凭必不可少的条件。MST 毕业后可以继续读大学第三阶段的 DEA 或 DESS，或者申请上工程师学校及高等商校。

[4] DEA 是一个一年的国家文凭，毕业相当于大学五年级（bac + 5）文凭，或者我们国家的硕士。DEA 是读博士的必经之路，其他的大学五年级（bac + 5）的文凭都不能直接读博士，而必须重新读一个 DEA 才能继续博士阶段的学习。

[5] DESS 课程设计紧密联系市场需求。1974 年由法国教育部推出，这是一个一年的大学五年级（bac + 5）的国家文凭，相当于中国的硕士。但是 DESS 的学生不能直接进入博士阶段学习，而必须重新读一个 DEA 才行。

stitut Universitaire Professionalisé，IUP)① 等。这些学历文凭在法国国内已经运用多年并且效果良好，但目前还未被欧洲终身学习资历框架认可或没有匹配相应的等级，这在一定程度阻碍了上述资历持有者的流动和人们获取资历的积极性。法国国家职业资历委员会因此扩大了其工作范围，制定了一份未被国家资历框架纳入的证书清单②，试图解决法国国家资历框架尚未覆盖的资历的社会地位问题。

1.4　丹麦国家资历框架建设

1.4.1　背景概述

丹麦的国家资历框架在2009年6月经教育部，科学技术创新部，文化部，经济部等4个国家部委批准引进而正式采用，是一个综合性的国家资历框架，包含由公共部门颁发或提供质量保证的所有类型和级别的资历。丹麦2005年颁布的"全球化国家战略"中已经明确提出要制定国家资历框架，并从2006年开始该框架的具体制定工作。目前丹麦的国家资历框架已经进入正式运作阶段，成为丹麦教育和职业培训领域的重要组成部分。2011年5月，丹麦公开发表了与欧洲终身学习资历框架的对接报告书。

1.4.2　国家资历框架的政策目标

丹麦的国家资历框架提供了一个全面、系统的资历标准。该框架的目标是不管学习者先前的学习、年龄或就业情况如何，都可以为其建立一个具有上升空间的、透明的教育、培训和学习系统，用来支持学习者的进步。

---

① 尽管不是一个文凭的名称，但是因为有自己的招生和教学的方式，所以被认为是一个独立的职业教育文凭。作为公立大学的一个学院，IUP一般录取大学一年级的学生，学制为3年，相当于从大学二年级到大学四年级，毕业时是大学四年级（bac+4）文凭，同时也接收DUT和BTS等大学二年级（bac+2）的毕业生，可以进入IUP的第二年。IUP的入学一定是要参加入学考试的，此外还有面试、口试等。但是由于报名人数多，入学考试严格，外国留学生的比例一直不太高。由于其专业性极强，甚至可以说在法国独一无二，有些企业上门要人。很多IUP毕业生选择继续读第三阶段的DESS。为了与国际接轨，IUP也有增加DESS课程的趋势，从而使该文凭变成一个大学五年级（bac+5）的文凭。

② http：//www.cncp.gouv.fr/actualites/inventaire-dernieres-certifications-recensees-et-prochaines-echeances-0.

2009 年丹麦建立了国家资历框架，这是其国家资历框架发展过程的第一步。2013 年丹麦国家资历框架评估报告发布，意味着丹麦国家资历框架进入第二个发展阶段。2013 年的一项调研显示丹麦目前仍有大量文凭和资历证书在现有的国家资历框架之外运行，与荷兰和瑞典等欧洲国家一样，丹麦正在考虑向私人和非正规学习开放国家资历框架。

1.4.3 国家资历框架的等级和组织治理结构

在丹麦，"资历"被定义为"通过给予学分或颁发证书对学习和培训进行评估的结果"。丹麦国家资历框架明确分为 1~5 级和 6~8 级。1~5 级遵循"最适合"（best fit）的原则，基于知识、技能、能力的综合判断进行最终决定。6~8 级则采用欧洲高等教育领域的资历框架（QF - EHEA）和 2009 年制定的"丹麦高等教育资历框架"（NQF - HE）的等级规定指标（学士、硕士、博士等级），并遵守"充分满足"（full fit）的原则。

丹麦国家资历框架的 1~5 级和 6~8 级均包含了职业教育培训领域的资历，目前已经根据高等教育资历框架定义并认证了 6~8 级的全部资历，今后还将认证非大学提供的"学士""硕士"资历。预计第 5 级（短期教育等级）的资历数量将会进一步增加。

"知识"由"类型和复杂性"（基于理论还是基于实践，是一个科目内的还是与科目领域和职业相关的复杂程度）与"理解"构成。"技能"由"类型"（是实践性的、创造性的还是与交流相关的）、"问题解决能力"和"交流"三方面构成。"能力"由"行为空间"（知识和技能是在怎样的工作或学习情境发挥作用的）、"合作和责任"（对自己和他人的工作承担多大责任、就业关系的复杂程度）和"学习"（能在多大程度上对自己的学习培训和能力发展承担责任）三项构成。另外，在丹麦，有一种说法是"Real - kompetence"，综合表示个人的知识、技能和能力。丹麦国家资历框架各等级的规定指标如表 3 - 14 所示。

用学习成果定义资历的方法在丹麦教育和培训界被广泛接受，并且越来越多地被用于定义和描述课程和项目。职业教育与培训本身就有用能力来定义资历的传统，普通教育也在学习成果定义资历这一方法的使用上取得了一定进步，但仍然有必要加强教育机构对各等级资历所对应的学习成果的理解，例如以制定指南的方式进一步明确资历框架各等级对于学习成

表 3 - 14　丹麦国家资历框架各等级指标描述

	知识	技能	能力
	·类型和复杂性（type and complexity） ·理解（understanding）	·类型（type） ·问题解决能力（problem solving） ·交流（communication）	·行为空间（space for action） ·合作与责任（cooperation and responsibility） ·学习（learning）
1级	·必须具有一般科目内的基础知识 ·必须具备自然、文化、社会、政治相关的基础知识	·必须具备基础性的语言、数字、实践和创造性的技能 ·关于工作，必须能够运用各种基本方法 ·必须能够评估自己的工作 ·必须能够展示自己工作的结果	·必须能够在单纯明确的状况下做个人决定并采取行动 ·必须能够自主地解决预先定义的问题 ·必须有学习意愿，并能够在监督下参加部分开放的学习
2级	·必须具备一个职业/学业领域内的一般性课题/特定领域的基本知识 ·必须理解劳动力市场的各项基本条件和机构	·必须能够在单纯且明确的状况下，做出个人决定并采取行动 ·必须能够自主地解决预先定义的问题 ·必须有学习意愿，并能够在监督下参加部分开放的学习	·必须能够在单纯且明确的状况下，做出决定并采取行动 ·必须在多形态的工作培训中承担一定责任，并能够参加并不复杂的集体流程 ·必须能够参加部分开放的学习，并能够探索指南和监督方法
3级	·必须具备一个职业/学业领域内的基本方法和规范的相关知识 ·必须理解自己对劳动力市场和社会能够产生的影响的可能性	·必须能够在一个职业/学业领域内实施实践性的分工 ·必须能够解决职业上的各项问题 ·必须能够在一个职业/学业领域内探索、评估与实践性分工相关的信息 ·在与同事、同学和用户交流时，必须能够使用职业术语	·必须能够对预定义的程序负责 ·在实践一个职业/学业领域时，必须能够参加跨学科合作 ·必须能够积极参加一个职业/学业领域内的多次学习 C

	知识	技能	能力
4级	·必须具备职业实践/学业领域/一般课题中的各个概念、原理和程序知识 ·必须理解职业问题和社会/国际条件之间的关系	·必须能够选择并使用一个职业/学业领域内的相关工具、方法、手法和材料 ·必须能够确定实践性和/或理论性问题 ·有关被给予的标准，必须能够评估自己的工作和他人的工作 ·在合作进行的与伙伴和用户的交流中，必须能够使用一个职业/学业领域的术语	·必须在通常可预测的工作/学业状况中，对多个工作程序承担责任 ·必须能够了解自己和合作实施的工作程序与结果，并对此负责 ·必须能够在所构建的学习环境中，追求更进一步的教育、培训、职业培养
5级	·在一个职业/学业领域中，必须具备实践知识和运用方法与理论的知识 ·必须理解所使用的实践和/或最重要的理论与方法，并且在一个职业中，必须能够理解如何灵活运用这些	·必须能够运用、组合与一个职业/学业领域的实践和工作程序相关的综合性的一组技能 ·必须能够评估与实践相关的各项问题，并能够调整工作的各个步骤和程序 ·有关与实践相关的各个问题和能够思考到的解决措施，必须能够向合作的伙伴和用户发布信息	·必须能够参加以开发为目标的以及/或者跨学科的工作程序 ·有关一个职业/学业领域的实践，必须能够执行已经规定了的管理和计划活动 ·为了在各种学习环境下，继续实施进一步的教育和培训，必须能够确定和培养自身的可能性
6级	·必须在一个职业或一个以上的学业领域，具有理论、方法、实践知识 ·必须能够理解并仔细思考理论、方法和实践	·必须能够运用一个以上学业领域的方法和工具，并应用与该学业/职业领域的工作相关的多项技能 ·必须能够评估理论和实践性的各项问题，并具体拟定、选择适当的解决方案 ·必须能够与同事、非专家和合作伙伴、用户交流多个职业性问题和解决方案	·必须能够在学业和工作的脉络中，处理复合性的以开发为目标的状况 ·必须能够自主参加专业性的研究等专业且跨学科的合作 ·必须能够在各种学习环境下，确定自己的学习需求，设定自己的学习计划

	知识	技能	能力
7级	·必须在一个以上的学业领域中，具备基于一个学业领域的最尖端的国际研修的知识 ·必须能够理解该学业领域的知识并基于科学基础仔细思考该知识，确定多个科学课题	·必须学习掌握该学业领域的科学方法和工具，并学习掌握与该学业领域的工作相关的一般性技能 ·必须能够从该学业领域的科学理论、方法、工具和一般性技能中进行评估选择，基于科学依据，创建多个与分析和解决问题相关的新模型 ·必须能够与学术性的同事和非专家两者一起交流基于研究的知识，并讨论职业和科学课题	·必须对复合性、不可预测且要求多个新解决方案的工作和开发状况进行管理 ·必须能够自主开始实施职业性、跨学科性合作，承担职业责任 ·必须能够针对自身职业开发和专业化承担独立责任
8级	·必须具备研究领域的国际最高水平的知识 ·必须能够在科学领域，且基于科学研究为新知识和理解的发展做出显著贡献	·必须学习掌握与该领域的研究开发相关的科学理论、方法、工具以及其他技能 ·必须包括该学业领域的新手法、技能的设计和开发在内，能够分析评估并开发新的思路 ·必须能够参加该学业领域的国际性讨论，普及研究成果，将研究成果推广至大众领域	·必须能够在复杂且不可预测的环境中组织和执行研发任务 ·必须以科学性的诚实态度，发起并参与相关的全国性、国际性研究合作与开发 ·必须能够发起研究开发项目，并通过该项目创造出促进研究领域发展壮大的新知识和技能

资料来源：Ministry of Higher Education and Science of Danmark, https: //ufm. dk/en/education/recognition – and – transparency/transparency – tools/qualifications – frameworks/levels/level – 1.

果的具体要求。

丹麦为了实施和设计国家资历框架，在工作层面组建了以下3个委员会：（1）协调委员会（Coordination Committee），由教育部、科学技术创新部、文化部、经济部四个部委的代表构成，负责整体协调；（2）欧洲终身学习资历框架对接委员会（Referencing Committee），由构成协调委员会的4个部委的代表、相关政府机构代表，以及瑞典与挪威的相关领域专家构成，主要负责丹麦的资历框架与欧洲终身学习资历框架的对接工作；

（3）协商委员会（Consultation Committee），以主要利益相关方为主要成员，以让利益相关方参与资历认证与对接程序并共担责任为主要工作目标。这种机构设置确保了在丹麦国家资历框架开发和实施期间，有广泛的利益相关方参与其中。社会各相关群体均得到了系统的咨询和参与，发挥了建设性的作用，这也是丹麦国家资历框架实施的先决条件。一些社会相关群体代表，尤其是雇主群体，指出丹麦国家资历框架并没有对公司利益有直接的增效作用，需要进入更具包容性的发展阶段。

丹麦的欧洲终身学习资历框架国家协调点（National Coordination Point，NCP）在丹麦国家资历框架及其实施的日常协调中发挥了积极作用。欧洲终身学习资历框架国家协调点设立于丹麦科学和高等教育署（Danish A-gency for Science and Higher Education，DASHE），国家学术认可信息中心（National Academic Recognition Information Centre，NARIC）也设立于此，其主要任务是协调参与该框架的利益相关方以及向更广泛的公众传播信息。现阶段丹麦国家资历框架对公众来说知晓度不高，但将国家资历框架及欧洲终身学习资历框架的等级纳入证书、文凭和欧洲通行证（Europass Docu-ments）① 的措施正在逐步改变这一现象。

1.4.4　非正规和非正式学习成果的认可与认证

非正规和非正式学习成果的认可与认证在丹麦的政策议程上存在了大约20年，并被视为促进终身学习的关键因素。以往，能力评估以及获取豁免证书的结果因教育和培训部门（职业教育、高等教育和成人教育部门）而异，自2007年以来丹麦根据成人教育和培训的共同原则确立了先前学习认证（Validation of Prior Learning，VPL）的法律框架。该法律框架规定认证申请的评估必须由教育机构进行。从更广泛的角度来看，其他机构（包括工会、雇主协会、就业中心、失业保险基金、公民教育机构、研究委员会和在线指导服务）可以在评估过程中通知、识别、指导和咨询负责认证的教育机构，并经常性地与之合作。

丹麦的教育体系运作良好，为先前学习认证提供了良好的条件，但是

---

① 薛晶洁：《欧洲通行证运作模式及对我国学分银行建设的启示》，《开放教育研究》2018年第1期，第112～118页。

依然需要包括公司层面（雇主）、社会部门和教育的主要参与者组成的委员会参与进来。这一点在职业教育培训学校体现得尤其明显，社会合作伙伴占据了职业教育培训学校董事会的所有席位，并且能够更具战略性地优先考虑先前学习成果认定活动。同时官方统计数据更全面、更系统，涵盖所有先前学习成果认证的活动，并不断更新以适应新的需要。

近年来，丹麦国家资历框架争议的焦点之一是先前学习认证是否可以作为一个连贯一致的过程（包括信息、识别、文件、评估和认证阶段）。不同的利益相关方，如就业中心、工会、指导机构、教育机构等对不同目标和认证的认识也有待提高。例如旨在开发用于综合评价过程的工具——区域合作计划（Interreg Programme），需要通过利益相关方之间的协作才能顺利进行。

1.4.5　国家资历框架的实施现状

目前公众可以通过两个相互连通的网站看到丹麦国家资历框架的相关情况：NQF. DK 网站[①]为国际目标群体提供信息，提供丹麦国家资历框架及其涵盖的资历的基本情况；UG. DK 网站[②]涉及国内目标群体，并提供有关资历、项目和获得途径的全方位信息。该网站还提供有关丹麦国家资历框架和资历等级的全方位信息，并清楚地解释了基于学习成果的等级的概念以及学习者如何运用学习成果认证获得资历。上述措施对于提高公民对国家资历框架的知晓度起到了重要的促进作用。

2013 年丹麦对国家资历框架进行了评估，评估报告显示，参与国家资历框架的大多数利益相关方[③]对其现在所扮演的角色持积极态度，78% 的受访者"熟悉"该框架的原则，64% 的受访者对该倡议持积极态度。对于国家资历框架所起的作用，27% 的回答者是中立的。[④]

与欧洲终身学习资历框架（EQF）进行对接被视为丹麦国家资历框架实施的一个重要组成部分，这项工作已经于 2011 年 5 月完成[⑤]，结果显示

[①]　Ministry of Higher Education and Science of Danmark, "Qualification Framework for Lifelong Learning," http：//www. nqf. dk.

[②]　"UddannelsesGuiden," https：//www. ug. dk/.

[③]　评估共联络了 848 人，425 人（50.1%）进行了回复。

[④]　The Danish Evaluation Institute, http：//english eva dkl.

[⑤]　Danish Evaluation Institute, "Referencing the Dannish Qualification Framework for Lifelong Learning to the European Qualificaitions Framework," 2011, http：//english. eva. dk/publications.

丹麦国家资历框架与欧洲终身学习资历框架之间的一致性较高（见表
3 – 15）。

表 3 – 15　丹麦国家资历框架和欧洲终身学习资历框架的等级比较

丹麦国家资历框架等级	—	1	2	3	4	5	6	7	8
欧洲终身学习资历框架等级	1	2		3	4	5	6	7	8

资料来源：Global Innoventory of CEDEFOP, 2013.

2. 大洋洲各国国家资历框架

澳大利亚和新西兰均是较早创建和实施国家资历框架的国家，二者在国家资历框架的构建和实施上均有各自的特点。澳大利亚国家资历框架在创建和实施过程中强调了行业、企业、雇主等社会部门的职业教育功能，相关利益群体介入程度较深。新西兰国家资历框架的建立从一开始就偏重于经济方面，而且直接受到公共部门改革的影响，强调以市场为基础的经济发展。

2.1　澳大利亚国家资历框架建设

2.1.1　背景概述

20 世纪 90 年代初，澳大利亚政府认为有必要在现有资历制度的基础上对资历的实施方案、获得途径等实现一致性和标准化，确定一个全国性、跨部门的资历框架，以此对澳大利亚所有义务教育、职业教育和培训以及高等教育的学习成果给予一致性的承认。因此澳大利亚教育和培训部应各州、地区和联邦部长的要求，通过教育、就业、培训和青年事务部长理事会（Ministerial Council on Education, Employment, Training and Youth Affairs, MCEETYA）制定了澳大利亚国家资历框架。澳大利亚国家资历框架于 1995 年 1 月 1 日推行，并于 1999 年底全面实施。

澳大利亚国家资历框架通过将各教育和培训部门有质量保障的资历纳入一个单一的综合性国家资历框架，促使教育机构、学生、雇主等了解资历的质量和一致性以及资历持有者所具有的技能、知识和能力。澳大利亚国家资历框架的严谨性有助于与各国政府建立信任关系，并支持拥有澳大利亚资历的劳动者在全球各地流动。

与其他国家资历框架多数以学习成果认证为基础不同，澳大利亚国家资历框架由于受到职业教育与培训供给、资助和认可方式等变化的影响，尤其是随着基于能力的评价机制的引入，原有职业教育和培训的资历不再提供基于学习成果的认证框架，因此澳大利亚国家资历框架以工作场所竞争力为中心，对职业教育和培训及高等教育培训的资历进行了重新整合。

2.1.2　国家资历框架的政策目标

澳大利亚国家资历框架的目标是提供一个现代而灵活的资历体系，为先前学习认可、学分转换和工作经验认可提供基础，以支持学习者在高等教育、职业教育和培训部门与劳动力市场之间流动，鼓励个人通过不断获取更高级别的资历以实现终身学习。除此之外，澳大利亚国家资历框架致力于提高本国国际教育的活力以及国际社会对澳大利亚资历的信心。在世界各国国家资历框架迅速发展的情况下，澳大利亚也希望通过国家资历框架的建立创造更多与其他国家和地区资历框架进行交流与合作的机会。

澳大利亚国家资历框架有 7 个主要目标：第一，兼顾澳大利亚现在和未来教育和培训目的的多样性；第二，通过建立当代的、适切的、可持续性的资历框架，提高公众对于资历的信任度，从而促进国家经济发展；第三，支持发展、维持和提供资历获取途径，协助人们更为便利地在不同的教育培训部门之间以及在教育培训部门和劳动力市场之间流动；第四，支持个人终身学习目标的实现，通过对于先前学习及经验的认可认证，为个人通过教育和培训获得发展打下基础；第五，加强对国家教育和培训的管制和质量保障；第六，使澳大利亚国家资历框架与其他国家和地区的资历框架协调一致；第七，通过提高澳大利亚资历的价值和可比性，提高资历类型和学习成果的一致性，促进符合国家标准的优质资历的可携带性，进而促进本国内部和国际学生及劳动力的流动。[①]

---

① Australia Qualification Framework Council, *Australia Qualification Framework* (Canberra： Australian Qualification Council, 2013）.

澳大利亚多样而复杂的教育体系得到了国际公认的质量保障准则的支持。澳大利亚质量保障体系的目标包括：国家对教育施行统一管理；使用基于标准的质量框架和监管体系来规范教育；保护和提高澳大利亚教育的卓越声誉和国际竞争力；促进适应社会和经济需要的教育制度；确保高质量的高等教育来保护学生接受高等教育的信心；确保学生能够获得有关澳大利亚教育的有效信息。[①]

2.1.3 国家资历框架的等级和组织治理结构

澳大利亚国家资历框架级别及其标准是非强制性且跨部门的，充分体现了对学习成果复杂性以及证明学习成果所需自主性的认识。框架共分为10级，对每种资历类型都有相应的以学习成果为核心概念的描述性定义。除高级中学教育证书外，教育及培训领域共有13种资历类别，分别对应资历框架1~10级中的某一级（见表3-16）。学习成果描述的是期望毕业生通过学习知道、理解和能够做什么，即知识、技能以及知识和技能的应用三个方面。

表 3 - 16　澳大利亚国家资历框架各等级对应资历类型

等级	资历类型	等级描述
1	证书 I	具备进行初级工作、社区参与和/或进一步学习的知识和技能
2	证书 II	具备在特定环境下工作和/或进一步学习的知识和技能
3	证书 III	具备工作和/或继续学习的理论、实践知识和技能
4	证书 IV	具备从事专业和/或技能工作和/或进一步学习的理论、实践知识和技能
5	文凭	具备从事专业工作和/或进一步学习的专业知识和技能
6	高级文凭 大专文凭	具有从事非专业/高技能工作和/或进一步学习的广泛的知识和技能
7	学士学位	具有从事专业工作和/或进一步学习的广泛和连贯的知识和技能
8	荣誉学士学位 研究生证书 研究生文凭	具有从事高度专业化的技能性工作和/或进一步学习的高级知识和技能

① Australia Qualification Framework Council, *Australia Qualification Framework* (Canberra: Australian Qualification Council, 2013).

等级	资历类型	等级描述
9	硕士学位	具备从事科学研究和/或专业实践和/或进一步学习的专业知识和技能
10	博士学位	具备对复杂的学习领域的系统和批判性的理解以及对高等级的学习和/或专业实践领域进行学习和专业研究的技能

资料来源：Australia Qualification Framework Council, *Australian Qualification Framework* (Canberra: Australian Qualification Council, 2013).

澳大利亚国家资历框架具有一套多元治理机制，主要特点是政府主导下的多方参与。澳大利亚教育、就业、培训和青年事务部长理事会成立了澳大利亚国家资历框架咨询委员会（AQF Advisory Board, AQFAB）来监督和促进其在全国的实施。此外，澳大利亚高等教育质量和标准机构（Tertiary Education Quality and Standards Agency, TEQSA）和澳大利亚技能质量局（Australian Skills Quality Authority, ASQA）是澳大利亚高等教育和职业教育与培训的国家监管机构。前者监管所有高等教育机构，确保其课程符合 2015 年高等教育标准框架；后者监管澳大利亚大多数州的职业教育培训机构和注册培训机构。利益相关方的参与对确保澳大利亚国家资历框架的成功及其继续被接纳至关重要。澳大利亚政府在管理国家资历框架的过程中，与来自所有教育部门的个人和组织进行接触，并对各级政府、社会机构、雇主等进行评估。

2.1.4　非正规和非正式学习成果的认可和认证

澳大利亚国家资历框架通过对学生已经取得的学习成果给予学分的方式帮助学生获取更高资历的证书。学分的积累和转换机制的核心是对先前学习成果的认可和认证，通过先前学习认可对包括正式、非正式和非正规等先前学习的评估，以确定授予学分，学生通过获取学分可以获得资历，以此方式减少学生取得资历所需的时间。

签发学习成绩证明书的机构会决定先前的学习成果在多大程度上等同于目标资历的各组成部分的学习成果，并会综合考虑学生成功获得资历的可能性以及确保维持该资历的完整性。澳大利亚先前学习认可的典型流程包括：查明所需证据；向学生提供建议；向学生提供足够的资料，使他们能够准备相关材料，以符合评估资历所需达到的标准；使用适当的证据收集方法和工具进行评估；记录结果；向主要的内部和外部利益相关方提交报告。

2.1.5　国家资历框架的实施现状

澳大利亚国家资历框架于 20 世纪 90 年代开始开发，1995 年开始实施，其建立基于该国已有的资历标准。2009～2010 年，国家资历框架理事会与用户和利益相关方共同更新了澳大利亚国家资历框架，修订版于 2011 年获得批准。

澳大利亚高等教育资历授予委员会（Australian Council on Awards in Advanced Education，ACAAE）于 1972 年开始指导高等教育领域资历的命名，旨在"促进高等教育资历术语的一致性，并协助建立资历等级之间有意义的联系"[1]，并对不同类别的资历（硕士学位，研究生文凭，学士学位文凭和副学士学位）进行了界定。经确认的资历被列入国家高等教育可授予资历登记册（National Register of Awards in Advanced Education）。

澳大利亚国家资历框架确立了明确的资历认可原则，包括：对学生清晰透明；系统性和条理性，有步骤地进行；提供灵活的资历审查途径；可以横向跨越同一级别的不同资历，也可以纵向跨越不同级别的资历；支持取得资历证书的学分；消除不公平或不必要的障碍，让学生取得资历证书。

澳大利亚政府开展了一系列的国家资历框架跨境对接活动，旨在提高本国资历框架的透明度以及促进社会对资历框架、学习成果和质量保障的理解。2015 年 12 月，澳大利亚和新西兰完成了资历框架对接，对接报告补充了澳大利亚和新西兰之间现有的人员流动性政策。除此之外，澳大利亚还和欧盟委员会、东盟、亚太经济合作组织等商榷资历框架对接事宜。澳大利亚的经验表明，进行国际资历框架对接的基础是对资历框架目的和预期结果的相互理解。如果没有国际商定的术语定义，不同利益相关方在不同情况下对资历的参考、实施、调整、评估和可比性等词语的不同解释和应用将对资历框架的对接造成巨大的障碍。

---

[1]　AQF, *Australian Qualification Framework*（Canberra：Australian Qualification Council，2013）.

2.2　新西兰国家资历框架建设

2.2.1　背景概述

新西兰国家资历框架（New Zealand Qualifications Framework，NZQF）根据1989年教育法第248条进行设立，2010年7月1日首次提出单一性统一框架，该条法案也于2011年8月被全面引入立法修正案中。2010年实施的新西兰国家资历框架取代了包括1991年的国家资历框架以及2001年开始的新西兰质量保障资历注册制度在内的先前的一系列国家资历制度。

新西兰国家资历框架涵盖了高中和高等教育，是新西兰具有质量保障的资历信息的权威来源。新西兰国家资历框架以学习成果为基础，从知识、技能和应用三个方面制定了10个级别的指标，为社会提供有关资历持有者的知识和经验的信息，以及与资历相关的教育和就业途径。

2.2.2　国家资历框架的政策目标

新西兰国家资历框架旨在提高对个人教育成就的认可度及其对新西兰经济、社会和文化的贡献，同时确保新西兰资历在国内和国际的可信度和可靠性。

新西兰国家资历框架的核心职能包括4个方面：传达资历持有者的技能、知识和特质，并为学习者提供高质量的受教育途径；确保资历符合学习者、雇主、工业界和社区的需要；确保新西兰资历的质量和国际可比性；通过承认和提高毛利人的知识和文化，促进毛利人在教育方面的成功。

新西兰国家资历框架是新西兰高等教育体系的基础，政府仅为国家资历框架中认可的资历和具有质量保障的资历项目提供资金，这一原则也适用于希望获得贷款和补贴的学习者，以及希望获取学生签证的国际学生。

新西兰国家资历框架基于需求、成果、灵活性和协作四原则对包含的资历进行确立和认可（见表3-17）。

表3-17　新西兰国家资历框架的四原则

需求	资历的相关性和价值取决于它与劳动者个人、学习者群体、雇主、行业和社区所需的技能的关系，并在恰当的时候明确承认毛利人等族群的文化和社会愿望

成果	明确的学习成果使资历的目的更为透明，可以与其他资历（国内和国际）进行比较，并增加资历的国际可转移性。它们还明确规定了毕业生完成资历考试后可以"做什么、成为什么人、知道什么"，并指明了继续教育、就业和/或对社区做出贡献的途径
灵活性	资历可以在不同的环境中获得，包括工作场所和教育机构。通过学习计划和行业培训获得资历，使学习者能够以最适合其教育、工作或文化需求和愿望的方式获得资历，包括通过正式或非正式的学习获得学分的途径完成
协作	在相互信任的环境中，与广泛的利益相关者协作开发。这些团体之间的关系建立在有效的沟通和协作的基础上。各方可以信赖开发的过程及其过程中所提供的信息的完整性

资料来源：New Zealand Qualifications Authority，*New Zealand Qualifications Framework 2016.*

2.2.3 国家资历框架的等级和组织治理结构

新西兰国家资历框架共设立 10 个级别，级别越高，意味着在知识、技能和应用（知识和技能）领域的学习成果的复杂程度越高（10 级是最复杂的）（见表 3 - 18）。新西兰国家资历框架中列出的所有资历都有相应的学习成果描述，包含了毕业生的知识、技能和属性。学习成果的描述既可供未来的雇主和其他高等教育机构使用，也可进行不同资历间的比较。不同的学习者将以不同的方式获得学习成果，学习成果描述的是资历持有者所应达到的预期最低成就。

2012 年新西兰国家资历框架各等级学习成果描述列出了新西兰国家资历框架的 1 ~ 10 级资历的一般要求（见表 3 - 19），并通过法律要求新西兰资历认证局制定进入资历清单的相关规则。

新西兰有两个质量保障机构负责高等教育领域的资历框架相关工作：新西兰资历认证局（New Zealand Qualifications Authority，NZQA）负责非大学的教育机构的资历质量保障；新西兰大学局（Universities New Zea land）负责大学的资历质量保障。根据 1989 年教育法案（Education Act 1989），新西兰资历认证局同时也负责新西兰国家资历框架以及高等教育组织（Tertiary Education Organisations，TEOs）质量保障体系的整体相关规则的确立，并与教育部一起直接参与一些资历的制定，例如为毛利人、太平洋岛民以及行业培训机构开发专门的资历，为高中制定国家教育成果证书（National Certificates of Educational Achievement，NCEA）。其他政府机构亦

表 3 - 18　新西兰国家资历框架等级

等级	资历		
10	博士学位（Doctoral Degree）		
9	硕士学位（Master Degree）		
8	研究生毕业证和学位证/本科荣誉学位（Postgraduate Diplomas and Certifications/Bachelor Honours Degree）		
7	本科学位、本科毕业证和学位证（Bachelor Degree/Graduate Diplomas and Certificates）	毕业证（Diplomas）	毕业证（Diplomas）
6	毕业证（Diplomas）		
5			
4	证书（Certificates）		证书（Certificates）
3			
2			
1			

资料来源：New Zealand Qualifications Authority，*New Zealand Qualifications Framework 2016.*

表 3 - 19　新西兰国家资历框架各等级学习成果描述

等级	学习成果描述
10	· 原创性的作品
9	· 对专业领域的理论或实践具有较高的掌握水平 · 对复杂理论主题精通 · 批判性地评价文献中的发现和讨论 · 根据证据进行研究、分析和辩论 · 独立工作，并将知识应用到新的情境 · 严格地分析、批评、解决问题
8	· 深入掌握专业领域的知识 · 严谨地分析、批评和解决问题
7	· 展示在一个或多个工作或学习领域有深度的专业技术或理论知识 · 分析并解决不熟悉的和有时是复杂的问题 · 选择、调整和应用一系列与工作或学习领域相关的流程 · 在专业背景或研究领域展示高级通用技能和/或专业知识和技能

等级	学习成果描述	
6	（证书） · 在工作或研究领域的某一方面具有深度的专业技术或理论知识 · 分析和解决熟悉和不熟悉的问题 · 选择和应用一系列与工作或学习领域相关的标准和非标准流程 · 能够在动态环境中进行学习和绩效的完全自我管理 · 在变化的环境中承担领导责任	（毕业证） · 在工作或研究领域具有深度的专业技术或理论知识 · 分析和解决熟悉和不熟悉的问题 · 选择和应用一系列与工作或学习领域相关的标准和非标准流程 · 演示在动态环境中进行学习和绩效的完全自我管理 · 在变化的环境中承担领导责任
5	（证书） · 在特定工作或研究领域的某个方面展示广泛的实践性、技术性或理论性知识 · 选择和应用一系列的解决方案来解决熟悉的和有时不熟悉的问题 · 选择和应用一系列与工作或学习领域相关的标准和非标准流程 · 在特定的环境下，对学习和绩效进行完全自我管理 · 对学习和他人表现的管理具有一定的责任感	（毕业证） · 在特定的工作或学习领域展示广泛的实践性、技术性或理论性知识 · 选择和应用一系列的解决方案来解决熟悉的和有时不熟悉的问题 · 选择和应用一系列与工作或学习领域相关的标准和非标准流程 · 在特定的环境下，对学习和绩效进行完全自我管理 · 对学习和他人表现的管理具有一定的责任感
4	· 在工作或学习领域展示广泛的实践和理论知识 · 选择和应用解决方案来解决熟悉的和有时不熟悉的问题 · 选择和应用一系列与工作或学习领域相关的标准和非标准流程 · 运用一系列与工作或学习领域相关的沟通技巧 · 在广泛的指导下进行学习和绩效的自我管理 · 对他人的表现负责	
3	· 具有工作或学习领域的一些操作和理论知识 · 从熟悉的问题中选择并应用一系列已知的解决方案 · 应用一系列与工作或学习领域相关的标准流程 · 运用一系列与工作或学习领域相关的沟通技巧 · 在有限的监督下工作 · 对自己的学习和表现负责 · 与他人互动时，调整自己的行为 · 对团队绩效做出贡献	

等级	学习成果描述
2	· 展示工作或研究领域的基本事实性和/或实践性知识 · 应用已知的方案解决熟悉的问题 · 应用与工作或学习领域相关的标准流程 · 应用与工作或学习领域相关的读写和计算技能 · 在一般监督下工作 · 对自己的学习和表现负责 · 与他人合作
1	· 展示基本的一般知识和/或基础知识 · 应用完成简单任务所需的基本技能 · 对简单的问题应用基本的解决方案 · 运用读写和计算技能参与日常生活 · 在高度结构化的环境中工作 · 对自己的学习表现出一定的责任感 · 与他人互动

资料来源：New Zealand Qualifications Authority, *New Zealand Qualifications Framework 2016.*

可参与或启动资历的开发以实现特定的政策目标。

2.2.4　非正规和非正式学习成果的认可和认证

2013 年通过的新西兰资历框架项目审批和认可规则法案（NZQF Programme Approval and Accreditation Rules）[1] 赋予新西兰资历认证局进行先前学习成果认可并进行学分认可和转移的职能。

为了帮助教育提供者完成先前学习成果认可，新西兰资历认证局为学分的认可和转移制定了以下五项原则：第一，资历、课程和项目的设计应以促进学分认可和转移的方式进行；第二，应优先考虑学习者的福利并为学习者提供有效的学习途径；第三，学分认可和转移的决策过程应保持透明，以激励学习者继续接受教育；第四，政策和程序应支持进行跨文化和跨境的学分认可和转移；第五，基于先前学习或能力而授予的学分与通过其他形式的评估获得的学分具有相等的价值，且一旦获得学分，学习者可以携带学分从获取资历证书的一条途径转移到另一条途径。

---

[1]　NZQA, " NZQF Programme Approval and Accreditation Rules 2013," 2013, http：// www. nzqa. govt. nz/assets/About－us/Our－role/Rules/Prog－App－Accred－Rules. pdf.

2.2.5 实施现状

新西兰国家资历框架经过多年运行，通过统一明确的管理机构和规范的质量保障体系，一定程度上满足了雇主及学习者的需求，且拥有较强的社会公信力。

目前新西兰国家资历框架已与其他几个国家和地区的资历框架进行对接，包括欧洲终身学习资历框架（2015年启动对接工作）、澳大利亚国家资历框架（2015年启动对接工作）和爱尔兰国家资历框架（2010年启动对接工作），目前正在与中国香港开展资历框架对接。2016年，新西兰国家资历框架和马来西亚资历认证机构发布了一份关于新西兰和马来西亚学士、硕士和博士学位的对比报告，为两国资历框架的对接打下了基础。

3. 亚洲各国国家资历框架

东盟在构建区域及国家资历框架方面走在亚洲其他各国前列。2013年东盟发布了地区性资历参考框架，并积极推进各成员国建立国家资历框架，尽快完成与东盟区域性资历框架的对接。截至2016年12月，文莱、柬埔寨、印度尼西亚、马来西亚、菲律宾、新加坡、泰国、东帝汶民主共和国等8个东南亚国家已经建立起国家资历框架；老挝、缅甸、越南等东盟国家以及中、日、韩三国尚处于设计开发阶段。韩国虽无国家资历框架，但是其学分银行制度部分承担了国家资历框架的学分累积、转换及资历认可认证等功能。

在与地区性资历框架对接方面，泰国、印度尼西亚、菲律宾于2018年着手本国资历框架与东盟资历参考框架（ASEAN Qualification Reference Framework，AQRF）的对接。另外，中国香港已完成与欧洲终身学习资历框架（EQF）的对接。

3.1 马来西亚国家资历框架建设

3.1.1 背景概述

自20世纪80年代以来，马来西亚政府致力于发展知识型经济，国内经济增长了10倍以上，这体现在马来西亚的国家计划（National Plan，

NP)，特别是第九、第十和第十一个国家计划中。为了落实第十个国家计划（2010～2015 年），马来西亚政府制定了相应的国家高等教育战略计划（National Higher Education Strategic Plan，NHESP），希望将马来西亚建设成为国际高等教育中心之一。马来西亚总理由此呼吁进行"高等教育革命"，并在 2004 年成立了新的高等教育部，希望能够推动上述目标的实现。马来西亚资历认证机构（Malaysian Qualifications Agency，MQA）于 2007 年成立。

在上述政策基础上，马来西亚国家资历框架（Malaysian Qualifications Framework，MQF）通过一系列探索性的尝试，与主要利益相关方磋商，在全国范围内开展咨询等相关工作，最终获得政府批准。马来西亚国家资历框架是包括所有教育和培训机构（包括大学、学院、职业机构、专业机构、公共和私营部门的其他高等教育机构），在全国范围内提供资历的统一系统[1]，是一个包含所有等级资历的伞状框架[2]。此外，马来西亚人力资源部技能发展部（Department of Skill Development，Ministry of Human Resources，DSD，MoHR）负责马来西亚职业技能资历框架（Malaysian Occupational Skills Qualifications Framework，MOSQF）。

3.1.2　政策目标

正如马来西亚"国家高等教育战略计划"（National Higher Education Strategic Plan，NHESP）所述，马来西亚高等教育部门面临的主要挑战是：增加受教育机会；提高教学质量；提高高等教育机构的竞争力；促进国际化，加强与外国高等教育机构合作；促进参与和承认终身学习；促进对先前学习的认可；提高教育途径的替代性和流动性；克服公立和私立高等教育的差异（例如有关术语、入学要求、学分和持续时间等方面）；协调各种教育项目；提高资历的合法性和相关性。

为了应对上述挑战，《马来西亚 2007 资历认证法案》（*Malaysian Qual-*

---

[1]　Malaysian Qualifications Agency，"Malaysian Qualification Agency Act 2007，" http：//tati-uc. edu. my/admin/PPA/Other% 20QA% 20document/Act% 20% 20MQA% 20679% 20 eng-lish. pdf.

[2]　SHARE，"ASEAN Qualifications Reference Framework and National Qualifications Frameworks：State of Play Report，" October，2015，http：//share – asean. eu/wp – content/uploads/2015/10/AQRF – NQF – State – of – Play – Report. pdf.

ifications Agency Act 2007，MQA 2007）陈述了马来西亚国家资历框架的政策目标，包括保护（维护）资历标准和加强质量保障政策；提高资历的准确性或有关术语的一致性；为资历（包括非学位资历和学位资历）之间提供相互连接或支持的机制；鼓励公立部门和私立部门合作，鼓励高等教育机构和技能培训机构合作；鼓励对学术、专业、技术、职业和技能资格的平等尊重；建立在马来西亚境内和境外都可接受的学分体系，以促进学分积累和转移；为学习者提供相关教育项目明确、可访问的公共信息及相关资历的明确信息；促进主要利益相关方的评估；明确与马来西亚以外国家或地区资历或资历框架的联系。

3.1.3　资历框架等级和组织治理结构

马来西亚国家资历框架一共分为 8 个等级。涉及技能、职业和技术、高等教育等不同领域（见表 3 - 20）。

表 3 - 20　马来西亚国家资历框架等级

资历等级	组成			终身教育
	技能	职业和技术	高等教育	
8			博士学位	
7			硕士学位	
			硕士证书与文凭	
6			学士学位	
			学士证书与文凭	
5	高级文凭	高级文凭	高级文凭	
4	文凭	文凭	文凭	
3	技能资历证书 3		证书	
2	技能资历证书 2	职业与技术证书		
1	技能资历证书 1			

资料来源：Malaysian Qualifications Agency，"Malaysian Qualifications Framework 2nd Edition," https：//www.mqa.gov.my/pv4/mqf.cfm.

资历框架的第 1~3 等级包括技能资历证书以及职业与技术证书。只要个人能证明达到主管部门或者行业要求的能力，就能获得技能资历证书，该证书一般要求的是动手能力，这种能力也可以通过在工作场所的培训获得。职业与技术证书是为学生准备的一个专门的技术任务，也是在选定领域继续培训的开始。职业与技术证书的培训方案包括实践培训，并包含至少25%的职业与技术内容。

　　获取1～3等级资历的学习者要具备以下能力：（1）解读和使用技术资料；（2）促进并运用科学的工作流程和设计技术；（3）了解法律、法规和合约对工作流程的作用；（4）编写工作过程及其运作的预计成本；（5）运用技术和能力在决策制定、社会关切、科技以及相关道德问题的处理中搜索和使用数据；（6）能有效地与专家、非专家沟通和传递信息、想法、问题和解决方法；（7）具有团队和人际交往技能；（8）具有社会责任感；（9）在后续教育上具有独立学习能力。

　　资历的第4等级涉及技能、职业技术和普通高等教育所获得的文凭。该文凭包含广泛的能力和责任，其就业领域包括企业和管理、社会服务、医疗卫生、体育和娱乐、信息技术和通信、艺术和设计、工程、建筑施工、科技、酒店及旅游、物业管理、农业和林业等领域。文凭学历兼顾理论和实践，强调价值观、道德和态度，具体包括：（1）在工作中运用知识、理解和实践技能；（2）有能力自己评估和决定关于社会、科学和伦理的问题；（3）自信并有企业家精神，追求自己的事业；（4）成为对社会有责任感的公民；（5）对于职业发展具有应用想法与过程的学习能力；（6）具有适合就业的团队和人际交往技能；（7）能有效地沟通并能有说服力地将信息、想法、问题和解决方案传达给专家和非专家。

　　资历的第5等级包括技能、职业技术和普通教育获得的高级文凭，高级文凭是一个特定的资历，它意味着拥有知识、实际操作技能、管理能力，并比第4等级（文凭）有更高的责任感。获得高级文凭的学生要具备以下能力：（1）在工作中运用知识、理解和实践技能；（2）有能力评估和决定关于社会、科学和伦理的问题；（3）对于职业发展具有应用想法与过程的学习能力；（4）具有适合就业的团队和人际交往技能；（5）能有效地沟通并能有说服力地将信息、想法、问题和解决方案传达给专家和非专家；（6）在本研究领域里能判定问题。

　　资历的第6等级仅涉及高等教育学士学位。拿到学士学位能就业，就读研究生或做研究和从事高技能的职业。获得学士学位的学生要具备以下能力：（1）从高等教育的课程中掌握和理解学习领域的基本原理和知识；

（2）在研究或工作的专业领域能够使用所学知识和见解；（3）能分析和解决本研究领域的问题；（4）有能力自己评估和决定社会、科学和伦理问题；（5）能有效地沟通并能有说服力地将信息、想法、问题和解决方案传达给专家和非专家；（6）具有团队和人际交往技能；（7）在后续教育上具有独立学习能力。

资历的第 7 等级仅涉及高等教育硕士学位，获得硕士学位的学生要具备以下能力：（1）表现出高于学士学位的知识水平和理解能力，并有能力提出或应用理论（通常在研究的背景下）；（2）使用知识和理解来解决新形势和多学科背景下学习领域的相关问题；（3）整合知识和管理复杂问题；（4）在没有信息或信息有限的情况下，有能力自己评估和决定社会和伦理问题；（5）能向专家和非专家清楚地传达结论、知识和理由；（6）具有高度的独立学习能力。

资历的第 8 等级仅涉及博士学位，获得博士学位的学生要具备以下能力：（1）在学习领域内的学科、技能和研究方法上表现出系统的理解和深入的了解；（2）有能力参与学术性问题的提出、设计、实施和采纳等部分研究过程；（3）能够根据国际标准在国际评审出版物中发表论文，促进已有研究，拓宽知识边界；（4）进行批判性的分析、评价，并整合新的和复杂的想法；（5）能够与同行、学术界和专业领域的专家进行交流；（6）在学术和专业背景下拥有促进技术、社会和文化进步的知识。

每个资历等级都基于马来西亚国家资历框架中指定的 8 个学习成果领域所列出的学习成果标准，这 8 个学习成果领域分别是：知识，实际技能，社交技巧和责任，价值观、态度和专业精神，沟通、领导和团队合作技能，解决问题和科学技能，信息管理和终身学习技能，管理和创业技能。

从治理结构来看，马来西亚资历认证机构（Malaysian Qualifications Agency，MQA）负责制定马来西亚国家资历框架，并且负责职业技术教育与培训和高等教育资历的认证，人力资源部技能发展司（Department of Skills Development, Ministry of Human Resource, DSD, MOHR）负责技能资历认证。马来西亚政府于 1996 年颁布了《国家认证法案》，教育部（Ministry of Education，MoE）根据此法案成立了国家认证委员会（National Accreditation Board，NAB），负责对全国私立高校的学位、学历和专业进行认证；

2002 年，又设立了专门的质量保障司（Quality Assurance Division，QAD），对全国公立高等教育机构的高等教育质量进行管理和监督。《马来西亚 2007 资历认证法案》颁布，教育部根据新的立法依据，把国家认证委员会和教育部质量保障司合并成一个独立于高等院校的质量保障机构，成立了"马来西亚资历认证机构"（Malaysian Qualifications Agency，MQA），并授权其为法定的国家资历框架的实施机构，对全国的高等院校进行专业和课程认证，其管理机构是理事会，由 1 名主席和 16 名成员组成，全职人员有 30 余人。

3.1.4　非正规和非正式学习成果的认可和认证

马来西亚政府十分重视先前学习成果认证对于实施国家终身学习政策的重要作用。2009 年，马来西亚国家资历框架制定了先前学习成果认证指南，并通过先前学习成果认证指南来对无论是通过正式、非正式还是非正规学习途径获得的成果，或者先前学习的成果进行认可，随后于 2011 年制定先前学习成果的评估工具和标准，并建立评估中心，通过多种技术工具对个人的先前学习成果进行认可认证。认证程序上首先是对个人专业或课程的学习成果和学习经历进行汇编，汇编包括报告（由框架对接工作人员或其他相关评估人员所写）、职位描述、论文、手工艺品和产品、设计、图纸、计划和测试结果，还可以提交由合格人员（例如申请人的雇主或客户）撰写的对个人知识和技能的书面描述，最后还可能需要进行相应的笔试或面试。

马来西亚政府于 2007 年 8 月启动的国家高等教育战略计划（National Higher Education Strategic Plan，NHESP）将终身学习视为其七大目标之一，并颁布了国家终身学习蓝图。国家资历框架通过建立学分账户和学分转换系统确保学习者的纵向和横向进步，连同其他资历共同成为马来西亚政府实现终身学习政策的重要工具。另外，将错失教育机会的个人和社会群体接受教育的过程便捷化，这对于发展知识型社会和知识经济起到了重要作用。

3.1.5　实施现状

国家资历框架通过确立资历标准提高了马来西亚资历的国际可比性。将所有高等教育资历放在同一框架下为解决资历平等的相关问题也提供了政策支持。马来西亚国家资历框架目前已经成为马来西亚实现终身学习政策的重要工具。作为全国统一的资历制度，其实施过程较为顺利，也允许高等教育提供者在资历框架的体系内继续创新。目前在澳大利亚—新西兰自由贸易安排的支持下，马来西亚与澳大利亚国家资历框架的对接工作也正在进行。

3.2　泰国国家资历框架建设

3.2.1　背景概述

近年来，泰国经济实现了高速增长，然而泰国的人力资源并不具备竞争优势。泰国发展研究所（Thailand Development Research Institute，TDRI）对制造业和服务业工人拥有资历情况的研究显示，制造业和服务业部门中有 1000 万工人没有任何资历，2166 万人只接受过小学教育，594 万人只接受过初中教育。泰国的国家资历框架旨在改善泰国劳动力资历较低的现状，泰国政府将其视为提高人力资源竞争力的工具，以满足当今瞬息万变的经济环境中的生产和服务需求。

泰国建立国家资历框架的提议是由国家教育委员会（Office of Education Council，OEC）作为 2009～2018 年教育改革暨第二个十年国家人力生产和发展倡议的一部分提出的，并于 2010 年 12 月 21 日获得内阁批准。泰国国家资历框架以泰国高等教育资历框架（Thai Qualifications Framework for Higher Education，TQFHE）和泰国职业教育资历框架（Thai Qualifications Framework for Vocational Education，TQFVE）为基础。

3.2.2　政策目标

泰国国家资历框架旨在通过制定统一的资格标准和明确的学习成果要求，使个人能够明确和规划自己的学习轨迹，并通过采取包括提高内容质量、投入和标准，根据学习成果引入评估，以及确保每个资历等级在教育机构的内部和外部评估中的可信度等方式来提高国家的教育和培训质量。

促进区域内工人和学生的流动是泰国国家资历框架的另一主要政策目标。在 2015 年成立的东盟经济共同体（ASEAN Economic Community，AEC）的背景下，泰国国家资历框架希望能够实现与其他国家的资历互认，加快区域内劳动力与学习者的流动，这也是泰国国家资历框架需要完成的至关重要的任务之一。

3.2.3　国家资历框架等级和组织治理结构

泰国国家资历框架目前有 9 个等级（见表 3 - 21），每个等级都由基于学习结果的等级指标进行描述，将教育资历等级（中学、职业教育和更高级别教育）与各个产业集群所要求的能力级别联系起来，形成了等级描述，从而确保了教育内容与行业需求之间最接近的可能性。

表 3 - 21　泰国国家资历框架等级

等级	资历
9	博士学位
8	高级研究生证书
7	硕士学位
6	研究生证书
5	学士学位
4	高级职业证书
3	职业证书
2	高中教育
1	初中教育

资料来源：Office of Education Council, *National Qualifications Framework*：*Thailand NQF*（Bangkok，2013）.

泰国教育部教育委员会负责与国家资历框架相关的工作及活动，譬如与泰国职业资历学院（Thailand Professional Qualifications Institute，TPQI）进行密切合作，向教育机构传达产业界所需技能的信息；委任教育及培训界有关机构代表（包括国家教育质量评估和保证办公室以及国家检测办公室）组成工作小组；根据已有的泰国高等教育资历框架和泰国职业教育资历框架建设泰国国家资历框架；任命国家资历框架和东盟区域资历框架发展工作组，制定将泰国国家资历框架纳入东盟区域资格框架的标准，并据此提出国家资历框架的发展指南；组织由泰国工业联合会、泰国商会和泰国贸易委员会以及高等职业教育委员会作为代表出席的关于泰国国家资历框架发展的公开听证会。

建设泰国国家资历框架的总体责任由教育部、劳工部、工业部、泰国工业联合会、泰国商会和泰国贸易委员会共同负责；由教育机构、工作场所和专业协会的合格专家组成的国家委员会根据内阁批准的原则和准则负责实施国家资历框架，国家教育标准和质量评估办公室、教育部和国家教育考试服务中心也参与其中。

3.2.4　实施现状

目前泰国国家资历框架已经进入实施阶段，泰国采取了以下四项策略确保国家资历框架计划的顺利运行：（1）建立工作场所、专业协会、专业和/或职业团体与教育机构之间的系统合作关系，以提高具备国家资历框架培养指南中所明确的必要技能、知识和态度的劳动者的培养水平和能力；（2）开放与泰国国家资历框架级别描述相一致的课程，鼓励工作场所、专业协会和教育机构共同设计与整合正规、非正规和非正式教育系统的课程，确定每个资历等级的学习成果标准，建立一个根据国家资历框架的级别监测、评估和认证教育机构的系统；（3）建立学习成果评估和评价系统，纳入承认先前学习和学分积累和转移的机制；（4）促进教育机构将教育与劳动力市场所要求的技能联系起来。

泰国教育委员会（Office of Education Council，OEC）计划将国家资历框架与东盟资历框架及其他东盟成员国的国家资历框架对接[1]，这也是泰国职业技术教育和培训部门的优先工作事项。目前相关部门正在对泰国国家资历框架进行修订，试图将泰国资历级别数量减少到 8 级，以促进对接工作的顺利进行。

3.3　菲律宾国家资历框架建设

3.3.1　背景概述

菲律宾正处在基础教育、技术职业教育和高等教育改革关键时期，总统贝尼尼奥·阿基诺三世签署的 2012 年第 83 号行政命令[2]确立了菲律宾国家资历框架。

---

[1] Office of Education Council, *National Qualification Framework*：*Thailand NQF*（Bangkok：Office Education Council，2013）.

[2] "Executive Order No. 83, s. 2012," http：//www. officialgazette. gov. ph/2012/10/01/executive - order - no - 83 - s - 2012/.

菲律宾国家资历框架于 1998 年开始设计，2012 年发展成为菲律宾技术和职业资历框架，成为一个用于在终身学习框架内协调基础教育、技术职业教育和高等教育资历的全国统一框架。菲律宾将国家资历框架作为一种用于保障教育质量的国家工具，根据学习者以各种方式掌握的知识、技能和价值标准来开发、认可和授予资历，从而解决教育和培训与经济需求之间的不匹配问题。

3.3.2　政策目标

第 83 号行政法令明确提出菲律宾国家资历主要有以下三个政策目标[①]：采用统一的国家资历标准和学习成果级别；为学习者提供获得资历的机会，帮助人们在不同的教育和培训部门之间、在教育培训部门和劳动力市场之间进行转移；使菲律宾国家资历框架与其它国家和地区资历框架保持一致，提高对菲律宾资历的价值和可比性的认识，支持劳动力的国内和国际流动。[②]

3.3.3　等级和组织治理结构

菲律宾国家资历框架是一个以初中教育为基础的 8 级框架，且该框架在教育和培训系统的独立子系统中也有子框架。例如，技术教育和技能发展局（Technical Education and Skills Development Authority，TESDA）负责的子系统涵盖了国家证书的 1 ~ 5 级，对应框架的前 5 个级别，而高等教育子系统委员会（Commission on Higher Education Subsystem，CHES）负责的子系统则涵盖了学士学位、研究生文凭、硕士和博士学位等，对应 6 ~ 8 级。这两个子系统共同在第 5 级提供文凭课程（见表3 - 22）。菲律宾国家资历框架级别根据知识、技能和价值观三个领域定义学习成果。

菲律宾国家资历框架由相应的质量保障体系监管，该体系包括既定的资历等级标准、认证计划和评估标准。在小学和中学阶段，课程认证由教育部施行。技术教育和技能发展局（Technical Education and Skills Develop-

---

① "Executive Order No. 83, s. 2012," http：//www. officialgazette. gov. ph/2012/10/01/executive - order - no - 83 - s - 2012/.

② SHARE, "ASEAN Qualifications Reference Framework and National Qualifications Frameworks：State of Play Report," October, 2015, http：//share - asean. eu/wp - content/uploads/2015/10/AQRF - NQF - State - of - Play - Report. pdf.

表 3-22　菲律宾国家资历框架结构

	基础教育	技术教育和技能发展	高等教育
8 级			博士学位、博士后
7 级			研究生文凭、硕士学位
6 级			学士学位
5 级		文凭	
4 级		国家 4 级证书	
3 级		国家 3 级证书	
2 级	高中	国家 2 级证书	
1 级	初中	国家 1 级证书	

资料来源：S. Rey, L. Carino, R. J. H. Rabago, Trainer Qualifications Framework: Philippine Technical - vocational Education and Training. Validation of Adult Educator's Competences: Towards Total Quality (paper presented at the conference Teachers and Trainers in Adult Education and Lifelong Learning: Professional Development in Asia and Europe, Bergisch Gladbach, Germany, June 29 and 30, 2009. Bonn: German Institute for Adult Education), https://www. die - bonn. de/asem/asemconfpapers. pdf.

ment Authority，TESDA）管理所有的中学后技术职业教育和培训，并为职业技术教育与培训计划引入了统一的注册和认证系统——技术职业教育和培训能力评估和认证系统（Philippine TVET Competence Assessment and Certification System，PTCACS）。高等教育委员会为高等教育机构和计划制定政策、标准和指南，授予其经营许可，并在公认的外部认证机构的协助下监督对教育标准的遵守情况。作为质量保障的一部分，高等教育委员会已在菲律宾的公立和私立机构中确定了各个学科的卓越中心和发展中心，目前43 个专业的毕业生必须通过专业监管委员会的执照考试才能获得执业许可。[1]

菲律宾国家资历框架由国家协调委员会（National Coordinating Council，NCC）监管，由教育部秘书担任主席，成员包括技术教育和技能发展局（Technical Education and Skills Development Authority，TESDA）、高等教育委员会（Commission on Higher Education Subsystem，CHES）、劳工和就业部

[1]　I. Isaac, The Philippine National Qualifications Framework (paper presented at the International Conference on Implementation of NQF Policies and Strategies, Bangkok, April 27 and 28, 2011. Manila: TESDA), http://www.unescobkk.org/fileadmin/user _ upload/epr/TVET/PHILIPPINES_ Paper. pdf.

（Department of Labour and Employment，DoLE）和专业法规委员会（Professional Regulation Commision，PRC）。①

国家协调委员会（NCC）执行以下功能：设立技术工作组，以确定菲律宾国家资历框架的细节和实施；协调各级各类教育的资历等级；使教育标准和学习成果与菲律宾国家资历框架中包含的级别通用能力标准保持一致；讨论并决定菲律宾国家资历框架的要素，包括原则、主要特征、定义或术语、结构和治理安排；审查和更新菲律宾国家资历框架；提供有关菲律宾国家资历框架实施的信息和指南；建立质量保障机制；维持国家合格人力资源登记册；确保菲律宾国家资历框架与其他国家的资历框架保持一致；在国际论坛或资历协议/安排谈判中代表菲律宾出席；向总统办公室定期提供关于菲律宾国家资历框架发展的反馈意见；实施可能相关的菲律宾国家资历框架任何其他功能。② 目前菲律宾国家协调委员会已经建立了四个技术工作组，它们在菲律宾国家资历框架的建设过程中分别承担不同的角色与职能。

教育部的任务是通过信息开发、教育和传播促进菲律宾国家资历框架的建设，制定批准国家协调委员会的指南、通告和政策文件。同时教育部还确保新建高中的毕业生具有在所选职业轨道中继续学习的一系列能力，包括良好的沟通能力，科学、批判和创造性思维以及技术的使用能力，对历史和文化遗产的理解能力，尊重自我、他人及其文化和环境的能力，合理的推理、明智的决策，以及将知识、技术技能、价值观应用于学术和现实生活中的能力。由此可见，高中是进一步取得技术资历或学术资历的基础。

技术教育和技能发展局（TESDA）是向雇主、培训人员和受训人员提供有关教育和培训机会的牵头机构，同时提供专业和技术资历的执照、评估和认证服务。它还负责维护和更新资历登记册中的专业和技术资历数据库，传播培训规则，明确培训能力和培训标准，评估能力并颁发国家证书

---

① "Executive Order No. 83, s. 2012," http：//www. officialgazette. gov. ph/2012/10/01/executive – order – no – 83 – s – 2012/.

② "Executive Order No. 83, s. 2012," http：//www. officialgazette. gov. ph/2012/10/01/executive – order – no – 83 – s – 2012/.

和/或能力证书，向雇主和广大公众提供资历质量保障等。

高等教育委员会（CHES）是促进教育部门之间转换的牵头机构，其级别与国家协调委员会相当。它还负责建立国家学分转移系统，并与技术教育和技能发展局一起支持和采用符合菲律宾国家资历框架的梯形教育计划。此外，高等教育委员会正在编制菲律宾国家资历框架的质量标准体系和程序，同时还负责发布特定学术课程资历的政策、标准和指南。

专业法规委员会（PRC）的任务是开展与其他国家或区域性资历框架的比较研究，并与其他专业性组织合作，促进资历的互认。专业法规委员会负责监管和监督专业实践，它与43个专业监管委员会合作，为卫生、商业、教育、社会科学、工程和技术等领域的专业人员进行执照考试，专业法规委员会还负责监督专业人士的继续学习。此外，委员会负责专业资历的国际一致性，并积极参与比较和确保相互承认协议所涵盖的专业资历的最终可携带性。

劳动和就业部（DoLE）虽然没有直接参与教育和培训，但它作为国家政府机构，负责制定和协调政策，帮助解决当前在特定行业中胜任特定工作所需的技能/能力和资格级别之间的不匹配问题，同时也负责颁发就业所需的证书。

教育部、技术教育和技能发展局、高等教育委员会各抽调人员创建了一个常设技术秘书处，其职责范围包括提供技术专家服务，如认证、课程开发和教育测量相关问题的咨询。这些组织共同致力于建立一个连贯的、国际标准化的菲律宾国家资历框架，涵盖从基础教育到职业技术教育与培训、高等教育以及更广泛的终身学习领域。

3.3.4 非正规和非正式学习成果的认可和认证

非正规和非正式学习是许多菲律宾人获取技能的重要手段。技术教育和技能发展局（TESDA）在菲律宾技术与职业教育和培训能力评估和认证系统的质量保障下，根据能力的评估和认证构建了一个5级国家证书系统，用于认证通过非正规和非正式学习获得的知识、技能和能力。该国家证书系统与菲律宾国家资历框架的1~5级资历标准要求相符。通过评估的个人将被授予国家证书（完全资格证书）或能力证书（针对某一组能力），其能力评估工具（Competence Assessment Tools，CATs）是根据技术教育和技能发展局理事会资历培训规则所设置的，该培训规则（Training Regulations，TRs）提供资历的详细信息，并确定资历取得的最低要求、能力和培训标准、培训师资历、设施、用品和材料、工具和设备。资历名称基于工作的功能特征而定。[1]

在菲律宾的国家资历框架中，个人获得资历主要是基于学习获得的能力而非所完成的学习过程，框架允许个人无论出于何种目的或动机（如就业、提高生产率、增加收入或继续教育）在任何阶段可以进入学习系统。它还允许对先前学习和当前能力进行认可。总体来说，菲律宾国家资历框架认为具有满足特定资历要求能力的个人可以在没有经过正式培训的情况下进行能力评估。如果个人通过能力评估，就可以获得国家资历和/或合格证书。

此外，菲律宾还有技术及职业教育和培训培训师资历框架（Philippine TVET Trainers Qualifications Framework，PTTQF），用以支持技术及职业教育和培训领域中培训师的继续教育和培训。菲律宾国家资历框架也支持技术与职业教育和培训之后的教育培训项目，这些课程为学生提供了一种有效的方式来获得高等教育的学分，提高他们的就业能力，并提供他们当前或期望的工作与课程中所需的技能、知识和态度。[2]

为了解决先前学习的认可问题，菲律宾开发了一种基础教育的替代学习系统，该系统授予与正式系统相同的资历和学分。该系统的评估基于成果集、访谈和/或书面考试等多种技能展示方式。

教育和培训系统的所有分部门都有替代学习方案。对于基础教育有基础教育级别的菲律宾教育测试。对于高等教育，高等教育委员会为有限数量的学术课程提供扩展的高等教育等效和认证计划（CHED's Expanded Tertiary Education Equivalency and Accreditation Programme，ETEEAP），以确认先前的学习和经验。然而，虽然高等教育等效和认证计划中有学分转移的

① SHARE, "ASEAN Qualifications Reference Framework and National Qualifications Frameworks: State of Play Report," October, 2015, http://share-asean.eu/wp-content/uploads/2015/10/AQRF-NQF-State-of-Play-Report.pdf.

② I. Isaac, The Philippine National Qualifications Framework (paper presented at the International Conference on Implementation of NQF Policies and Strategies, Bangkok, April 27 and 28, 2011, Manila: TESDA), http://www.unescobkk.org/fileadmin/user_upload/epr/TVET/PHILIPPINES_Paper.pdf.

政策、标准和指导方针，并且有针对资历复杂性和广泛性的评估流程，但对于先前教育认可的需求还是远远超出了高等教育认证计划的数量，菲律宾政府正在寻求这一问题的解决方案。①

菲律宾教育系统目前正在向终身学习框架内的基于学习成果的模式进行转变，这种政策转变主要发生在基础和技术/职业教育领域而非高等教育领域。目前菲律宾正在改进国家资历框架的质量保障机制，并通过资历注册制度明确了资历之间的等级关系及提升途径，确保了和国际资历的一致性。

3.3.5　实施现状

菲律宾国家资历框架由 2012 年第 83 号行政命令确立，其制度化及国家协调委员会建立的立法依据是参议院 2016 年提交的第 211 号议案，且已经被纳入"梯形教育法"即共和法 10647 号法案，全称为"加强技术职业教育与培训与高等教育之间的梯形接口的法案"。②

菲律宾签署了一系列区域性协议，如东盟框架服务协议（ASEAN Framework Agreement on Services，AFAS）、东盟自由贸易协定（ASEAN Free Trade Agreement，AFTA）和东盟互认协议（ASEAN Mutual Recognition A-greements，AMRA），也积极参与区域性资历框架的建设工作。菲律宾参加了东盟资历框架工作组，并参与了东盟资历框架从概念到起草，最后得到东盟财政、教育和劳工部长的批准并被接纳为东盟文件的整个过程。菲律宾还担任临时委员会主席，为 2017 年 2 月的第一次会议建立东盟资历框架参考委员会奠定了基础。在东盟成员国中，菲律宾已确定将国内的国家资历框架与东盟资历框架进行对接。

3.4　印度尼西亚国家资历框架建设

3.4.1　背景概述

印度尼西亚于 2012 年制定了主要适用于高中教育完成后继续进行职业教育和培训或接受高等教育的国家资历框架，并以第 8/2012 号总统令的形

---

① SHARE, "ASEAN Qualifications Reference Framework and National Qualifications Frameworks: State of Play Report," October, 2015, http://share - asean. eu/wp - content/uploads/2015/10/AQRF - NQF - State - of - Play - Report. pdf.

② Official Gazette of the Republic of Philippines, http://www. officialgazette. gov. ph.

式获得法律认可。印度尼西亚国家资历框架目前尚处于设计阶段。

印度尼西亚高等教育局指出"印度尼西亚国家资历框架是教育部门的国家标准之一，从教育和文化部授权的毕业生到教育和培训机构均可以通过在印度尼西亚国家资历框架中指定的相关资历等级评估学习成果"。劳动部在培训和生产发展局的监督下，对外来的专业工作人员进行标准化的培训和能力资格认证。

印度尼西亚政府在其他法律法规中也对国家资历框架给予了法律认可，例如在人力资源发展的第 13/2003 号法律、国家职业培训制度的第 31/2006 号政府条例以及国家教育制度的第 20/2003 号法律中均对此有所提及。印度尼西亚国家资历框架也符合其他部委和授权组织认可的与人力素质和发展及能力认证相关的现行法规。①

3.4.2 政策目标

印度尼西亚国家资历框架旨在解决国家教育和培训服务支离破碎、质量较差这一问题，并以满足日益转移和全球化的高等教育市场的需求为主要目标。资历框架还希望通过提高资历质量并明确其级别，从而在正规和非正规经济部门中更有效地进行人力资源分配，同时通过说明印度尼西亚和其他国家及地区的资历之间的等同性，提高印度尼西亚的国际竞争力，并使全球贸易更加开放。印度尼西亚国家资历框架还旨在为该国所有的教育和培训提供者提供统一的参考准则，特别是那些致力于指导失业者获得适当就业机会的人员。印度尼西亚国家资历框架将通过设定可评估的员工资历等级来解决劳动力难以升级资历的问题。那些未达到预期级别的员工被鼓励参加教育或培训，以获得印度尼西亚国家资历框架认可的资历。不符合印度尼西亚国家资历框架能力标准的教育或培训提供者，也将以国家资历框架为标准进行内部质量改进。此外，印度尼西亚国家资历框架还将促进教育流动，提高印度尼西亚在区域和国际上的认可度，促进全球对印度尼西亚高等教育机构的认识。

---

① Directorate General of Higher Education (n. d.), *Indonesian Qualifications Framework* (*Kerangka Kualifikasi Nasional Indonesia*), Presidential Decree No 8/2012 (Jakarta: Ministry of Education and Culture).

3.4.3　资历框架等级和组织治理结构

印度尼西亚国家资历框架由 9 个级别组成，各级别根据学习成果和工作特定能力确定，并分为一般和特殊两类要求（见表 3 - 23）。一般能力标准涵盖个性、工作态度和道德，适用于每个级别。特殊能力标准则涵盖特定级别下所需的知识和技能。

表 3 - 23　印度尼西亚不同类型教育的学习成果的对应关系

学术型资历	国家资历框架等级	技术和职业教育和培训	
S3	9	S3（应用型）	专家
S2	8	S2（应用型）	
	7		职业资历
S1	6	D IV	
	5	D III	
	4	D II	
	3	D I	
普通高中	2	职业高中	
初中	1	初中	

资料来源：Directorate General of Higher Education（n. d.），*Indonesian Qualifications Framework*（*Kerangka Kualifikasi Nasional Indonesia*），Presidential Decree No 8/2012（Jakarta：Ministry of Education and Culture）.

在印度尼西亚，有三个部门主要负责资历框架的制定和实施：教育和文化部、人力资源部以及研究、技术和高等教育部，具体而言，分别是由教育和文化部的初等和中等教育管理总局，幼儿、非正规和非正式教育总局，人力资源部的培训和生产力发展总局，研究、技术和高等教育部的高等教育局联合管理国家资历框架的制定和实施。

印度尼西亚资历委员会（The Indonesian Qualifications Board，IQB）负责管理印度尼西亚国家资历框架的发展。委员会主要负责监督诸如法规、能力标准、指南、标准制定文件和其他支持工作等事项的落实以及与其他各方的协调。目前印度尼西亚还有一个分析和能力发展伙伴（Analytical and Capacity Development Partnership，ACDP）资助项目，为确立印度尼西亚国家资历框架的相关安排和治理方案提供建议。[1]

---

[1]　SHARE，"ASEAN Qualifications Reference Framework and National Qualifications Frameworks：State of Play Report，" October，2015，http：//share - asean. eu/wp - content/uploads/2015/10/AQRF - NQF - State - of - Play - Report. pdf.

　　为确保国内和国际对印度尼西亚国家资历框架的信任，印度尼西亚政府还需要建立质量保障体系。据设想，国家教育标准委员会将采用印度尼西亚国家资历框架级别能力标准来设计国家教育标准和相关评估程序。教育机构将通过自己的内部质量保障体系确保毕业生的质量。预计国家认证委员会将依据印度尼西亚国家资历框架中描述的学习成果来扩展其现有的外部质量保障程序。

3.4.4　非正规和非正式学习成果的认可和认证

　　印度尼西亚教育和文化部以及研究、技术和高等教育部将"通过非正规和非正式教育或生活经历获得的学习成果在正规教育部门得到承认的过程"作为先前学习成果认可的定义，期望通过对先前学习成果的承认可以提供更广泛的正规教育途径，履行印度尼西亚法律规定的政府促进个人终身学习的任务，通过识别正规教育体系以外的学习形式的学习成果，帮助学习者获得同等学位，并且如同第 14/2005 号法律指出的那样，帮助确认劳动者在特定领域的专业知识、技能和能力。

　　印度尼西亚还实施了学分转移计划，旨在改善不同教育类型之间的流动性，进而培养学习者在特定领域的专业知识和能力。该学分转移计划还包括不同教育类型之间的衔接计划，旨在帮助未达到最低学分要求的个人进一步通过后续学习获得资历。

3.4.5　资历框架实施现状

　　印度尼西亚教育和文化部，研究、技术和高等教育部以及劳动部已经在整个职业教育、高等教育和职业/专业培训方案中引入了印度尼西亚国家资历框架。

　　印度尼西亚国家资历框架在设计之初就是为响应其签订的《亚太地区国家承认高等教育学历、文凭和学位地区公约》，除此之外，印度尼西亚国家资历框架没有对接任何其他区域性框架，只是由相关部委根据需要对其他经济体的资历进行评估和认可。例如，研究、技术和高等教育部负责海外文凭的认可，印度尼西亚资格委员会协调印度尼西亚国家资历框架与其他框架的衔接。[①]

---

① SHARE，"ASEAN Qualifications Reference Framework and National Qualifications Frameworks：State of Play Report，" October，2015 http：//share－asean.eu/wp－content/uploads/2015/10/AQRF－NQF－State－of－Play－Report.pdf.

3.5 韩国学分银行建设

3.5.1 背景概述

韩国尚未建立国家资历框架体系，学分银行在某种程度上承担了国家资历框架的部分功能。1995 年，韩国教育改革委员会提交《关于促进开放式终身教育社会和教育体系的革新设想》，提议采用学分银行来"实现非正规教育的价值和功能"。1997 年 1 月 13 日，韩国政府通过了《学分认证法》（*Action the Credit Recognition*）。自此，学分银行正式获得政府承认，并于 1998 年 3 月开始实施。韩国是第一个在国家层面建立学分银行的国家。

韩国学分银行在初期由韩国教育部、韩国教育开发院及各省教育办公室三方共同运营。其后，韩国教育部授权韩国教育开发院管理学分银行的职能。2008 年韩国教育部更名为韩国教育科学技术部，并整合韩国自学学位考试院、学分银行中心和终身教育中心，共同组成韩国终身教育振兴院，成为学分银行的主要管理部门。韩国学分银行运行组织详见图 3-2。[①]

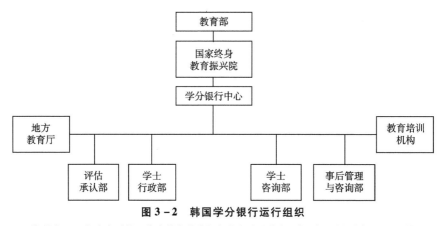

图 3-2 韩国学分银行运行组织

资料来源：李秀珍《韩国终身教育学分银行的实践及其启示》，《继续教育》2018 年第 3 期，第 74~77 页。

3.5.2 实施现状

韩国学分银行是一个开放的教育系统，对学习者在学校内外的各种学

---

① 关燕桃：《韩国学分银行运行机制及其启示》，《科教文汇（下旬刊）》2017 年第 7 期，第 116~117 页。

习经历进行认证。学分银行主要的作用在于为非学历教育院校提供课程和科目的认证。但凡通过认证的教育课程或科目，就可以为完成该课程或科目的学习者提供学分。除此之外，学分银行还承认国家特殊技能证书，给通过学士学位考试的学习者授予学分。当学习者积累了经学分银行认证的足够学分之后，就可以获得副学士或学士学位。

韩国的学分银行有以下特色：（1）不论年龄、性别和背景，有高中文凭的人都可以向学分银行提出申请；（2）学分银行对各类非学历院校的课程和科目进行认证，认证的标准之一是标准化课程和教学大纲，各院校提交的认证必须在标准化课程范围之内，并且70%以上的课程内容应与标准化大纲相同；（3）标准化课程和教学大纲确保了不同院校之间认证课程的一致性和标准化，但是，其他学分来源——大学和大专院校的学分、国家技术证书、学士学位自学考试不受标准化课程的影响；（4）学分银行特别明确了该制度仅指传统学习，即在教室中开展的讲座和讨论，函授学习目前还不包括在内；（5）学分银行对教育院校和学生均进行评估；（6）学分银行通过信息中心和在线信息服务系统为学生提供必要的信息，包括学业规划，学分计算方法，受学分银行认证的院校、学科、指导教师和教学人员，标准化课程和教学大纲以及获得学位的方法，学生可以随时访问在线信息系统。

韩国的学分银行制度一定程度上有效地整合了非学历院校的教育资源，保障了教育质量，尤其为正规高等教育体系外的人士提供了接受高等教育、继续教育，践行终身学习的途径。韩国学分银行通过不断更新与发展，入学者数量从1998年的671名增长到2016年的127万余名，取得学位者从34名增长到60万余名，鉴定的课程数量从1294门增长到27415门，参与到学分银行的教育培训机构数量从181个增长到492个，标准化课程数量从41个专业的167门发展到224个专业的6229门。到2016年，通过学分银行制招收的学员增长到92171人，获取学位者达到58064人。①

然而，学分银行并没有解决韩国教育所面临的问题。例如，韩国年轻

---

① 资料来源：根据韩国国家终身教育振兴院内部资料及韩国学分银行（https://www.cb.or.kr/creditbank/base/nMain.do）相关资料整理。

人虽然具有非常高的受教育程度，但韩国是经合组织成员国中青年失业率最高的国家之一，劳动力市场和高等教育之间的分裂造成韩国社会的不稳定。在劳动力培训水平方面，工业和高等教育部门之间的联系薄弱，同时更为严重的问题是劳动者技能不匹配岗位需求，这迫使年轻人寻求更多的教育，而雇主也必须为新聘人员投入更多的在职培训。

受韩国社会传统理念的影响，学分银行推出后并没有使高等教育的学术、文化学习及取得的资历在社会上具有更高认可度，虽然学分银行为学习者提供了接受职业教育及进一步提升资历的途径，但通过这种途径所取得的资历，尤其是非正规及非正式学习成果的价值并没有得到社会的承认。同时由于韩国高等教育资历并没有和职业教育等资历整合在同一框架内，也进一步影响了学分银行作用的发挥。

3.6 日本国家资历框架的替代性制度建设

3.6.1 背景概述

目前，世界各国都在推进国家资历框架的制定，但是作为教育发达大国的日本是一个例外。[①] 在日本官方的定义中，"资历（qualification）"是"评价、认定程序的官方结果（认定证书、结业证书、称号等）"，不但包括基于法令的国家资历（包括技能考核），还包括以国家认定的审查基准为准的民间团体及公益法人颁布的资历、职业能力评价基准、工作卡以及学士、硕士、博士称号等。

日本的资历在2010年7月共有313个，分为业务专有资历（就业的准入条件）、名称专有资历、必置资历（按照法律规定，在开展事业之时，该企业或事业所必须至少有1人为资历持有人）等。民间资历为国家资历之外的资历，从公益法人颁发的资历到企业颁发的资历，种类繁多。例如技能考核制度，是国家资历中名称专有资历的一种，是对劳动者进行技能考核后给予的官方证明。按照厚生劳动省的实施计划，由中央职业能力开发协会出题，各地方政府（都道府县）实施考试。截至2013年4月，考

---

① ETF, CEDEFOP and UNESCO, "Global Inventory of Regional and National Qualifications Frameworks 2013".

核工种有 114 个，2011 年考核合格者达 360 万人。工作卡也是一种"能力评价制度"，该制度以缺少正式员工经验的自由职业人员为对象，为其提供结合了生涯顾问、企业实习和课堂学习的实践性职业培训，并将企业的评价结果和职务经历等总结到工作卡中，由此引导非正式人员走上正式就业道路。2012 年，新取得工作卡的人员有 18.4 万人。

3.6.2　资历等级和组织治理结构

日本近年来探索制定了一系列国家资历框架的替代性制度，包括"职业能力评价基准"和"生涯职业开发体系（含职业能力体系和职业能力开发体系）"，并且计划推出"实践性职业能力评价制度（生涯段位制度）"，在某种程度上也可以看作日本国家资历框架的雏形。

职业能力评价基准将完成工作所必需的"知识"，"技能、技术"以及和成果相关的"职务执行能力"，分成担当者、组织部门的责任者等 4 个等级，并按照业种、工种、职务分别进行整理、体系化。目前，厚生劳动省和中央职业能力开发协会正在对各种工种的类别和级别进行整理。截至2013 年 3 月，已经完成对 9 个工种、50 个业种的整理。4 个等级的具体构成如下：

等级 1——作为担当者（责任人），具有按照上司的指示和建议切实完成例常工作所需的必要能力；

等级 2——作为集体或团队的核心成员，具有拿出创意，在进行自主判断、改善、提案的同时完成工作所需的必要能力；

等级 3——作为中小规模组织的责任者或高级专业人员、熟练人员，具有可按照上级方针实施管理运营、计划制定、业务执行、问题解决，以及为企业创造利润的必要能力；

等级 4——作为大型组织的责任者或最高级的专业人员、熟练人员，具有可以做出大范围且具综合性的判断及决定引导企业并为企业创造利润所需的能力。

生涯职业开发体系是国家资历框架的另外一种替代性制度，它由原雇佣能力开发机构（现在的高龄、残疾、求职者雇佣支援机构）开发，构建了两个体系。一个是"职业能力体系"，明确了履行职务、工作所必需的职业能力，并对该能力进行了层次性及体系性整理；另一个是"职业能力开发体系"，为履行职务、满足工作需要所习得的职业能力，明确能力开发目标，并按照该目标对教育培训进行层次性及体系性的整理。

在上述制度的基础上，日本政府为了对分散于各部委的官方资历进行修正，于2011年在内阁府设置了"实践经验提升战略专门任务办公室"，负责开发获取资历所必需的培训系统，并计划在2020年之前，以英国为模板构建日本版国家职业资历制度，即"实践性职业能力评价制度（生涯段位制度）"。该制度充分考虑了和欧洲终身学习资历框架的一致性，可以说是更接近日本版国家资历框架的前期国家资历框架。

实践性职业能力评价制度（生涯段位制度）从入门等级到专业等级的全部等级数原则上为7级，为了确保培训体系、机构的质量，评价制度参照国际能力评价制度设定，比如参考欧盟的欧洲终身学习资历框架的基准原则和发展方向，并在一定程度上考虑二者的联动性和整合性。"实践性职业能力评价制度（生涯段位制度）"从"知道（知识）"和"能做（实践技能）"两方面对职业能力进行评价，从而整合不同业种级别在一个统一的等级框架之内，从而使不同业种也可以进行等级比较。

另外，目前日本也存在与欧洲终身学习资历框架相关联的资历。在京都地区，以龙谷大学为中心的7家公立、私立大学和京都府、京都市、京都商工会议所合作，设立了"地区公共人才大学合作事业"。从2011年开始，只要修完大学、研究院等合作开发的地区公共人才培养课程并取得规定学分，便会由认定机构——地区公共人才开发机构（财团法人）授予"地区公共政策师"资历。由于该制度是和欧洲资历框架的5~7级相关联的资历教育体系，因此也是一种可以参照欧洲各国的教育、职业能力资历的资历框架。

3.6.3　实施现状

日本虽然探索性地建立了国家资历框架的各种替代性制度，但正式的国家资历框架的推进非常滞后，劳动省、文部省、地方政府、大学及民间组织对于这一新生事物仍处于研究和商榷中。

2013年6月的内阁会议确定了"日本再兴战略"的"雇佣制度改革、人力资源的强化"，提出了"促进多元化，导入可安心工作方式"，表明要完善行业考核等能力评价机制，促进职业能力的可视化。有鉴于此，厚生劳动省于 2013 年 9 月设立了"劳动市场政策下职业能力评价制度的存在方式相关研究会"，并于 2014 年 3 月发布了研究报告。报告以尚未建立职业资历制度的领域为重点，强调建设新的行业考核制度的必要性。

文部科学省在推进以经济再生为先导的产业领域扩大雇佣及人才流动的同时，为了最大限度发挥个人能力，开展日本复兴、地区复兴的人才培养项目，于 2012 年开始了"新兴行业中坚人才培养战略推进事业"。该事业的宗旨是以在新兴行业培养可以发挥中坚作用的人才为先导，联合产学官（企业、学校、政府），通过强化大学、短期大学、高等专门学校、专修学校、高等学校和产业界、相关团体的合作，构建学习体系，帮助劳动者和学生在就业、生涯提升中掌握必要的实践性知识、技能及技术等。在各个领域，中坚人才的工作、业务级别均为 5 级。

4. 南非国家资历框架

4.1　背景概述

近年来南非宏观经济虽然运行良好，政治稳定，但是仍然面临种族隔离这一重要历史遗留问题，社会和经济不平等现象非常严重。南非社会失业率尤其是 30 岁以下人口的失业率很高，且女性的失业率高于男性。[①] 南非农村人口众多，41% 的人口生活在贫困和高失业率的农村地区，且与此同时，正在经历快速的城市迁移。大多数城市地区周围都是小屋定居点，周边几乎没有基础社会服务。虽然南非政府采取了多种措施试图提高弱势群体的生活水平，但仍未见到十分显著的成效。

南非学校教育部门的教育质量整体不高，只能提供少量高质量的教育服务，在数学和科学科目方面的质量水平尤其需要加强。南非政府推出了

---

① J. Samuels, "Contextual and Institutional Arrangements for Lifelong Learning," in M. Singh, R. Duvekot, eds., *Linking Recognition Practices and National Qualifications Frameworks. International Benchmarking of Experiences and Strategies on the Recognition, Validation and Accreditation (RVA) of Non - formal and Informal Learning* (Hamburg: UNESCO Institute for Lifelong Learning, 2013).

解决这一问题的若干举措，如年度国家教育水平评估，试图通过这些评估确定、跟踪和解决问题。尽管如此，南非种族隔离的后遗症依然在学校教育部门中显而易见。同时南非还有大约4%的常住人口是其他国家的公民，大多数来自其他南部非洲发展共同体（Southern African Development Community, SADC）国家，其中约26.9%来自津巴布韦。这些移民在南非境外获得的资历由南非资历管理局（South African Qualifications Authority, SAQA）评估，大多数申请属于高技能类别。

1995~2014年，南非的资历颁发总数持续稳步增加，平均年增长率为4.3%①，其中增长最多的是本科学位；这一时期共颁发831873份与工作相关的资历证书和160万份与工作相关的部分资历证书，反映了工作场所学习文化的稳步改善。

南非有50所技术和职业教育与培训学院，最初被称为继续教育和培训学院，近年来入学者从最初的大约36万名增加到2014年的80多万名。尽管有大量政府投资，但是职业技术教育与培训学院仍然被视为能力较弱者的第二或第三选择。为了加强这一部门，一些职业技术教育与培训学院正在转变为社区学院。虽然近年来入学率有所提高，但仍需要做很多工作才能使广大公众相信职业路线可以成为大多数学生的首选。

南非国家资历框架根据南非资历管理局（SAQA）法案于1995年确立。南非国家资历框架是一个综合型的框架，改革目标明确，即促进所有南非人的终身学习，推进非种族、非性别歧视的民主进程，并以资历框架为政策工具促使不同种族人群享有平等的受教育机会。经过了漫长而广泛的协商，南非国家资历框架才得以确立。新的南非国家资历框架法案于2009年6月1日生效，新法案确定了教育和培训部门、利益相关方和专家意见的相对重要性，国家资历框架内部机构之间的权力关系，同时建立了普通教育和培训资历框架、高等教育资历框架和职业资历框架三个子框架。在新的南非国家资历框架中，提供教育和培训的专业机构得到了认可，而专业认定也包括在南非资历管理局和专业机构之间的

---

① South African Qualifications Authority (SAQA), "NLRD 4th Trends Report," (Pretoria: SAQA, 2017a).

商定程序中。①

4.2 政策目标

南非 2008 年第 67 号法案中概述了国家资历框架的具体目标,这与南非国家资历框架和 1995 年南非资历管理局法案的目标相同,即:建立一个单一的综合型的国家学习成果框架;支持普通教育、培训和职业教育之间的流动和相互促进;提高教育和培训质量;加速纠正过去在教育、培训和就业机会方面的不公平和歧视现象。

南非国家资历框架旨在促进每个学习者的全面发展以及整个国家的社会和经济发展,所以南非资历管理局和质量委员会明确提出必须发展、培养和维持一个综合透明的国家资历框架,以承认各种学习成果,同时确保南非资历质量得到广泛承认并具有国际可比性。

4.3 等级和组织治理结构

南非原有的资历框架结构为 8 级结构,新制定的南非国家资历框架的主要变化之一是将级别从 8 级扩大到 10 级。原来的级别框架将硕士和博士学位都放在第 8 级,而在新的 10 级南非国家资历框架中硕士学位属于第 9 级,博士学位属于第 10 级(见表 3 - 24)。

为了配合国家资历框架政策的实施,南非政府除了进行国家资历框架相关立法,还对教育和培训领域的政治和行政结构进行了改革,将之前统一的教育部门分为高等教育和培训部(Department of Higher Education and Training, DHET)和基础教育部(Department of Basic Education, DBE)两部分。基础教育部负责从小学到中学的正规学校教育,以及成人扫盲(被称为"KhaRiGude")。职业教育和培训从劳工部转移到高等教育和培训部,这意味着大学、技术大学、继续教育和培训学院(正在重新命名为社区学院、技术和职业教育与培训学院)、成人基础教育和整个培训部门将由一个部门进行管理,虽然仍有个别培训学院(如护理、农业和类似的专业职业)受不同的部门管理,但更为统一的管理运作模式无疑将促进学习者的流动。

---

① South African Qualifications Authority (SAQA), "Policy and Criteria for Recognizing a Professional Body and Registering a Professional Designation for the Purposes of the National Qualifications Framework Act, Act 67 of 2008," (Pretoria: SAQA, 2012b).

表 3-24 南非国家资历框架

等级		资历		
1	质量委员会（Um-alusi，专门负责国家资历框架下 1~4 级资历）	基础证书（General Certificate）	职业证书	贸易和职业质量委员会（Quality Council for Trades and Occupations，QCTO）
2		小学证书		
3		初中证书		
4	高等教育委员会（Council on Higher Education，CHE）	国家证书（国家成人高级证书、国家高级证书、国家职业证书）		
5		高中证书		
6		文凭 高级证书		
7		学士学位		
8		学士学位 荣誉学士学位 研究生文凭		
9		硕士学位 专业硕士学位		
10		博士学位 专业博士学位		

资料来源：South African Qualification Authority, "NLRD 4th Trends Report," (Pretoria：SAQA, 2017).

南非国家资历框架由中央法定机构南非资历管理局（South African Qualifications Authority，SAQA）领导，下辖负责高等教育子框架的高等教育质量委员会、负责普通教育和培训的质量委员会（Umalusi），以及负责商业和职业资历框架的行业和职业质量委员会三个质量保障机构。每个质量委员会负责根据资历管理局的标准确定资历类型。资历管理局负责维护南非国家资历框架并协调子框架。三个质量委员会和资历管理局向高等教育和培训部部长报告，质量委员会（Umalusi）在某些方面也向基础教育部长报告。

南非国家资历框架包括利益相关者的多方面参与。资历管理局和质量委员会的董事会和理事会成员包括工会、提供者团体（包括高等教育、继续教育和普通教育）、专业团体、雇主和专家的代表，专业机构在符合政策和标准的条件下就有机会承担与资历开发和质量保证相关的具体职责。截至 2017 年 3 月 31 日，已有 93 个专业机构符合这些要求，并注册了超过 343 个专业资历。

4.4 非正规和非正式学习成果的认可和认证

南非将非正规和非正式学习成果的认可和认证作为先前学习成果认定的重要组成部分，将学习者的先前学习和经验（无论通过何种方式获得）与特定资历所要求的学习成果进行比较，并根据特定资历的学习成果来衡量非正规和非正式学习成果可以获得认证的学分。南非存在两种类型的先前学习成果认定：与职业相关的学分以及与高等教育相关的学分。

南非自制定先前学习成果认定政策以来虽然已经有超过 59000 名获得完整资历的学习者，但是大多数先前学习成果认可的结果仅使学习者获得部分资历。南非目前正在向更全面的先前学习成果认定系统迈进，希望为三类学习者提供更为有效的学习成果认定服务：第一类是包括不合格的成人学习者以及不符合正式学习计划最低要求的学习者，帮助提高他们获得的资历水平；第二类是工作多年但由于过去的限制政策而无法获得资历的半熟练甚至失业的工人；第三类是过早离开正规教育并在随后几年通过短期课程积累学习成果的学习者。南非大多数先前学习成果认定候选人通常没有学校毕业证书，仅持有介于南非国家资历框架 2 级和 4 级之间的资历。

4.5 实施现状

南非国家资历框架已成为其国家教育和培训领域不可或缺的一部分。学习成果广泛用于所有部门。南非资历管理局和三个质量委员会的组织体系已经较为健全和成熟，各个部门分工和任务明确，共同实施南非国家资历框架。

自 2009 年以来国家资历框架在实施修订后取得了相当大的进展，已经完成了关于级别通用能力标准[1]、先前学习认可标准[2]、资历注册和部分资

---

[1] South African Qualifications Authority（SAQA），"Level Descriptors for the South African National Qualifications Framework，"（Pretoria：SAQA，2012a）.

[2] South African Qualifications Authority（SAQA），"Policy and Criteria for the Registration of Qualifications and Part－qualifications on the National Qualifications Framework，"（Pretoria：SAQA，2013a）.

历①的认可政策，承认专业机构②、学分积累和转移③及其评估④以及外国资历评估⑤。目前这些政策已经由资历管理局和质量委员会达成一致。

为了加强主要机构之间的合作，南非资历管理局（SAQA）对协作系统的发展和南非国家资历框架的实施进行了监督，目前已经开发了一个南非国家资历框架的咨询服务项目，以帮助用户了解教育和培训系统。国内和国外资历的证书评估也与国家资历框架紧密结合。国家学习者记录数据库是南非国家资历框架学习者成就和相关事项信息的存储库，它能够为该国的教育和培训状况提供重要的信息。

南非资历框架目前的改革重点是简化国家资历框架的实施程序，加强几个子系统之间的关联性。南非资历管理局及其质量合作伙伴、三个质量委员会正在共同努力实现这一目标。南非国家资历框架与其他几个国家之间的对接工作目前正在进行中，南非是南部非洲发展共同体（Southern African Development Community，SADC）的成员国，自 2001 年以来在区域资历框架的发展中发挥了积极作用。但在 2014 年 12 月在亚的斯亚贝巴签署《非洲国家承认高等教育学历、证书、文凭、学位及其他学术资格的公约》的 18 个非洲国家中，南非未列入其中。

5. 美国证书框架体系

5.1 背景概述

美国是目前世界上唯一一个尚未建立国家层面的统一的资历框架的发达

---

① South African Qualifications Authority（SAQA），"National Policy for the Implementation of the Recognition of Prior Learning,"（Pretoria：SAQA，2013b）.

② South African Qualifications Authority（SAQA），"Policy and Criteria for Recognizing a Professional Body and Registering a Professional Designation for the Purposes of the National Qualifications Framework Act，Act 67 of 2008,"（Pretoria：SAQA，2012b）.

③ South African Qualifications Authority（SAQA），"National Policy and Criteria for Designing and Implementing Assessment for NQF Qualifications and Part‐qualifications and Professional Designations in South Africa,"（Pretoria：SAQA，2014b）.

④ South African Qualifications Authority（SAQA），"Policy for Credit Accumulation and Transfer Within the National Qualifications Framework,"（Pretoria：SAQA，2014a）.

⑤ South African Qualifications Authority（SAQA），"Policy and Criteria for Evaluating Foreign Qualifications Within the South African NQF as Amended"（Pretoria：SAQA，2017b）.

国家。一方面政府不应进行过多社会干预的观念和文化使得统一的国家层面的资历框架难以建立；另一方面，美国目前的教育水平在全球处于领先地位，对于建立统一的国家资历框架没有较高的内生需求。

但是，美国高等教育也面临一系列挑战。第一，美国劳动力市场需要更多具有高等级资历的劳动者。到2018年，美国大约三分之二的空缺职位需要受过高等教育和培训的劳动力，越来越多的中等技能工作需要具有副学士学位或职业证书的工人担任。但在过去的40年中，美国只有40%的成年人获得了两年或四年的大学学位，这一比例远低于其他国家和地区，经济合作与发展组织（OECD）成员国中获得两年或者四年大学学位的成年人的平均比例超过50%。第二，缺乏统一的教育质量及资历标准。美国拥有多样化的教育提供者，尤其表现在中学后劳动力教育和培训领域，包括公立的两年制和四年制学院、营利性学院、大学和培训计划，以及劳动管理合作伙伴，按国际惯例属于高等职业教育和培训（Vocational Education and Training，VET）的中学后职业和技术教育（Career and Technical Education，CTE）则主要在社区学院进行，[1] 但美国并没有一个针对社区学院、四年制大学学士学位的全国标准。第三，资历的可携带性十分有限。美国劳动力市场上存在大量资历，例如行业认证和许可证，由政府、企业雇主和其他培训提供者提供的教育项目，包括各种认证、学徒培训、成人教育、工人培训等。[2] 这些资历具有不同的价值，同时由于有关机构的政策及在劳动力市场上的价值不同，资历的可携带性受到限制。第四，职业资历证书共同定义和标准的缺乏，特别是与中等技能工作相关的标准的缺乏，使职业资历证书在劳动力市场的价值以及与学历的相关性产生了相当大的混淆。[3]

[1]　U. S. Department of Education, *Education in the United States*：*A Brief Overview*（Washington. D. C.：Education Publications center, 2005）.

[2]　K. Bird, E. Ganzglass, H. Prince, *Giving Credit Where Credit is Due*：*Credentialing and the Role of Post-secondary Non-credit Workforce Learning*（Washington. D. C.：Center for Post secondary and Economic Success, 2011）.

[3]　K. Bird, E. Ganzglass, H. Prince, *Giving Credit Where Credit is Due*：*Credentialing and the Role of Post-secondary Non-credit Workforce Learning*（Washington. D. C.：Center for Post secondary and Economic Success, 2011）.

美国有超过 770 万的公民参与了未经认证的无学分项目，随着美国进行非正规和非正式学习的人数逐渐增多，卢米娜基金会（Lumina Foundation）开发了证书框架（Credentials Framework，CF）。该框架是一种基于自主自愿原则的资历对接工具，在提高资历的透明度、可比性、可携带性以及质量保障上有望发挥类似欧洲终身学习资历框架的作用[①]，可以在一定程度上视为国家资历框架的替代性制度。

2010 年，卢米娜基金会开始制定高等教育的学位资历概况框架（Degree Qualifications Profile，DQP），采纳了基于学习成果的方法，致力于建立一个公平、有质量、有责任的高等教育体系，以保障高等教育质量。其目标是在 2025 年将拥有学位、证书和其他高质量证书的美国公民的比例提高到 60%。[②]

2015 年，卢米娜基金会为促进终身学习正式推出了一个包括学位和非学位证书的证书框架，旨在提高资历的透明度、可比性和连贯性，以及保障和提升正式和非正式学习的学习成果的质量，被认为是促进个人发展、更多公民参与、更高水平的家庭福利以及地方、区域和国家经济增长的催化剂。

5.2 政策目标

证书框架是一种新的通过学习成果和能力（而非通过学习时长）进行资历认可的质量认证和学分体系，同时为学习者提供清晰透明的途径，确保其高质量的学习能够与劳动力市场需求相一致[③]，并由此促进以下主要目标的实现：

（1）提高资历的透明度，确保教育和培训利益相关方均可以了解任何形式的证书所代表的学习成果，明确资历的内在含义并支持学习成果的评估；

（2）提高资历的可比性，支持利益相关方对通过相同或不同教育

① D. Raffe, "Bringing Academic and Vocational Training Closer Together," in J. Oelkers, ed., *Futures of Education II: Essays from an Interdisciplinary Symposium* (Frankfurt: Peter Lang, 2003).

② Lumina Foundation, "Lumina's Goal," https://www.luminafoundation.org/lumina-goal.

③ Lumina Foundation, "Strategic Plan 2013-16," (Indianapolis: Lumina Foundation, 2012).

和培训获取的资历的价值以及学习者所需具备的能力或者已获得的学习成果进行比较；

（3）提高资历的可携带性，支持对跨机构获得的学习成果的认可（例如通过学分转移方式取得资历），从而使学习成果可携带；

（4）增加各种资历及教育提供者之间的沟通和联系，建立共同术语体系作为沟通和连接各种资历（证书、行业认证、执照、学徒和徽章等学位和非学分证书）的系统，以提高对各种资历的理解。

5.3　等级和组织治理结构

证书框架关注非正规和非正式学习领域内可提高能力的知识和技能。"能力"被定义为证书框架的关键术语，反映了一个人学习和应用知识、技能的结合，"知识"是从深度、广度等维度来进行描述的，"技能"是根据类型和复杂性来进行描述的，包括认知、技术、沟通、人际关系和实践技能。在证书框架中，技能又细分为专业技能、个人技能和社交技能（见表3－25）。

表3－25　证书框架描述指标

等级	等级要求是根据学习和工作中的适应性、范围、复杂性和专业性来进行描述的		
知识	知识描述了学习者所知道、理解和能够展示的东西，从深度、广度等维度来进行描述		
技能	技能描述了学习者如何应用知识、完成任务和解决问题（包括逻辑运用、直觉和创造性思维）	专业技能	批判性思维和判断力、综合应用程序、系统思维
		个人技能	自主性、责任感、自我意识和反思
		社会技能	沟通、参与、团队合作和领导力

证书框架分为8个等级，指明了学习成果的适用性、范围、复杂性和专业性。证书框架的各个等级都强调了知识和技能的互补性，并为资历对接提供了一个总体方向。这8个等级在实践中与美国教育和培训系统中现有的主要证书级别有关（见表3－26）。

与欧洲终身学习资历框架相比，美国的证书框架根据能力和要求引入了对级别的总体描述，覆盖所有不同类型的质量保证和认证证书。通过综合能力标准，明确了满足学术和职业要求所需具备的能力，促进学术和工作路线之间的平等，对正式资历或基于学分的学习成果同等对待。

表3-26 证书框架等级要求

等级	要求
1	具备在直接监督或指导下能够在高度结构化的学习或工作领域中完成有限范围的任务的能力
2	具备在全面指导下能够在结构化的学习或工作领域中完成技术性、常规性任务的基本能力
3	具备处理结构化程度较低且包含非常规的、定义明确的技术任务的能力，这些任务在综合性的研究领域或职业活动中，具有一定程度的复杂性且存在可能的变化，并且在很大程度上受到全面的监督或指导
4	具备在综合性学习领域或可能发生变化的职业环境中处理特殊和复杂任务的能力，有相应的理论知识和实践技能来选择适当的原则和程序，并可能受到全面监督
5	具备在复杂和专业的学习领域或可能发生变化的职业活动中处理综合任务的高级能力，有能力选择和应用适当的理论知识和实践技能，在广泛的背景下执行技术任务
6	具备在一个研究领域或一个以高度复杂和频繁变化为特征的职业活动领域中处理综合任务和问题的能力，有很高的理论知识和实践技能
7	具备在科学学科或以频繁和不可预测的变化为特征的职业领域中处理新的和复杂的专业任务和问题的能力，能阐明主要理论，并在各种背景下应用先进的专业知识、研究方法和手段
8	具备在一个科学主题中获得研究结果的能力，或在一个职业活动领域中面对高度复杂和新颖的问题情况下开发创新的解决方案和程序的能力，有能力进行广泛的战略性、科学性的思考并实施创造性的行动

资料来源：Lumina Foundation, "Connecting Credentials: A Beta Credentials Framework," accessed December 5, 2019, https://www.luminafoundation.org/resources/connecting-credential.

证书框架吸收了美国和国际上关于教育、培训和资历框架方面的经验，以及来自大学、产业部门、认可和认证机构以及政策组织的教育、培训专家的工作成果。教育工作者和行业代表小组也通过探索选定行业的资质认证和确定跨部门合作的模式，为证书框架的构建做出了贡献。

高等教育的主要利益相关方，如联邦和州政府机构、教育提供者和雇主，也参与了证书框架的制定过程。[1] 引入更多利益相关方参与的目的在于能够在提高透明度和实现学习成果的可携带性方面创建美国版本的区域性资历对接框架，今后可能会有越来越多的联邦州和教育利益相关方加入

---

[1] T. Birtwistle, H. McKiernan, "Making the Implicit Explicit: Demonstrating the Value Added of Higher Education by a Qualifications Framework," *The Journal of College and University Law* 36 (2010): 512-564.

进来。① 证书框架正在对所有术语和各种类型的资历进行试验性的对接，以测试能力标准、级别和学习成果的有效性和适用性。②

5.4 非正规和非正式学习成果的认可和认证

美国已经拥有完善的非正规和非正式学习成果的认可、确认和认证（Recognition, Validation and Accreditation, RVA）系统，有正式的和较不正式的评估非正规和非正式学习成果的方法。评估非正规和非正式学习的正式标准化方法包括对通过高中四年制课程学习可获得的一般学术技能和知识的测试。较不正式方法包括个性化的学生档案和对非学分教学的课程评估。学习者对先前学习评估的程序，特别是建立书面档案系统有很高的期望。③ 在大多数先前学习评估机构中，学生必须在特定模块或课程的内容中构建他们的学习成果。一定的灵活性是模块的固有特征，一些机构使学生对跨学科知识集群的信任更甚于对模块的特定内容的信任。

2005 年，美国政府教育委员会的研究提出，学生必须在教育的各种级别之间建立更清晰的发展途径。教育机构和学院应该消除学生流动的障碍，推进新的学习范式（如远程教育、成人教育工作场所计划等），以适应更多样化的学生群体。④

明确学习成果要求以及教育和职业途径，可以激发学生的入学兴趣，帮助他们坚持学习可以取得学位的课程。在美国，取得学位所需的学分数量因机构和联邦州而异，学生从一所大学学习所获的学分得到另一所大学承认的机会仍然有限。美国高等教育机构也面临越来越大的质量问责压力。⑤

---

① C. Adelman, *The Bologna Process for U. S. Eyes: Re-learning Higher Education in the Age of Convergence* (Washington D. C. : Institute for Higher Education Policy, 2009).

② Lumina Foundation, *Connecting Credentials: Lessons From the National Summit on Credentialing and Next Steps in the National Dialogue* (Indianapolis: Lumina Foundation, 2016).

③ E. Michelson, "Report and Recommendations to the South African Qualifications Authority Based on International Models of the Recognition of Prior Learning," *SAQA Bulletin* 12 (2012): 14 – 17.

④ U. S. Department of Education, *Education in the United States: A Brief Overview* (Washington. D. C. : Education Publications Center, 2005).

⑤ K. Bird, E. Ganzglass, H. Prince, *Giving Credit Where Credit is Due: Credentialing and the Role of Post-Secondary Non-credit Workforce Learning* (Washington. D. C. : Center for Post secondary and Economic Success, 2011).

学习者通过在劳动力市场上有价值的非学分形式的学习来获得能力。在许多社区学院中，参加非学分教育的学生比参加职业教育和培训计划等学分计划的学生多。① 因此，证书框架可作为认可先前学习和工作经验的有用的对接渠道。

美国先前学习评估（Prior Learning Assessment，PLA）几乎完全属于高等教育范畴，其发挥的作用不在于使学习者进一步学习成为可能，而在于通过考虑学习者之前的学习和工作经验，为已经录取的学习者确定获得学位所需的学分数量。在过去的40年里，先前学习评估已经成功应用于成人学习者，为学生提供的先前学习评估的机会也在逐渐增加。② 目前美国先前学习评估的领先组织包括美国教育委员会（American Council on Education，ACE）和社区学院委员会（Community College Board，CCB），后者是大学的非营利协会。该领域的主要合作伙伴包括成人和体验学习理事会（Council for Adult and Experiential Learning，CAEL），雇主、劳工组织和区域认证委员会。美国上述机构的先前学习评估主要针对重返学校的成人学习者以及就业、失业和未充分就业的工人。

5.5 实施现状

证书框架有可能在美国作为国家资历框架（NQF）实施，尽管它目前尚未被正式承认。美国教育部和劳工部也正在观察教育和劳动力市场的效率情况以及利益相关方对证书框架的接受程度。

证书框架的发展受到教育与培训开发和实施资历框架的全球趋势影响。证书框架在开发过程中对欧盟正在实施的其他框架的概念方法进行了分析，并重点参考了欧洲终身学习资历框架。然而证书框架在"能力"的总体概念下综合使用"知识和技能"概念，欧洲终身学习资历框架则将"能力"作为与"知识"和"技能"并列的第三个维度来对学习成果进行描述，这也是证书框架与欧洲终身学习框架存在的重要区别之一。

---

① M. Van Noy et al. , *Non credit Enrollment in Workforce Education*：*State Policies and Community College Practices*（Washington，D. C. ：American Association of Community Colleges and Community College Research Center，2008）.

② D. Bamford-Rees，"Thirty-five Years of Prior Learning Assessment：We've Come a Long Way，" in D. Hart and J. Hickerson，eds. ，*Prior Learning Portfolios*：*A Representative Collection*（Chicago：CAEL，2008），pp. 1 – 10.

在美国高度分权的教育管理体制下，联邦政府无权推行全国性的资历框架，州政府对一个统一的资历框架的接受程度也因本州的教育、财政状况等而异，同时美国还存在各种各样的区域性、专业性的认证组织。在如此错综复杂的治理网络中，该证书框架的实施效果尚值得商榷。

6. 全球现有主要区域性资历框架

随着国际化程度和区域合作不断深入发展，全球大部分区域性合作组织为了推动成员国构建本国自身的资历框架或促进各国资历框架的衔接，都建立了区域性资历框架。全球现有的区域性资历框架主要有 8 个（见表 3 – 27）。

表 3 – 27　区域性资历框架目录

框架名称	成立时间	成员国数量	成员国名单
太平洋资历框架	2001	15	库克群岛、密克罗尼西亚联邦、斐济、基里巴斯、瑙鲁、纽埃、马绍尔群岛、帕劳、巴布亚新几内亚、萨摩亚、所罗门群岛、汤加、图瓦卢、瓦努阿图和托克劳
欧洲高等教育区资历框架	2005	45	爱沙尼亚、拉脱维亚、立陶宛、白俄罗斯、乌克兰、摩尔多瓦、俄罗斯、波兰、捷克、斯洛伐克、匈牙利、德国、奥地利、瑞士、列支敦士登、英国、爱尔兰、荷兰、比利时、卢森堡、法国、摩纳哥、塞尔维亚、黑山、克罗地亚、斯洛文尼亚、波黑、北马其顿、罗马尼亚、保加利亚、阿尔巴尼亚、希腊、意大利、梵蒂冈、圣马力诺、马耳他、西班牙、葡萄牙、安道尔、丹麦、瑞典、挪威、芬兰、冰岛、法罗群岛
东南亚国家联盟参考资历框架	2007	10	文莱、柬埔寨、印度尼西亚、老挝、马来西亚、缅甸、菲律宾、新加坡、泰国和越南

框架名称	成立时间	成员国数量	成员国名单	
英联邦小国虚拟大学的国家间资历转换框架	2007	31	安提瓜和巴布达、巴哈马、巴巴多斯、伯利兹、博茨瓦纳、文莱、塞浦路斯、多米尼克、斐济、冈比亚、格林纳达、圭亚那、牙买加、基里巴斯、莱索托、马尔代夫、马耳他、毛里求斯、纳米比亚、巴布亚新几内亚、圣基茨和尼维斯、圣卢西亚、圣文森特和格林纳丁斯、萨摩亚、塞舌尔、塞拉利昂、所罗门群岛、斯威士兰、汤加、特立尼达和多巴哥、图瓦卢和瓦努阿图	
欧洲终身学习资历框架	2008	39（截至2017年5月）	欧盟	比利时、保加利亚、捷克、丹麦、德国、爱沙尼亚、法国、爱尔兰、希腊、西班牙、克罗地亚、意大利、塞浦路斯、拉脱维亚、立陶宛、卢森堡、马耳他、荷兰、匈牙利、奥地利、波兰、葡萄牙、罗马尼亚、斯洛文尼亚、斯洛伐克、芬兰、瑞典和英国
			非欧盟	阿尔巴尼亚、波黑、北马其顿、冰岛、科索沃、列支敦士登、黑山、挪威、塞尔维亚、瑞士和土耳其
南部非洲发展共同体区域资历框架	2011	15	安哥拉、博茨瓦纳、刚果（金）、莱索托、马达加斯加、马拉维、毛里求斯、莫桑比克、纳米比亚、塞舌尔、南非、斯威士兰、坦桑尼亚、赞比亚和津巴布韦	
加勒比共同体框架	2012	15	安提瓜和巴布达、巴哈马、巴巴多斯、伯利兹、多米尼加、格林纳达、圭亚那、海地、牙买加、蒙特塞拉特、圣卢西亚、圣基茨和尼维斯、圣文森特和格林纳丁斯、苏里南、特立尼达和多巴哥	
海湾资历框架	2014	6	巴林、科威特、阿曼、卡塔尔、沙特阿拉伯和阿联酋	

资料来源：笔者根据相关资料整理。

区域性资历框架建立的初衷都是提高区域内国家资历的透明度和可比性，进一步深化区域内教育合作，从而促进地区发展，提高区域竞争力。区域性资历框架基本上都是在已建立的区域性国家联盟的体系基础上开发构建的，联盟各成员国都面临着相似的社会经济问题的挑战，从而为建立区域性的资历框架提供了可能。除欧洲终身学习资历框架吸收了非欧盟成员国外，其他区域性资历框架的成员国都是区域性国家联盟的成员。

各区域性资历框架的发展程度相差很大。其中欧洲终身学习资历框架的发展相对成熟，已经进入实施阶段；东南亚国家联盟资历框架已经完成了区域性资历框架的立法和设计工作，正在将各国的国家资历框架和东盟资历框架进行对接；其余大部分区域性资历框架目前都还处在设计和立法阶段。

6.1　欧洲高等教育区资历框架 （FQ-EHEA）

欧盟是目前世界上最具影响力的区域一体化组织之一，在构建资历框架以及各国资历互认方面均走在国际前沿。事实上，欧盟的资历框架包括欧洲高等教育区资历框架（FQ-EHEA）和欧洲终身学习资历框架（EQF）两部分，二者均为连接欧洲各国资历的总体框架，其中欧洲高等教育区资历框架仅对应高等教育资历，而欧洲终身学习资历框架则涵盖普通教育、职业教育、高等教育等各级各类教育资历。

欧盟经济一体化促进了成员国之间劳动力的流动与整合，职业教育资历以及高等教育学位的互认成为亟需解决的问题。1999 年 6 月，欧洲 29个国家的教育部长签署《博洛尼亚宣言》，提出建立更加兼容的欧洲高等教育区（European Higher Education Area），促进各国间学生及劳动力的流动。"博洛尼亚进程"推动了欧洲高等教育区资历框架（FQ-EHEA）的建立。2001 年，《布拉格公报》出台，欧洲各国承诺建立欧洲高等教育质量保证的共同参照框架；2003 年，发布《柏林公报》，高等教育体系被分为学士、硕士、博士三个级别，推动调整欧洲教育结构计划；2003 年，欧洲议会和欧洲理事会批准通过"伊拉斯谟世界计划"，促进学分转换的运作；2005 年，发布《卑尔根公报》，宣告采纳欧洲高等教育区资历框架，欧洲高等教育区资历框架正式建立。

欧洲高等教育区资历框架包括第一期资历（First Cycle Qualification）、第二期资历（Second Cycle Qualification）、第三期资历（Third Cycle Qualification）三个资历级别，分别对应学士、硕士、博士学位。其中，第一期资历包含短期高级教育资历（Short Cycle Qualification），即学生完成了第一期资历的部分课程而获得的相关资历，这些资历旨在为学生进入大学或就业做准备。

如表3-28所示，欧洲高等教育区资历框架对各级资历均确定了学习成果标准，而非学习时间、学习方式的能力标准，其中2002年制定的"都柏林指标"（Dublin Descriptors）明确了知识和理解、知识的运用能力、判断能力、沟通能力、学习能力等五大指标。

表3-28　欧洲高等教育区资历框架（FQ-EHEA）的级别及通用能力标准

等级	学习成果	ECTS学分
短期高级教育资历	掌握并理解普通中等教育阶段的知识，为就业、个人发展以及继续攻读第一期教育打下基础； 能将知识应用于工作； 有能力确定并运用数据解决各种具体和抽象的问题； 能与同行、管理者和客户交流其知识、技能和活动； 拥有自觉进行深造的学习能力	约120 ECTS学分
第一期资历	掌握并理解普通中等教育阶段的知识，尤其通晓所学领域的前沿知识； 能以专业化的方式将所学知识运用于工作，能在所学领域发表并坚定论点，有能力解决遇到的问题； 有能力收集并解释其所学领域的数据，并形成自己的判断，能反思相关的社会、科学或伦理问题； 能与专家或非专家群体交流信息、想法、问题和解决方案； 拥有高度自觉进行深造的学习能力	180~240 ECTS学分
第二期资历	掌握并理解基于第一期教育阶段以及延伸至该教育阶段以外的知识，为在研究过程中提出或应用原创性的想法打下基础； 能将知识及解决问题的能力，应用于所学领域相关或更为广泛的新的、不熟悉的环境； 能整合知识，在信息不完整或有限的情况下做出判断、处理复杂问题，并反思其在应用知识和判断过程中产生的社会和道德责任； 能清晰、明确地和专业人士和非专业人士交流其结论，以及支撑这些结论的知识和原理； 拥有自主学习所需要的学习能力	90~120 ECTS学分，至少在此阶段获得60 ECTS学分

等级	学习成果	ECTS 学分
第三期资历	对所学领域有系统的理解，精通该领域的研究技能和研究方法； 有能力设想、设计、实施并适应研究过程，并保持学术诚信； 通过开展大量有价值的原创性研究，为前沿知识的拓展做出贡献，部分研究成果获得国家或国际出版物出版； 具备批判分析的能力，能评价和综合新的、复杂的想法； 能与同行、学术社群以及社会交流其专业领域； 能在其学术和专业领域内，促进知识社会的技术、社会及文化进步	未做规定

资料来源：Bologna Working Group on Qualifications Frameworks，"A Framework for Qualifications of the European Higher Education Area，" 2005.

欧洲高等教育区资历框架为欧洲范围内不同国家、不同类型的高等教育资历的比较和交流提供了参考，而学分转换系统（ECTS）则推动了各国高等教育资历的互认。其中，学分转换系统的学分即学生达到预期学习成果所投入的学习量，学习量通常指学生完成所有学习活动，如课程、研讨会、项目、社会实践、自主学习和考试等所需的时间。依据欧盟教育与培训部门发布的《ECTS 用户手册》，正常情况下，全日制学生一学年需要获得 60 个 ECTS 学分，总学习时间在 1500～1800 小时，即一个 ECTS 学分需要 25～30 个小时的学习时间。借由学分转换系统，学分可在不同的学习项目和学习方式中转移或累计，欧洲高等教育区资历框架亦对每一级资历的学分范围做了规定，如表 3 - 28 所示，短期高级教育资历需要约 120 个 ECTS 学分；第一期资历需要 180～240 个 ECTS 学分；第二期资历需要 90～120 个 ECTS 学分，其中至少在此阶段获得 60 个 ECTS 学分；第三级资历则未对学分做具体规定。

6.2　欧洲终身学习资历框架（EQF）

欧洲终身学习资历框架（EQF）已成为欧洲各国基于学习成果的国家资历框架（NQF）发展的催化剂。在目前正在实施欧洲终身学习资历框架的 39 个国家中，已经建立了 43 个基于明确学习成果级别的资历框架（其中英国有 5 个国家性的资历框架）。大多数国家正在努力建立一个包括正规教育和培训（普通教育、职业教育和培训以及高等教育）的所有级别和类型资历的全面的国家资历框架，在某些情况下，这一范围也被扩大到非正规教育颁发的资历。

截至 2017 年 12 月，已有 34 个国家——奥地利、比利时（法兰德斯和瓦隆）、保加利亚、克罗地亚、塞浦路斯、捷克、丹麦、爱沙尼亚、芬兰、法国、北马其顿、德国、希腊、匈牙利、冰岛、爱尔兰、意大利、科索沃、拉脱维亚、列支敦士登、立陶宛、卢森堡、马耳他、黑山、荷兰、挪威、波兰、葡萄牙、斯洛文尼亚、斯洛伐克、瑞典、瑞士、土耳其和英国（包括英格兰、苏格兰和威尔士）——正式将其国家资历级别报告提交给欧洲终身学习资历框架并与其进行对接。罗马尼亚目前正在与欧洲终身学习资历框架咨询小组讨论对接报告。其他国家也将不断跟进国家资历框架与欧洲终身学习资历框架的对接工作，这意味着欧洲终身学习资历框架对接的第一阶段即将完成。欧洲终身学习资历框架的实施是一个持续的过程，在第一阶段完成后也将根据各国发生的重大变化定期更新。

欧洲终身学习资历框架的开发与"博洛尼亚进程"以及欧洲高等教育区资历框架（FQ - EHEA）的协议密切协调。这意味着其 5 ~ 8 级与"博洛尼亚过程"的"周期"以及欧洲高等教育区资历框架的"都柏林指标"兼容。

目前已有 29 个国家正式认可了欧洲高等教育区资历框架的高等教育资历。各国越来越多地将对欧洲终身学习资历框架和自我认证的引用与欧洲高等教育区资历框架相结合。奥地利、保加利亚、塞浦路斯、克罗地亚、爱沙尼亚、芬兰、北马其顿、匈牙利、冰岛、拉脱维亚、立陶宛、卢森堡、马耳他、黑山、挪威、波兰、葡萄牙、斯洛文尼亚和土耳其都就这两个进程编写了联合报告，反映了制定和采用涵盖所有级别和类型资历的综合性国家资历框架的优先事项。这一发展反映了两个欧洲框架倡议之间日益密切的合作。

同时，相关国家公民对欧洲终身学习资历框架和欧洲高等教育区资历框架的资历的认知不断加深。许多国家已经系统地在其所颁发的资历证书（证书和文凭，以及 Europass 证书和文凭补充）上标明本国国家资历框架和欧洲终身学习资历框架的级别。与此同时，各国（和欧盟）的资历数据库包含这些信息，并且能够根据其框架构建关于资历的信息。截至 2017 年

4月，已有21个国家（捷克、丹麦、爱沙尼亚、法国、德国、希腊、冰岛、爱尔兰、意大利、立陶宛、拉脱维亚、卢森堡、马耳他、黑山、挪威、荷兰、波兰、葡萄牙、斯洛文尼亚、瑞士和英国）在国家资历文件或数据库中引入了资历框架对接的内容。比利时（法兰德斯和瓦隆）、保加利亚、匈牙利和奥地利目前也在推进同样的方案。

欧洲终身学习资历框架是欧盟资历透明工具的核心，与近几十年来创建的所有其他透明度和识别工具有关。人们普遍认为欧洲终身学习资历框架提高了国家资历制度和资历的透明度，是促进欧洲国家间相互信任的重要工具。

欧洲终身学习资历框架共分为8个资历级别，每个级别均从知识、技能和能力三个维度对学习成果进行了具体描述（见表3-29）。

表3-29　欧洲终身学习资历框架（EQF）的级别及通用能力标准

级别（Level）	知识（Knowledge）	技能（Skill）	能力（Competence）
8	掌握某个领域和交叉领域最先进和前沿的知识	具有解决重大科研和创新问题以及拓展和重新定义现有知识和专业实践所需的最高端的、专业化的技能和技术（包括综合和评价）	在工作和学习（包括研究）的前沿，能表现出高度的权威性、创新性、自主性、学术性和良好的职业操守，并能持续不断地发展出新的观念和方法
7	掌握某个领域高度专业化的知识和前沿的知识；作为创新思维和研究的基础，能对一个领域和交叉领域的知识形成批判性认识	具有通过研究和创新发展新知识、新方法以及整合不同学科知识所需的专门的解决问题的能力	能管理和驾驭复杂多变的工作、学习环境，并能实施新的战略方法；能促进专业知识和实践的发展，并能评价同队的战略绩效
6	掌握某个领域的高级知识，并对相关理论和原理具有批判性认识	具有在特定工作和学习领域中解决复杂和不可预知问题所需的高级技能、熟练技艺和创新精神	能在不可预知的工作、学习环境中，管理复杂技术和专业的活动或项目，并能承担决策的责任；担负管理个人和团队专业发展的责任

级别（Level）	知识（Knowledge）	技能（Skill）	能力（Competence）
5	掌握某个领域全面的、专业的、事实性的和理论性的知识，并了解这些知识的界限	具有使用创造性方法解决抽象问题所需的全面认知和实践技能	能在不可预测的、变化的工作、学习、活动环境中，担负起管理和监管职责；能评估和改进自己和他人的表现
4	掌握某个领域广泛的事实性和理论性知识	具有在某一工作或学习领域中解决具体问题所需的一系列认知和实践技能	能在易变但可以预测的工作、学习环境中，基于准则进行自我管理；能监督他人日常工作，担负评估和改进他人工作和学习的职责
3	掌握某个领域的事实、原则、过程和基本概念知识	具有选择和运用基本方法、工具、材料和信息完成任务和解决问题所需的一系列认知和实践技能	能担负完成工作或学习任务所需的责任；在解决问题的过程中能调整自身行为以适应环境
2	掌握某个领域基本的事实性知识	具有基本认知和实践技能，能够利用相关信息和简单工具执行任务和解决日常问题	能在监督下自主地完成工作和学习
1	掌握基本的通用知识	具有执行简单任务的基本技能	能在有组织的环境中，在他人的直接监督下工作和学习

资料来源：金炳雄《欧洲资历框架对我国国家资历框架构建的启示》，《中国职业技术教育》2019 年第 22 期，第 76～82 页。

6.3 东南亚国家联盟资历参考框架 （AQRF）

东南亚国家联盟资历参考框架（ASEAN Qualifications Reference Framework，AQRF）的基础来自 2007 年 11 月 20 日新加坡等 10 位东盟领导人签署的《东盟宪章》。章程强化了对东盟共同体的期望，该共同体的目标是推动人类在教育和终身学习以及科学和技术方面的合作，增强其人民的就业能力，增加其福祉和生计，为人类发展、社会福利和正义提供公平的机会。同年，成员国签署了 2007 年《东盟经济共同体蓝图》，呼吁建立多方面的合作关系，其中一个是对专业资历的认可。① 除了分别于 2005 年和 2006 年完成的工程和护理方面的专业互认协议（MRAs）之外，东盟各成员国在 2007～2009 年确定了 5 个额外的专业互认协议（建筑、测量、医疗从业人员、牙科医生和会计方面），在 2012 年又增加了旅游业方面的专业互认协议。该蓝图的另一个重要组成部分是通过"协调和标准化"在区域内部创造自由流动的熟练劳动力，特别是为筹备 2015 年东盟经济共同体奠定基础。②

东盟资历参考框架是一个通用的资历框架，共分为 8 个资历等级（各等级通用能力标准描述见表 3 - 30），可以比较东盟成员国（AMS）的教育资历。东盟资历参考框架的建立基于成员国之间所商定的互相理解和自愿参与原则。虽然其目标是使成员国国家资历体系明确地对接东盟资历参考框架，但并不需要改变本国国家资历体系。东盟资历参考框架尊重成员国响应国家优先事项的具体结构和流程。

表 3 - 30　东盟资历参考框架（AQRF）的等级及通用能力标准

等级	知识和技能	应用和责任
	知识和技能领域	知识和技能的运用领域
8	· 具有领域前沿处于最先进、最专业的水平 · 能进行独立和原创的思考和研究，从而产生新的知识或实践	· 能进行高度专业化和复杂化，涉及新理论和新解决方案的开发和测试，以解决复杂的抽象问题 · 能在研究管理或组织管理方面进行权威和专家的判断，并在扩展专业知识和实践以及创造新思想和/或过程方面负有重大责任
7	· 在某一领域处于最前沿，并精通该领域主要知识 · 将批判性和独立性思维作为研究的基础，以扩展或重新定义知识或实践	· 能开发和测试创新解决方案，以解决复杂且不可预测的问题 · 具有对专业知识、实践和管理的重大责任和专业判断

① ASEAN, *ASEAN Framework Arrangement for the Mutual Recognition of Surveying Qualifications* (Jakarta: ASEAN, 2007), http://www.asean.org/storage/images/archive/21139.pdf.

② ASEAN, "ASEAN Qualifications Reference Framework," 2016, http://asean.org/storage/2017/03/ED - 02 - ASEAN - Qualifications - Reference - Framework - January - 2016.pdf.

续表

等级	知识和技能	应用和责任
	知识和技能领域	知识和技能的运用领域
6	· 在特定领域内具有专业技术和理论知识 · 具有批判性和分析性思维	· 能进行复杂且不断变化的知识运用 · 具有主动性和适应性以及改善活动和解决复杂抽象问题的策略
5	· 具有一般领域的详细技术和理论知识 · 具有分析思维	· 能应用经常会发生变化的知识 · 能对活动进行独立评估，以解决复杂的有时是抽象的问题
4	· 具有涵盖某个领域的技术性和理论性知识 · 能参与适应过程	· 能应用通常可以预测，但可能会发生变化的知识 · 能进行自我调节及一般性调节，以解决不熟悉的问题
3	· 具有一般原则和一些概念性知识 · 能选择和应用基本方法、工具、材料和信息	· 能进行固定的，但某些方面可能会发生变化的知识应用 · 能进行一般调节，具备做出判断和计划以独立解决问题的能力
2	· 能了解一般事实 · 能完成标准动作	· 能完成结构化工作 · 在解决熟悉的问题时具备监督和判断、裁决的能力
1	· 具有基本、通用知识 · 能完成简单、直接和例行的行动	· 能完成结构化工作的例行程序 · 能接近完成支持和监督的行动

资料来源：ASEAN，"ASEAN Qualifications Reference Framework," 2016, http://asean.org/storage/2017/03/ED－02－ASEAN－Qualifications－Reference－Framework－January－2016.pdf.

　　东盟资历参考框架以一套协商的质量保障原则和广泛标准为基础，其中包括质量保障原则和若干领域的广泛标准，注册和认证机构的职能，评估学习和资历授予系统的规定，旨在建立社会对国家资历和该区域资历价值的信心和信任。东盟资历参考框架还要求各国更广泛地参考一个或多个既定的质量保障框架作为其协定的质量保障原则和广泛标准的基础。

　　2011年，东盟资历参考框架建设流程启动。2012年，东盟贸易部、教育部和劳工/人力部的代表以及资历认证和其他机构的代表组成东盟资历参考框架的工作组。该工作组是在东盟—澳大利亚—新西兰自由贸易协定这一经济合作计划的支持下成立的，其任务是与不同东盟成员国的利益相关方协商制定东盟资历参考框架。到 2015 年，东盟资历参考框架已经完成，并得到了东盟贸易部、教育部和劳工/人力部部长的认可。2016 年 5 月，东盟资历参考框架的治理和结构文件获得东盟劳工/人力部和教育部部长的认可。该文件规定成立东盟资历参考框架委员会，其任务是监督参考过程和框架的进一步发展。

目前东盟各成员国的国家资历框架的发展并不均衡，虽然大多数已经获得认可，但仍处于不同的实施阶段。

6.4　太平洋资历框架 （PQF）

太平洋资历框架（Pacific Qualifications framework，PQF）支持当前国际上基于学习成果的资历认可趋势。太平洋资历框架的指标可以与 2012 年澳大利亚和新西兰的国家资历框架中使用的指标以及太平洋岛国（斐济、巴布亚新几内亚、萨摩亚、汤加和瓦努阿图）的国家资历框架的指标进行比较。太平洋资历框架共分为 10 级，其各等级通用能力标准描述见表 3 - 31。

表 3 - 31　太平洋资历框架 （PQF） 的等级及通用能力标准

等级	知识和技能	应用	自主性
10	· 在某一学科或领域的最前沿，具有对实质性和复杂知识体系的批判性理解 · 进行高层的批判性分析、反思以及独立和原创的思维 · 通过满足正式学术审查的原始高级研究，具有新知识或新实践的创造和解释	· 能进行可能会有所变化，且比较复杂的知识运用 · 能制定或调整流程以解决复杂且抽象的问题	· 最低限度的指导和高度的自主性、主动性、适应性和自我调节 · 能进行权威判断和高层级计划、管理和革新

等级	知识和技能	应用	自主性
9	· 掌握并综合理解一个复杂的知识结构中处于一个或多个学科或领域的前沿知识 · 能进行高等级的批判性分析 · 能将研究作为扩展或重新定义一个或多个学科或领域的知识或实践的基础	· 能进行复杂且专业的知识运用，通常涉及一些新的或不断发展的领域 · 能进行理论性和过程性方案的制定和测试，以解决高度复杂、抽象和紧急的问题	· 最少的指导和充分的自主权、主动性、适应性和自我调节 · 能进行专家性判断以及高等级计划、管理和创新
8	· 在一个或多个学科或领域内具有很高的理论和技术水平 · 能进行批判性、分析性和独立的思考	· 能进行某些领域的专业知识的综合运用 · 能参与制定解决高度复杂和抽象问题的流程	· 最少的指导，表现出自我指导或自主权 · 能做出重大的判断、计划、协调和组织
7	· 在一个或多个学科或领域内具有很高的理论和/或技术知识水平，并具有重要的基础知识 · 能进行批判性和分析性思考	· 能进行可能会发生复杂的变化的知识运用 · 能制定或实质性调整流程以解决复杂和抽象的问题	· 广泛的指导，展示出一定的自我调节能力 · 能做出重大判断和高等级计划、管理及创新
6	· 在广泛的领域内或某一领域内具有深厚的理论和/或抽象性或技术性的知识水平	· 能进行有所变化及一定复杂程度 · 能参与制定或调整流程以解决复杂的有时是抽象的问题	· 广泛的指导或方向性调节 · 能进行完善的判断计划
5	· 在广泛领域内或在一个领域内有技术和理论上的深度知识	· 能进行既已知又变化的知识运用 · 涉及不熟悉的问题时可通过一系列流程解决	· 一般指导或方向性调节 · 既能判断又能计划
4	· 在一个领域内或广泛领域内有广泛的事实性知识	· 能进行稳定，但有时无法预测的知识运用 · 能解决熟悉和不熟悉的问题	· 日常指导或指示 · 能进行判断和一些计划

等级	知识和技能	应用	自主性
3	· 具有事实性或程序性、技术性及理论性知识	· 能进行稳定且可预测的知识运用 · 可以通过从已知解决方案中进行选择来解决熟悉的问题	· 日常监督指导和指示 · 具有一定的判断力和裁量力
2	· 具有事实性的或可操作性的知识	· 能进行结构稳定的知识运用 · 可以通过一套已知的解决方案解决直接的问题	· 密切的支持和指导或指示 · 需要很低的判断力
1	· 具有基本的和基础性的知识	· 能进行具有高度的结构性、定义性和重复性的知识运用 · 可以通过简单的演练程序解决简单的日常问题	· 能进行立即支持和调节或指示 · 几乎不需要判断和计划

资料来源：SPBEA, *The Pacific Qualifications Framework*（Suva, Fiji: South Pacific Board for Educational Assessment, 2011), http: //eqap. org. fj/getattachment/Our – Work/Projects/Pacific – Register – for – Qualifications – Standards/2 – – PQF – booklet – FINAL. pdf. aspx.

　　太平洋资历框架和太平洋资历和标准的理事机构均是太平洋教育质量委员会（Pacific Board for Educational Quality，PBEQ），它也是区域政府和行政理事会特别授权的小组委员会。太平洋教育质量委员会的咨询委员会于2014年成立，其职责在于提供建议并帮助指导登记册的管理和运作。咨询委员会的成员是太平洋地区的国家和地区认证机构的负责人，包括澳大利亚和新西兰的代表。

　　太平洋资历框架的基础是一套针对机构（包括提供者的注册和资历认证程序）、提供者和计划的最低标准的质量保障标准，即太平洋质量保障框架（Pacific Quality Assurance Framework，PQAF）。质量保障标准得到各种相关政策和程序、指南和标准的支持。太平洋资历框架实现了两个重要目的：首先，它提供了认证机构在监督和维持学校教育和培训机构质量方面的作用和职能的广泛质量原则；其次，它成为了教育质量和评估项目（Educational Quality and Assessment Programme，EQAP）的内部质量体系。

　　太平洋资历框架建设的目的并非是将太平洋地区的质量保障实践标准

化，但是它为认证机构提供了广泛的基础，让其可以比较和知晓质量保障政策和流程，为相互理解和实施对接提供了共同标准。斐济、巴布亚新几内亚、萨摩亚、所罗门群岛、汤加和瓦努阿图在国家资历机构和国家资历框架的发展方面均取得了进展。库克群岛和纽埃与新西兰的国家资历框架保持一致，密克罗尼西亚联邦、帕劳和马绍尔群岛正在寻求得到美国西部学校和学院协会的认证，基里巴斯和图瓦卢已采用太平洋资历框架和太平洋质量保障框架作为其国家资历和质量保障框架，并正在与教育质量和评估项目（EQAP）合作，以推进其中学后教育和培训的质量保障工作，所罗门群岛已开始建立其资历和质量保障体系，瑙鲁现在提供由昆士兰课程和评估局认可的资历证书。

太平洋资历框架的未来发展计划是通过监督太平洋资历和标准的实施情况来实现以下内容：（1）发展专业许可和职业标准领域，该领域提供有关国家和地区专业协会、职业标准、许可标准和其他相关方面的信息，这些信息支持具有劳动力流动组成部分的各种太平洋贸易协定；（2）制定区域和国际资历认可程序；（3）探索外部质量保障职能，以维护太平洋质量保障框架（PQAF）的诚信和信誉；（4）支持国家和地区认证机构；（5）协助较小的岛屿国家（如基里巴斯和图瓦卢）探索其框架和质量需求的最佳选择；（6）协助各国发展其资历和质量保障框架；（7）支持区域资历的发展、认证和提供；（8）支持微观资历的发展和认证；（9）审查太平洋资历和标准数据库。

6.5 南部非洲发展共同体区域资历框架 （SADCRQF）

南部非洲发展共同体区域资历框架（Southern African Development Community Regional Qualifications Framework，SADCRQF）于 2011 年 9 月被南部非洲发展共同体教育部长采用，用于区域内资历的可比、承认、学分转移，以及制定区域标准和支持区域级资历质量保障，以促进南部非洲发展共同体区域内跨境资历、学分和质量保障的可比和共同理解。南部非洲发展共同体区域资历框架（SADCRQF）被认为是对"教育和培训议定书"和南部非洲发展共同体工业化战略的重要支持，有助于统一教育和培训，并有助于该地区劳动力的流动。

南部非洲发展共同体区域资历框架最初由证书和认证技术委员会制定，旨在监督南部非洲发展共同体区域教育和培训系统的统一和标准化。南部非洲发展共同体资历局（SADC Qualifications Agency，SADCQA）制定了一个分为 10 个等级的区域性资历框架（见表 3 - 32）。该机构旨在监督南部非洲发展共同体区域资历框架的开发和实施，并通过两个子机构提供技术服务和专家指导：区域指导委员会负责监督和带头发展南部非洲发展共同体区域资历框架；执行局（Implementation Unit，IU）是南部非洲发展共同体资历局的执行机构，同时执行区域指导委员会规定的任务。

表 3 - 32　南部非洲发展共同体区域资历框架（SADCRQF）的等级及通用能力标准

等级	知识	技能	自主性和责任
10	在某一领域里做出实质性且独创性的知识贡献	根据国际标准进行独立自主的研究；具有论证问题的解决能力、对学术讨论和研究成果的评价能力	承担全部的责任和对所有高级研究工作负责
9	对复杂理论问题精通，显示出对当前问题的批判性理解和对知识领域的洞察力	进行有独创性的研究，并运用适当的研究方法和严谨的思维方法处理主要和次要来源信息，并在新情况下运用知识；能以知识和证据为基础，进行批判性的研究评估和决策	展示独立性、创造性和独创性，以及在复杂和不可预测的情况下管理自己和团队成果的能力
8	显示出对原理、理论、方法论，以及现有研究和相关文献的批判性理解	能对某一特定学科的原理、理论和方法进行连贯和批判性的理解；选择并应用适当的研究方法和技术，对信息进行批判性的分析和独立评估	在战略计划的范围内，负责管理资源和监督他人
7	对一个主要科目和一些相关的专业化领域有一定的知识，这些知识包括想法、理论、理念、主要研究手法以及此学科的解决问题的技巧	智力独立，具备批判性思维和严谨的分析能力，以及在复杂多变的环境下的高级沟通和协作技能与能力	设计和管理流程，并在决定、实现和评估个人和团队的成果方面承担广泛的责任
6	具备多于一个领域的知识；有能力去核对、研究和综合处理大范围的技术信息	展示在高度多变的环境中应用专业知识和技能的能力，并对具体问题和抽象问题做出反应	管理流程和工作，并为个人和团队的成果负责

等级	知识	技能	自主性和责任
5	具有广泛的知识储备,包括在一些领域里有实质性深度研究;有能力研究信息,然后构建出一个流畅连贯的论证	可以在经常综合使用标准和非标准程序的变量环境中,应用广泛的技术和/或学术技能	在广泛的指导下独立工作,可以承担一些监督他人和团队的工作成果的责任
4	具有广泛的知识储备,能合并一些抽象的、技术上的概念,能研究信息然后做出明智的判断	能在熟悉或不熟悉的情况下,应用适当的技术和/或学术技能,并运用常规或不常规的步骤转换这些技能	在一定监督下具有独立指导的能力,对自己和团队的工作成果负责
3	具有基本的操作和理论知识,并且有能力去理解和翻译信息	具有一系列良好的技能和能力,能将已知的解决方案应用于熟悉的问题	在正常的监督管理下进行工作,对于产出质量和数量负有一定的责任
2	有关于知识和认知技巧的粗略且小范围的印象	可以进行一定范围内重复性且熟悉的处理过程	在密切监督和指导下进行工作
1	具有基础的一般性知识,与日常生活相关的计算和读写能力	能按照简单的指示执行简单的不需要特殊技能的具体任务	在有组织的、熟悉的且密切监督的环境下进行工作

资料来源:SADC, "Updated and Amended Version of the Southern African Development Community Regional Qualifications Framework: Concept Paper and Implementation Plan for the SADC Regional Qualifications Framework," 2011, https://www.academia.edu/4570148/The_Southern_African_Development_Community_Regional_Qualifications_Framework_Concept_Document.

2011 年,南部非洲发展共同体教育部长批准证书和认证技术委员会继续研究区域性资历框架,目的是对其进行改进,包括调整质量指标描述和资历类型,发展南部非洲发展共同体秘书处的教育和技能开发单位,以及加强对主要利益相关方关于南部非洲发展共同体区域资历框架的宣传。同时,为推动南部非洲发展共同体区域资历框架的实施,各方提议在成员国建立专门的工作组和协调点,鼓励南部非洲发展共同体成员国将其资历框架上传到南部非洲发展共同体资历门户网站,这一提议目前已经进行了部分试点工作。2016 年,他们还制定并批准了在南部非洲发展共同体中承认先前学习的区域准则。

南部非洲发展共同体区域资历框架尚未投入运行，但所有 16 个南共体成员国都参与其中，并在国家资历框架的制定和实施方面取得了不同进展。刚果（金）和津巴布韦正处于国家资历框架发展的最初阶段，虽然已经讨论了实施国家资历框架的建议，但都没有在已批准的政策和立法中正式认可该决定，因此他们未来的发展轨迹尚不完全清晰。博茨瓦纳、马拉维、坦桑尼亚和赞比亚这四个国家正在制定国家资历框架，已经建立了技术和职业教育与培训部门的资历框架。莫桑比克通过政策、技术和专业资历框架的试点推动了国家资历框架的建设进程。其他南共体成员国，如安哥拉、莱索托、马达加斯加和斯威士兰，也处于国家资历框架发展的早期阶段。南非（自 1995 年以来）、纳米比亚（自 1996 年以来）、毛里求斯（自 2001 年以来）和塞舌尔（自 2005 年以来）已经实施了十年或更长时间的国家资历框架，这四个国家从一开始就着手建立全面的国家资历框架。

6.6　加勒比共同体资历框架　（CQF）

1990 年，加勒比共同体（CARICOM）制定了技术和职业教育培训的区域性战略。2002 年，共同体开发并采用了相应的"技术与职业教育培训能力模型"，为加勒比共同体技术和职业教育培训的战略奠定了基础。加勒比国家培训机构协会（Caribbean Association of National Training Agencies，CANTA）成立于 2003 年，并得到加勒比共同体的认可，成为技术和职业教育培训区域协调机制的"实施部门"。加勒比国家培训机构协会的主要目的是建立和管理一个名为加勒比职业资历（Caribbean Vocational Qualifi-cations，CVQs）的区域培训和认证体系，以确保在加勒比单一市场和经济中统一地提供基于能力的培训。加勒比职业资历证书允许学生在一个机构系统和另一个机构系统之间无缝转移，这是提高资历认证制度透明度的基础。国家培训机构、职业技术教育与培训理事会和最高机构通过各种体制安排和行业参与支持加勒比职业资历的发展。加勒比国家培训机构协会在区域层面审查资历。

2012 年，加勒比共同体制定了区域资历框架（CARICOM Qualifications

Framework，CQF），共分为 10 个等级（见表 3 – 33），每个等级从 5 个维度对其进行描述（见表 3 – 34），加勒比共同体资历框架被设计为"对接点"（reference point），以保证学习者的流动及区域内资历的认可和认证。加勒比共同体资历框架还希望提供足够的独立数据，以提高区域和国际资历的透明度。

表 3 – 33　加勒比共同体资历框架（CQF）的等级及等级概述

等级	等级概述
10	· 表明产生新想法/知识和理解并扩展知识和专业实践领域的能力 · 展示通过启动和设计研究、发展和战略活动来解决复杂问题的能力 · 反映出对复杂的理论和方法论原理和分析的深刻理解，以带来职业和/或工作场所的变化 · 表示在工作/学习领域的发展/影响职业，组织或社会的重大变化中承担/分担责任的能力，具有行使自主能力、判断力和领导力的能力
9	· 展示将知识和理解应用于现实生活的能力 · 反映计划和制定影响工作环境中组织变革的行动方案的责任，反映广泛的自主能力和判断力，以及对相关研究或工作的理论和方法的理解
8	· 表明有能力完善、整合和应用高级知识和技能，以解决数据有限的复杂问题 · 利用适用的理论启动和制定变革和改进的行动方针，继续提高知识和理解水平，并发展新技能
7	· 在工作场所和进一步学习中应用相关知识、方法和技能，规划、评估、制定针对各种情况的行动方案，行使判断力和自主能力，与不同的受众交流，思考不同观点和思想流派及其背后的逻辑
6	· 识别、选择和使用相关和适当的知识、技能和技术以完成任务和程序以及解决复杂和非常规问题的能力，包括表现出领导才能，参与团队合作和运用批判性思维的能力，行使自主能力和判断力，以及欣赏学习或工作领域中不同观点和方法的能力
5	· 识别、选择和使用相关和适当的知识、技能和技术以完成任务和程序并解决问题的能力，并具有一定程度的自主能力和判断力，包括展现领导力、团队合作精神和批判性思维的能力
4	· 能选择和使用相关的知识、想法、技能和程序，在各种情况（包括复杂且非常的情况）下完成定义明确的任务，使用适当的交流工具和表达来交流思想和信息的能力，以及承担完成任务和程序的责任，并具有一定程度的自主能力、团队合作精神和指导能力
3	· 在直接的监督和支持下使用相关知识、技能和程序完成基本和日常任务的能力，包括使用适当的交流工具交流简单信息的能力、通过工作组或团队与他人进行协作的能力

等级	等级概述
2	·必要时在适当的支持和指导下使用技能、知识和理解来执行结构化任务和活动的能力
1	·在支持和密切指导下使用基本技能、知识和理解进行简单任务和活动的能力

资料来源：Caribbean Community, "A Report On The CARICOM Qualifications Framework：A Model for Enabling Regional Seamless Human Resource Development," *Directorate of Human and Social Development*, (CARICOM Secretariat, 2017).

表 3 – 34　加勒比共同体资历框架（CQF）等级指标

维度	指标
知识和理解	具备理论和/或事实知识；具有回忆和表达信息的能力；表现出对特定事实、概念、原则、程序和理论的知识和理解
应用和实践	具备认知（逻辑、直观和创造性思维）和实践（手动技巧以及使用方法、材料、工具和设备）的能力，并取得成果
交流、计算和信息及通信技术	进行口头和非口头交流，在数字、图形任务以及信息技术及通信应用程序中使用各种技能来访问、处理、产生和响应信息并得到证明的能力
生活技能	能解决问题、做出决定，具备批判性和创造性思维、良好的人际关系、同理心、合理的情绪和自我意识、恰当应对压力的能力和有效的沟通技巧
自主性、责任心及协作	从在直接的监督下独自完成简单的例行任务，到在工作角色中变得越来越自主和负责任；表现出更高的独立性，并专注于管理和领导；变得能够进行自我批评并反思道德和专业问题

资料来源：CARICOM, *CARICOM Qualifications Framework* (Saint Michael, Barbados：CARICOM, 2012), https：//www. collegesinstitutes. ca/wp – content/uploads/2014/05/CARICOM – Qualifications – Framework. pdf.

加勒比共同体成员国中巴巴多斯、伯利兹、圭亚那、牙买加以及特立尼达和多巴哥建立了国家资历框架。圣基茨和尼维斯以及苏里南仍处于发展其国家资历框架的初始阶段。只有当15个成员国全都建成自己的国家资历框架时，加勒比共同体资历框架才会成功。这些国家资历框架必须与加勒比共同体资历框架联系起来，并具有统一的对接机制。加勒比共同体秘书处制定了国家资历框架的发展指南。

2016 年 10 月，利益相关方区域会议批准了加勒比共同体资历框架草案，并同意实施相应的建议。加勒比共同体将争取共同体资历框架及其建议的正式批准。此后，成员国将被要求采用加勒比共同体资历框架并使用其指南制定和修订本国的国家资历框架。预计这将最终实现所有区域和国家的教育和培训提供者符合其各自的国家资历框架的要求，进而符合加勒比共同体资历框架的要求。

6.7 英联邦小国虚拟大学的国家间资历转换框架 （TQF）

应英联邦国家元首的要求，英联邦学习联合会于 2003 年开始建立以远程教育的虚拟模式为前提的英联邦小国虚拟大学 （Virtual University for Small States of the Commonwealth，VUSSC）。所有参与虚拟大学的国家都是小国家，随着全球化和高技能专业人员流动性的增加，它们面临一些共同的挑战，同时参与该虚拟大学的国家遍布全球，说明这是一种不依赖于地理位置的独特倡议。

2003 年，建立英联邦小国虚拟大学的倡议得到批准之后，学习联合会被要求通过英联邦小国虚拟大学协助各国合作并提高其国家教育机构的能力。经过四年的虚拟大学课程开发后，参与的小国提议建立一个资历框架，用以支持虚拟大学课程的发展，实现国际认可，增强资历的可比性和可理解程度。由此，国家间资历转换框架 （Transnational Qualification Framework，TQF） 开始建设 （见表 3 – 35）。

表 3 – 35　英联邦小国虚拟大学的国家间资历转换框架 （TQF） 等级及等级概述

等级	等级概述
10	掌握并拥有对一门学科、研究领域或专业领域最前沿的大量知识的系统理解；能在工作或研究的最前沿领域中创造和解释新知识，并通过高质量的原创和高等级研究来满足同行评审的要求，扩大学科的前沿性并取得优异的成绩；拥有最先进、最专业的技能和技术，能为生成新知识或解决关键问题反驳或重新定义现有知识并进行概念化设计和实施；在学术学科、研究领域或专业领域中，对生产或发展创新思想的过程展示出权威、创新、自主、正直和富有个人责任
9	对一组高度专业化的知识有逻辑上的理解，其中一些知识处于其学科、研究领域或专业实践领域的最前沿，作为原创思想和/或研究和/或行为进行的基础查询；对适用于研究或可用于创建和解释知识的研究技能和/或相关既有技术有全面的了解；在解决问题的知识应用中表现出独创性，以及对如何管理知识来转变工作或学习的实际理解；对如何分析和批判地评估其学科、研究领域或工作领域中的当前研究以及如何在适当情况下应用于解决问题具有概念性的理解

等级	等级概述
8	具有学科、研究领域或工作领域的关键方面的系统、广泛和比较性的知识；具有在其学科、研究领域或工作领域内准确建立分析工具和/或技术以及进行查询的能力；能利用对各种概念、思想和信息的知识、理解和技能来设计和维持论点和/或解决问题；对知识的不确定性、模糊性和局限性及其发展方式表现出批判性的理解；有管理自己的学习并利用学术评论和主要资源的能力
7	具有工作或研究领域的高等级知识，包括对既定原理的批判性理解和对其工作或研究领域的某些高级方面的理解；在适当的情况下，将这些原则适用于就业情况；了解该知识的局限性以及它如何影响基于该知识的分析和解释；具有解决其专业工作或学习领域中复杂且不可预测的问题所需的先进技能，显示出精通和创新的能力；能管理复杂的技术或专业活动或项目，在不可预测的工作或学习环境中负责决策
6	对工作或研究领域中的思想、概念和原则有深入的了解和批判性理解；熟悉该主题的查询方法，并使用各种技术来启动和进行关键的信息分析，从而提出解决该分析产生的问题的方案；表现出有能力进行批判性评估并运用不同方法解决问题的适当性；能更广泛地应用这些概念和原则；了解其知识的局限性，以及它如何影响分析和解释；能有效地以各种形式向专家和非专家观众传达信息、论据和分析，并有效地部署该学科的关键技术；具有在需要行使个人责任和决策能力的情况下就业所需的素质
5	对工作领域中的主要基本思想、概念和原则有广泛的了解和理解；能利用知识、理解和技能进行批判性评估，并确定适当的方法和程序来应对一系列通常具有常规性的问题；在需要履行某些个人责任的情况下就业所必需的可转移的知识、技能和品质；使用一系列不同的方法准确、可靠地传达其研究领域或工作的成果，能确定并阐明自己的学习需求，并在新的领域中进行有指导的进一步学习
4	对工作或学习领域中的主要基本概念和原则有广泛的了解和理解；对特定研究领域的主要理论、原理、思想和概念有基本的了解；能使用不同的方法来识别、评估和解决一般性的常规问题；能利用知识，对特定知识领域的理解与结构化和连贯的论点进行准确而可靠的沟通，利用知识、理解和技能在结构化和可管理的环境中进行进一步学习；具有在需要履行某些个人责任的情况下就业所需的素质和可转移技能
3	了解工作或学习领域中的基本概念和原理，能掌握、分析信息，表达知情判断，能对熟悉的问题进行回应
2	具有在工作或学习领域中广泛的应用知识和基本理解，在工作或学习领域中拥有有限的技能，能使用已知的解决方案来解决常见问题
1	具有基本的读写能力和计算能力

资料来源：COL, *Transnational Qualifications Framework for the Virtual University for Small States of the Commonwealth* (Pretoria: Commonwealth of Learning, 2010)，http://www.vussc.info/.

　　拟建的国家间资历转换框架包括一组等级能力标准，其中包含了知识和理解、技能、更广泛的个人和专业能力三个领域。国家间资历转换框架的第一届管理委员会于 2008 年 10 月成立，由 31 个国家所在的三个主要地区的两个代表组成。该委员会在 2010 年制定了国家间资历转换框架的实施计划。① 2016 年，第二届国家间资历转换框架管理委员会成立。

国家间资历转换框架于 2010 年在纳米比亚正式启动。2011 年开始登记该框架的第一批资历。2010 年以来在巴哈马和萨摩亚以及 2012 年在塞舌尔举行的协商研讨会，在旅游、农业和信息通信技术方面制定了虚拟大学课程标准。2015 年，国家间资历转换框架管理委员会批准了六个虚拟大学计划的注册。

国家间资历转换框架完全依赖于课程来源和质量保障。国家间资历转换框架的设计不包括认证教育的提供者，但包括资历注册——符合跨国资历标准的资历将在国家间资历转换框架注册，并被称为"国家间资历转换框架注册资格"。参与虚拟大学国家内的任何教育和培训提供者，如果符合一般的质量保障标准，并且在部门、国家、地区层面获得认证，将能够获得提供此类注册的资格。国家间资历转换框架可以根据现有的国际准则为国家质量保障流程提供指导。

迄今为止，已有 86 个机构参加了虚拟大学活动，并通过该项活动培训了 53000 多人。共有 8 个国家 10 个机构开始提供虚拟大学课程和项目。这些教育机构主要通过传统教学、在线或混合模式提供教育。目前虚拟大学有了更多开放课程，已经开发了 13 个以上的课程和项目，所有这些课程和项目都由各小国自己确定，并被作为开放教育资源共享。

2016 年 3 月，各国官员进一步批准了国家间资历转换框架与国家和地区资历框架的对接，其中包括欧洲终身学习资历框架。只要符合国家、区域和跨国资历框架的所有质量保障标准，就可以在整个英联邦范围内承认来自任何参与国的资历。应当指出，参与这一框架的 31 个小国的国家资历框架发展差异很大，大多数仍处于早期阶段，只有马耳他、毛里求斯、纳米比亚和萨摩亚进入了更高级的阶段。

---

① Commonwealth of Learning, *Transnational Qualifications Framework for the Virtual University for Small States of the Commonwealth*: *Procedures and Guidelines* (Pretoria: 2010).

第四章
国家资历框架的多样性和制度背景[*]

建立国家资历框架的政策在全球范围内得到了广泛的关注并得以快速复制与扩散，其他国家在建立国家资历框架时都强调了国家资历框架的功能目标，即诸如实现资历对接、学分转移提供质量保证，促进终身学习等"内在逻辑"，而往往忽略了"制度逻辑"的影响——各国的产业结构、教育体系、劳动力结构、劳资关系、教育与市场关系等社会经济制度的差异。[①] 这其实是将国家资历框架默认为一个可以独立于各国经济社会制度条件外、放之四海而皆可行的政策工具。[②] 这种盲目复制在国家资历框架发展的早期尤为显著，其结果就是一方面国家资历框架的建设如火如荼——目前已经有超过130个国家正在建立或计划建立国家资历框架，另一方面则是已经建立的国家资历框架大多未能成功实现其目标或者沦为虚文。[③] 不少外国学者已经开始质疑资历改革的实际意义，有学者认为资历

[*] 本部分主要摘录自本书作者《国家资历框架多样性：框架类型与制度背景》一文，拟于期刊发表（该文为阶段性研究成果）。

① D. Raffe, L. Croxford, C. Howieson, "The Third Face of Modules: Gendered Patterns of Participation and Progression in Scottish Vocational Education," *British Journal of Education and Work* 7 (1994): 87 – 104.

② M. Young, "Comparing Approaches to the Role of Qualifications in the Promotion of Lifelong Learning," *European Journal of Education* 38 (2003): 199 – 211.

③ Stephanie Allais, "Labour Market Outcomes of National Qualifications Frameworks in Six Countries," *Journal of Education and Work* 4 (2016): 1 – 14; David Raffe, "What is the Evidence for the Impact of National Qualifications Frameworks?" *Comparative Education* 49 (2013): 143 – 162.

框架的流行并非由于其行之有效，而是全球化背景下的制度同构①，"基于结果的资历框架在发达国家是一场闹剧，在欠发达国家则是一场悲剧"②。英国学者 Michael Yong（南非国家资历框架的设计者）十分警惕地认为那种将资历框架视为规制教育培训体系并使之成为标准化的政策工具的做法可能会破坏原有教育培训体系的优势，损害国家的竞争力。③

本章旨在通过比较主要国家的国家资历框架的设计与实际运行情况，区分出不同类型的国家资历框架，并通过比较案例研究尝试将国家资历框架的多样性与其社会经济制度背景联系起来，试图分析各国资历框架差异性的制度原因，并尝试解释影响资历框架实施成效的制度因素，从而揭示国家资历框架多样性背后的"制度逻辑"。

1. 国家资历框架多样性及其外部社会背景

Peter Hall 等人关于"资本主义多样性"的研究把教育培训制度、劳资关系制度与金融、社会福利等制度一起视为一个国家政治经济运行的核心制度安排，这些制度相互耦合和匹配，对国家内部的经济发展和社会运行产生基础性的影响，从而定义了一国的发展模式。④ Hall 等人基于此区分了资本主义国家的两种经济组织方式，一种是以英国、美国为代表的"自由型市场经济"，另一种是以德国、日本为代表的"协调型市场经济"。在英美的经济体系中，企业、劳动力都处于竞争激烈的市场中，需要通过市场竞争来获取资金或谋求职业，因此技能培训倾向于提供能够适应劳动力快速流动的通用型技能；而在德日的经济体系中，企业之间、企业与劳动力之间存在相互信任的社会伙伴关系，市场主体可以通过稳定的制度和关系

① S. Bohlinger, "Ten Years After: The 'Success Story' of the European Qualifications Framework," *Journal of Education and Work* 32 (2019): 393 – 406.

② S. Allais, *Selling Out Education: National Qualifications Frameworks and the Neglect of Knowledge* (Rotterdam: Sense Publisher, 2014).

③ M. Young, "Qualifications Frameworks: Some Conceptual Issues," *European Journal of Education* 42 (2007): 445 – 457.

④ *Varieties of Capitalism: The Institutional Foundations of Comparative Advantage* (Oxford: OUP Oxford, 2001).

获取资源、招募员工、实现就业，稳定的就业环境使得技能培训倾向于提供可以为特定企业和行业长期服务的专有型技能。Hall 等人的研究揭示了两种经济组织方式下技能形成制度存在诸多差异，但只要一国的技能形成制度与其他制度相匹配，就能实现经济体系的良好运行。这项研究说明要准确评估任何一个领域的制度改革的影响，都要考虑到政治经济各个制度之间的相互作用。[1]

在"资本主义多样性"的后续研究里，资历体系被认为是技能形成制度的核心组成部分，不少学者认为正是岗位设置及其资历认证安排的特殊性界定了各国体制的差异性。[2] 比如只有在具有高度保护性的制度安排体系下，劳动力的专有性技能培养才有可能，而在具有低度保护性的制度安排下往往倾向于形成通用性技能。专有性技能和通用性技能往往需要不同的培训体系和资历体系，尤其是企业专有性技术往往强烈依赖于企业内部的培训安排，而且这些技能也只有在相关企业内部才具有被认可的价值，而对于需要行业专有性技能的雇主可能会更加关注资历的认证。[3] 这些文献解释了两类国家资历体系形成的原因，并重点关注了资历体系背后的权力结构安排，但是这些研究对于资历体系本身内在的差异性则未多加关注。[4]

在教育政策领域，Michael Young 对资历体系本身的差异性进行了分析，他认为各国的资历体系可以分为两种取向：一种是基于学习成果的资历体系（outcome－based），另一种则是基于过程的或者制度性的资历体系（process－based and institutional），这两种资历体系有十分显著的差异。[5]基于成果的资历体系中资历认定与课程、学习过程无关，可以完全由独立的第三方加以认定，容易实现全国范围内的统一；基于过程的资历体系常

① Gingrich Hall, "Varieties of Capitalism and Institutional Complementarities in the Political Econo-my: An Empirical Analysis," *MPIfG Discussion Paper* 39 (2009): 449－482.

② 凯瑟琳·西伦:《制度是如何演化的：德国、英国、美国和日本的技能政治经济学》，王星译，上海人民出版社，2010。

③ M. Estevez－Abe, T. Iversen, D. Soskice, *Social Protection and the Formation of Skills: A Reinter-pretation of the Welfare State// Varieties of Capitalism* (2001).

④ 凯瑟琳·西伦:《制度是如何演化的：德国、英国、美国和日本的技能政治经济学》，王星译，上海人民出版社，2010。

⑤ Michael Young, *National Qualifications Frameworks: Their Feasibility for Effective Implementation in Developing Countries* (Geneva: International Labour Organization, 2005).

常是有确定路径的（tracked），资历认定与学习过程、学习场所、学习课程密切相关，比如德国常见的厂内培训模式（plant-based training）的资历认定。Wheelahan 进一步指出这两种不同取向的资历体系其实就是上述两类资本主义国家经济组织方式差异性的具体体现，所以英国、澳大利亚等英语国家的资历体系倾向于统一和结果取向，只有北欧、德国等在企业和劳动力之间存在社会伙伴关系的国家的资历体系才主要表现为过程取向。①

国家资历框架的本质是对国家既有资历体系的发展和改造。统一既有资历体系的英国式国家资历框架之所以并非一种广泛适用的政策，恰是因为这种国家资历框架的正常运转所预设的前提条件带有明显的倾向性。首先，Michale Young 指出国家资历框架要求资历是"结果取向"（outcome-based approach）的，这意味着资历评价可以独立于既有的教育和培训的过程，也意味着所有的知识、能力和技能都应该可以提前明确和设定，而且原则上可以实现基于学习单元、学分（unit-based）的资历认证。② 其次，资历框架试图将普通教育、职业教育、继续教育和其他培训的成果纳入一个统一的层级结构，每个层次的资历适用于统一的标准（one-size-fits-all），这要求各类教育之间的差异性应尽可能整合，这也只可能在"结果取向"的体系中实现。③ 最后，国家资历框架希望由雇主和学生而不是由教育机构来决定资历内容，并由此促使教育者在市场竞争中转变教育和培训的内容，而这样的机制需要建立在一个完全竞争的市场基础上，这也正是新自由主义经济改革的目标。④ 这些前提条件的存在说明国家资历框架其实高度依赖于既有社会的制度背景，这也解释了为什么德国、北欧国家对国家资历框架表现了长期的抵制。⑤

① L. Wheelahan, "From Old to New: The Australian Qualifications Framework," *Journal of Education and Work* 24 (2011): 323-342.
② Michael Young, "National Qualifications Frameworks as a Global Phenomenon: A Comparative Perspective," *Journal of Education and Work* 16 (2003): 223-237.
③ Michael Young, "National Qualifications Frameworks as a Global Phenomenon: A Comparative Perspective," *Journal of Education and Work* 16 (2003): 223-237.
④ L. Wheelahan, "From Old to New: The Australian Qualifications Framework," *Journal of Education and Work* 24 (2011): 323-342.
⑤ S. Bohlinger, "Qualifications Frameworks and Learning Outcomes: Challenges for Europe's Lifelong Learning Area," *Journal of Education and Work* 25 (2012): 279-297.

事实上，各个国家既有资历体系的具体情况千差万别，除了在两种取向的程度上的不同，资历体系的成熟和完善程度也是差异的一个方面，尤其是在许多发展中国家，受制于教育和培训体系的薄弱，资历体系本身就是不发达的。这种既有资历体系本身的差异性，加上各国其他经济社会背景各异，使得各国所采纳的国家资历框架、实际执行的结果呈现出了更为复杂的局面：不仅使国家资历框架在形式、范围上发生变化，甚至使其内涵都发生了悄然变化；不仅传统上采取"制度取向"资历体系的国家所实施的资历框架与英国式的资历框架有较大差异，即使是在英语国家内部国家资历框架也有诸多不同——看似名称相同的"国家资历框架"，其实在各国意味着实质性差异极大的社会实体①，本文将这种现象称之为"国家资历框架多样性"。

国外已有不少学者已经关注到各国国家资历框架的类型不同，从不同角度对此进行了区分。Young 从 5 个维度进行了区分：根据资历框架实施目标的不同可以分为主要起信息沟通作用的"鼓励型框架"（Enabling Framework）和实际上具有法律效力的"规制型框架"（Regulatory Framework）；根据政府在实现资历框架目标上力度的强弱可以分为"强框架"（Strong Framework）和"弱框架"（Weak Framework）；根据资历框架覆盖的资历部门、类型和层级的完整与否分为"部分框架"（Partial Framework）和"完全框架"（Comprehensive Framework）；根据框架中资历组织方式的差异，可以分为"以单元为基础的框架"（Unit-based Framework）和"以资历为基础的框架"（Qualification-based Framework）——前者能够实现以学习者获得的学习单位或学分为单元的组合认证资历，后者则缺乏灵活性，依然是对既有资历进行直接和整体认证；根据资历框架建设过程的差异，可以分为"制度主导"（institution-led）和"结果主导"（outcome-led）两种方式——前者是在完善的制度取向资历体系之上，引入资历框架进行对接，后者则是在制度不完善的条件下，试图直接建立结果取

---

① Stephanie Allais，"What is the National Qualifications Framework? Highlights From the Study on National Qualifications Frameworks in 16 Countries，" *Sodobna Pedagogika – Journal of Contemporary Educational Studies* 62（2011）：88 – 105.

向的资历体系以弥补前期资历制度的不足。①

Allais 认为资历框架的差异主要体现在 3 个方面：政策目标、框架设计和执行策略。基于此可以将资历框架区分为"沟通型框架"（Communications Framework）、"改革型框架"（Reforming Framework）和"转换型框架"（Transformational Framework）。"沟通型框架"旨在对现有的资历体系进行梳理，增强各级教育之间的异质性，采取渐进式的策略，以自愿性的方式推动；"改革型框架"同样以现有的资历体系为基础，但是在设计上具有法律效力；"转换型框架"则雄心勃勃，并不以现有资历体系为基础，而是直接按照未来预期的资历体系进行设计，并使之具有法律效力。②Coles 等人根据资历框架中各个教育部门资历框架之间的关系，将资历框架分为相互独立的"部门框架"（Sector Framework），存在松散关联的"衔接框架"（Bridging Framework）和实现了跨部门对接的"整合框架"（Integrating Framework）。③Raffe 根据学习成果在资历体系中发挥的作用，将资历框架分为"学习结果主导的"（outcome-led）和"参考学习结果的"（outcomes-referenced）两种类型，"学习结果主导的资历框架"中学习成果是与制度、过程无关的资历构成要素，仅通过学习成果就能够认定资历，而在"参考学习结果的资历框架"中，学习成果仅对资历认定起参考作用，用以增加资历的透明度。④

除了资历框架形式上的差异，根据建设国家资历框架的目标的差异也可以将这些资历框架分为 3 类。既有的比较研究发现，各国推动国家资历框架过程中主要存在 3 类目标，不同的政策目标会直接影响到资历框架的设计：第一类是诸如促进终身学习、资历透明和实现资历对接的实质性目

---

① Michael Young, *National Qualifications Frameworks: Their Feasibility for Effective Implementation in Developing Countries* (Geneva: International Labour Organization, 2005).

② Stephanie Allais, *The Rise and Fall of the NQF: A Critical Analysis of the South African National Qualifications Framework* (Ph. D. diss., University of the Witwatersrand, 2007).

③ Jean - Marc Castejon, Borhène Chakroun and Mike Coles, *Developing Qualifications Frameworks in EU Partner Countries: Modernising Education and Training* (CALIFORNIA: Anthem Press, 2011).

④ D. Raffe, *The Role of Learning Outcomes in National Qualifications Frameworks*, *Validierung von Lernergebnisse* [Recognition and Validation of Learning Outcomes] (Bonn: BIBB, 2011), pp. 87 – 104.

标；第二类是基于国际区域合作、国际公约要求下的工具性目标；第三类是将资历作为改革教育的政策工具、有强烈政治诉求的政治性目标——增加政府对教育机构的问责，打破工会、专业团体对资历的垄断，使得政府能够实现对教育原有的建制和权力格局进行颠覆，加强政府的控制能力。①在英国尤其是工党政府推行新自由主义改革期间，对政治性目标的看重可能才是推动资历框架的主要原因。对于以南非为代表的教育培训制度欠缺的国家而言，其实质性目标还包括以资历为工具提高教育培训的供给，同时更为重要的是借助资历框架实现促进民主化、颠覆传统存在的种族隔离和排他性的教育培训制度的政治性目标。② 当存在政治性目标时，政府会对资历框架抱有较高的期待，将资历框架本身视为改革的驱动力，因此资历框架的设计会更为激进，其实施也会更加严格。

上述研究从不同视角分析了国家资历框架的多样性，涉及目标、法律地位、覆盖范围、框架结构、执行策略等多个维度，为理解国家资历框架提供了十分具有启发性的视角。但是这些分类模式存在一些问题，难以进一步开展更为细致的比较研究。首先，这些维度并不完全属于资历框架本身的结构性特点，其中一些分类的维度其实是解释资历框架的影响因素，比如一些学者提到实施目标，但目标越宏大的国家，国家资历框架的范围往往越广，也往往具有强制性——由于上述维度之间存在潜在的因果关系或相关性，无法直接对这种分类进行比较研究。其次，运用最为广泛的Allais的分类模式的一个维度是对现有资历体系的尊重程度，但是这可能忽视了既有资历体系的不同取向，从而掩盖既有资历体系内在差异对后续资历框架建设的影响。

2. 成果关联度与实施强度：一种探索性框架

为了对国家资历框架进行更细致的比较研究，应该从资历框架的外在结构特征出发，建构维度的变化来探讨国家资历框架的多样性，而且各个

①　Michael Young, "National Qualifications Frameworks as a Global Phenomenon: A Comparative Perspective," *Journal of Education and Work* 16 (2003): 223 - 237.

②　S. M. Allais, "The National Qualifications Framework in South Africa: A Democratic Project Trapped in A Neo - Liberal Paradigm?" *Journal of Education and Work* 16 (2003): 305 - 323.

维度之间的相关性应该尽可能降低，即相互"正交"。在已有研究的基础上，本章认为国家资历框架在结构性特征上的核心差异主要表现在两个维度，一是国家资历框架与学习成果的紧密程度，本章称之为成果关联度；二是国家资历框架整合各教育部门差异的强制性和激进的程度，本章称之为框架实施强度。这两个维度刻画了国家资历框架的主要差异。

（1）成果关联度这一维度可以区分为资历框架的运转与学习成果关联度高、与学习成果关联度低两种情况，理论上各国国家资历框架的学习成果关联度是一个连续谱，但是为了讨论的方便，本书将其概括为上述两种类型。值得注意的是，理论上存在的那种更为极端的与学习成果完全无关的资历框架在现实中并不存在，这是因为国家资历框架自始至终都强调以成果认定资历的逻辑，所以即使是传统上依赖于学习过程认定资历的国家也或多或少在资历框架中加入了学习成果的元素。

（2）框架实施强度这一维度可以区分为强框架、中等强度框架、弱框架三种情形。其中强框架是国家资历框架最具强制性和最为激进的类型，其特征是资历框架彻底地整合了各个教育部门的内在差异并具有法律地位；中等强度的框架并未完全整合各个教育部门的资历体系，仅在一定程度上打通了各种教育和资历体系之间的隔阂，或者仅对部分教育部门实现了改造；弱框架则并不整合各教育部门的内在差异，而且往往不具有实际的法律约束力。

根据上述两个维度上的差异可以划分出六种类型的国家资历框架，如表4-1所示。

表4-1　国家资历框架：学习成果关联度与框架实施强度

框架实施强度 成果关联度	弱	中	强
高	类型三：沟通型框架（苏格兰、澳大利亚早期、威尔士）	类型二：改革型框架（爱尔兰、新西兰后期、新加坡）	类型一：变革型框架（南非初期、新西兰早期）
低	类型六：象征型框架（德国）	类型五：补充型框架（法国、奥地利）	类型四：发展型框架（菲律宾）

资料来源：笔者自制。

　　类型一即是 Allais 所说的"变革型框架"，这种类型的框架试图完全基于学习成果重新定义资历本身及其认证体系，并基于资历实现对各个教育部门的彻底整合甚至改造。典型的代表是南非在 1994 年开始建立的国家资历框架①，这一资历框架在提出之初被赋予了十分宏伟的目标——既要促进教育公平推进民主进程，又要促进教育培训的供给、提高国际竞争力。为此南非以学习成果为导向，制定了基于学习单元的资历标准，对教育体系、课程设计、资历认定进行了彻底的重塑，试图以此资历框架为核心政策工具打破各种教育部门之间的边界，驱动教育体系的变革。②新西兰在 20 世纪 90 年代初所酝酿建立的资历框架在其早期也是典型的变革型框架，这一框架希望通过能够建立一个统一的资历框架，改革教育和培训体系，使得所有的教育培训成果按照统一的语言进行衡量和记录。③

　　类型二是"改革型框架"，这类框架具有一定的强制性而且采取了基于学习成果的资历认证方式，但是仅在一定程度上整合了不同类型的资历。2003 年启动的爱尔兰资历框架就属于这种类型，这一框架是完全基于学习成果设计的资历框架且覆盖了各个教育部门，其中部分教育子领域的资历框架实现了彻底的重建或改造，而且在资历获取、转移和提升方面制定了具有法律约束力的规范，在一定程度上实现了各领域之间的整合。④新西兰国家资历框架在实际的推进过程中，过于激进的框架设计被更加务实和可行的设计所取代，实际上具有了改革型框架的特征。⑤新加坡国家资历框架也是改革型框架的另外一种形式，新加坡仅在职业培训和教育领域建

---

①　S. M. Allais, "The Changing Faces of the South African National Qualifications Framework," *Journal of Education and Work* 24 (2011): 343 - 358.

②　S. Allais, "The Rise and Fall of the NQF: A Critical Analysis of the South African National Qualifications Framework," (Ph. D. diss., University of the Witwatersrand, 2007).

③　R. Strathdee, "The Implementation, Evolution and Impact of New Zealand's National Qualifications Framework," *Journal of Education and Work* 24 (2011): 303 - 321.

④　D. Raffe, "Towards a Dynamic Model of National Qualifications Frameworks," *Researching NQFs: Some Conceptual Issues* (2009): 23 - 42.

⑤　R. Strathdee, "The Implementation, Evolution and Impact of New Zealand's National Qualifications Framework," *Journal of Education and Work* 24 (2011): 303 - 321.

设了具有强制性的、结果取向的资历框架。①

类型三是"沟通型框架",这种类型的框架往往不具有强制性,也不会对各个教育部门进行改造,主要是以学习成果式的语言诸如学分等连接起各种类型的教育和资历体系,在有对外合作需求的前提下扮演国际对接的工具。典型的代表是 2001 年苏格兰引入的学分和资格框架(SCQF),这一框架是一个自愿性的工具,可以通过学习成果、学分等通用语言衔接其各种资历,并提高资历的透明度。此外诸如澳大利亚、威尔士等国家和地区所实施的资历框架也属于这一类型,其他基于区域或国际对接需要引入的国家资历框架大多也属于沟通型框架。②

类型四是"发展型框架",其结构性特征是资历框架具有法律的强制性并试图覆盖大部分的教育部门,但是资历的获得并不完全依赖于学习成果式的话语而是与教育过程有关,之所以称之为发展型框架,是因为由于这种类型的资历框架往往不是一个独立的政策工具,而是与政府积极推动发展教育培训体系相统一的,政府不仅仅是一个单纯的监督者,还是推动教育培训供给的主导者和参与者。菲律宾自 2003 年后实施的国家资历框架体现了发展型框架的特征,从结构特征来看,菲律宾国家资历框架由总统发布命令实施,具有法律强制力,同时覆盖了职业教育、高等教育、基础教育等各教育部门,而且还设置了对非正式学习和非正规学习的资历认证,但是菲律宾国家资历框架对资历的认证除了需要考虑学习成果外,还与学习过程紧密相关。③在发展资历框架以外,菲律宾政府还积极在农渔业等重点领域扩大培训项目、加大投资,拓展基于企业的培训,发展教育培训的制度体系。④ 在 2016 年之后,菲律宾政府采取了更为直接的措施投资

① G. Burke, P. McKenzie, C. Shah, et al., "Mapping Qualifications Frameworks Across APEC E-conomies," APEC Secretariat, 2009, http://www.apecknowledgebank.org/file.aspx;张伟远、傅璇卿:《搭建教育和培训的资历互认框架:东盟十国的实践》,《中国远程教育》2014 年第 5 期,第 46～53 页。

② S. Allais, *The Implementation and Impact of National Qualifications Frameworks: Report of a Study in 16 Countries* (Geneva: ILO, 2010).

③ G. Burke, P. McKenzie, C. Shah, et al., "Mapping Qualifications Frameworks Across APEC E-conomies," APEC Secretariat, 2009, http://www.apecknowledgebank.org/file.aspx.

④ Ecclesiastes Papong、孟莹:《菲律宾职业技术教育与培训改革探析》,《职教通讯》2013 年第 31 期,第 39～43 页。

人力资源发展，提出了技能培训计划，在各个地方由政府联合其他机构直接推动职业教育工作。[①]

类型五是"补充型框架"，这种类型资历框架的特点是部分教育部门实施了结果导向型的资历框架，或者整体上引入了具有法律强制力的资历框架，但是大部分资历的取得依然依赖于既有的制度体系。之所以称之为"补充型框架"是由于这类资历框架往往是借以补充某些教育部门或原有资历体系的不足，而非替代或改革原有的教育培训体系。法国从2002年开始实施的资历框架体现了补充型框架的特征，这一框架包括了学校体系外的所有教育和培训，尤其是引入了对先前经验的认可，但是法国的资历体系依然受到既有治理模式的影响，不少教育部门的课程设置依然是中央统一的，资历的授予也需要经过政府和相关社会主体的认可。奥地利作为一个传统上拥有高度制度化职业教育体系的国家，在欧洲资历框架的影响下所引入的资历框架同样也属于补充型框架，奥地利引入的资历框架覆盖了大部分的教育部门，而且与传统的职业学校、学徒制的培训进行了对接，但是这一框架并未试图改变原有的教育制度，其补充性主要体现在从2020年起这一资历框架为非正规教育的资历提供了空间。[②]

类型六是"象征型框架"，这种资历框架可能在表面上看起来具有法律效力，但是在国内的实际运作中已经被悬置了，不仅未能在实际上整合各种资历和教育部门，而且资历的取得依然有赖于既有的制度体系，成为一种纯粹具有象征意义的符号，或仅作为对接其他国家资历体系的工具。德国在2011年引入的国家资历框架（DQR）就是这一类型的典型代表。德国的独特双轨制教育体系是"投入导向型"（input-oriented）教育治理模式的典型代表，资历的获得依赖于学习和培训的制度体系，而且各个教育部门之间都有明确的轨道，很难实现相互转换，这与国家资历框架所希望实现的目标是相互冲突的。这使得德国所建立的资历框架虽然使用了学习成果式的语言，但在实际中依然是依据学习投入、学习过程等制度性因素

---

① 黄蘋：《"一带一路"战略背景下菲律宾职业教育扶贫政策及启示》，《职业技术教育》2017年第7期，第69～73页。

② "Austria: National Qualifications Framework," accessed May 30, 2020, https://eacea.ec.europa.eu/national-policies/eurydice/content/national-qualifications-framework-1_en.

来运作，德国教育体系中的学习目标、能力评估模式、治理措施、决策模式、资历认证方式等要素依然在资历的学习成果话语下保持了原有的运转方式，各类教育活动依然按照既有的正式和非正式制度进行组织，资历框架未能实现在各类教育体系之间的迁移。相反原来各个轨道上的提升路径依然十分固定，同时，受其他国家重视的非正式和非正规学习也未能纳入德国的国家资历框架。所以德国国家资历框架在既有制度背景下成了有其名无其实、以"成果导向"之名行"制度导向"之实的象征型框架。[①]

3. 国家资历框架多样性与职业教育

在资本主义多样性的研究中，已经看到了资历体系作为经济体系的一部分与其他制度之间的匹配关系，也看到了两种资历体系取向与两种类型经济体系之间的关联。但是既有资历体系取向和资历框架的取向并不是简单的等同关系，而且实施资历框架国家的类型已经远远超过了传统发达的欧洲资本主义国家，尤其是后发国家的政府主导型经济与两种资本主义经济体系都不尽相同，因此已有研究其实尚未解释资历框架的多样性和各种经济体系类型之间的内在关系与因果机制。

本部分尝试从理解国家资历框架多样性的框架出发，基于案例研究对其进行解释。首先将分别从各国的制度背景中寻找相关因素解释理解国家资历框架的两个维度即学习成果关联度和框架实施强度，进而对这些制度背景因素进行综合分析，从而揭示不同经济体系类型下国家资历框架的不同形态。

3.1 学习成果关联度：既有资历体系取向与职业教育主导力量

学习成果关联度是指资历获得与学习成果的关系程度。从相关国家可以看出，资历框架的学习成果关联度较高的国家往往是原有资历体系倾向于成果取向的国家，以及虽然资历体系倾向于制度取向但是政府能够主导

① B. Gössling, "All New and All Outcome - based? The German Qualifications Framework and the Persistence of National Governance Approaches," *Journal of Education and Work* 29 (2016): 540 - 561.

教育培训体系的国家。所以既有资历体系取向与职业教育的主导力量成为影响资历框架学习成果关联度的两个主要因素（见表4－2）。其中职业教育主导力量可能包括三种情况：第一，缺少单一主导力量，由市场上的职业培训学校、企业负责培训的市场主导类型；第二，由相关产业联盟实际负责职业教育培训体系建设并决定培训资历的产业主导类型；第三，政府实际参与职业教育培训体系建设并通过设置标准规范职业教育提供者的政府主导类型。[①]

表4－2　学习成果关联度：既有资历体系取向与职业教育主导力量

职业教育 主导力量 既有资历体系取向	市场主导	产业主导	政府主导
成果取向	学习成果关联度高 （英国、澳大利亚、威尔士、新西兰、南非）	—	—
制度取向	—	学习成果关联度低 （德国、奥地利）	不确定： 学习成果关联度低 （法国） 学习成果关联度高 （新加坡、马来西亚）

资料来源：笔者自制。

　　英国、澳大利亚、爱尔兰等盎格鲁－撒克逊国家，以及深受英国影响的南非均属于在职业教育及其资历体系上倾向于成果取向的国家，这些国家的职业教育主要是由市场主导。在上述国家推动资历框架建设时，与制度取向的职业教育相关联的群体，或力量不强，或被视为改革的对象，无法在决策过程中发挥大的作用，因此制度取向的职业教育与资历体系对这些国家的影响非常小，这些国家的资历框架整体上与学习成果关联度较高。

　　而德国、奥地利等欧洲大陆国家，以及法国、新加坡、马来西亚、菲

[①]　米红、韩娟：《自由、合作、政府引导：三类职业教育与培训模式的国际比较》，《教育发展研究》2010年第23期，第69~74页。

律宾等政府积极参与经济建设的发展型国家和新兴工业国家，由于传统的行业协会或者政府在产业发展与劳动力培养过程中发挥了建设性的作用，形成了制度取向的职业培训体系及资历体系。在建设国家资历框架过程中，不管是这些协会团体还是由政府建立的职业培训体系对于国家资历框架的决策均有较大的影响。但是，并非所有传统上制度取向的资历均能够在资历框架上发挥影响力，事实上这取决于资历来源即职业教育主导者是谁。

对于产业主导职业教育体系而言，政府很难驱动这一体系发生转变，因此只能尊重既有的职业教育和资历体系，典型的国家是德国，对应所谓的协调型市场经济国家。对于由政府主导建立职业教育及其资历体系的国家而言，由于政府既有能力建设职教体系也有能力改变既有的体系，所以政府可以选择坚持已经建立制度取向的资历体系，比如法国，也可以选择在改革中引入成果取向的资历框架，比如新加坡，这往往对应所谓的发展型国家。

3.2　框架实施强度：教育培训供给水平和职业教育主导力量

如何建设国家资历框架受到国家内部和外部因素两方面的影响。外部因素主要是指其他国家建设资历框架的示范效应，或者区域性倡议和框架的要求，外部因素往往是影响一国决定是否建设国家资历框架的关键因素，而内部因素则是影响国家资历框架强度的主要因素。在当前几乎大部分国家都已经建立或正在建立国家资历框架的背景下，外部因素的影响对各国都产生了明显的影响，所以各国之间的差异主要是资历框架强度上的差异。

从以下案例比较研究可以看到框架实施强度主要受到国家内部教育培训供给水平、职业教育主导力量两方面的影响。教育培训供给水平是指该国教育体系和培训体系所能培养的人才、劳动力能否满足国家发展需要的程度，可以分为充分、不足、较低三种情形；职业教育的主导力量包括政府主导、产业主导、市场主导三种类型（见表4-3）。

教育培训供给水平能够通过影响政府采取有关措施增加劳动力供给的紧迫性和意愿，从而可能会影响到国家资历框架实施的强度。总体来说，只有当教育培训供给水平不足时，相关国家才可能对国家资历框架具有强烈的推动意愿，但是推动实施何种强度的国家资历框架还取决于职业教育主导力量的相对强弱。这是因为在不同类型的职业教育体系中，企业职业教育培训需求的方向，以及政府所能采取和愿意采取的政策措施有较大差异。[①]

表4-3　不同职业教育主导力量下职业培训的主要需求和政府应对的政策选择

职业教育主导力量	职业培训的主要需求	政府应对的政策选择
市场主导	产业间的技能培训	市场型政策：经济激励、引导、规制
产业主导	产业内的技能提升	混合型政策：补贴、协商、信息劝诫
政府主导	产业间的技能培养 产业内的技能提升	市场型政策：经济激励、引导、规制 混合型政策：补贴、协商、劝诫 强制性政策：直接提供

资料来源：笔者自制。

（1）对于市场主导职业教育发展的国家而言，教育培训的主要需求是不同产业间的技能再培训，政府的应对措施往往是采取市场型政策规制、引导市场的调整。这是因为面对外部经济环境变化时，这些国家内部的企业往往会选择投资新方向进行投资，并采取裁员等市场化措施转嫁成本，因此职业教育需要的是对技能的重塑。虽然政府无法直接参与职业教育培训体系的建设，但是政府拥有调整和规制市场的权力，所以往往采用市场型政策工具引导教育培训市场转变以满足市场需要。国家资历框架就是一个典型的市场型政策工具。

（2）对于产业主导职业教育发展的国家而言，教育培训的主要需求是产业内的技能提升，政府的应对措施往往是补贴、协商等混合型政策。政府、企业和工会之间有稳定的协作关系，企业也为工人提供了长期和稳定的预期。面对外部经济压力时，相关企业并不会裁员，反而会通过厂内培训进一步提升工人的技能，从而使得企业通过效率和质量的提升应对外部挑战，而工人由于所培养的技能多为专有型技能，也很少会选择频繁跳槽。所以，对于政府来说，既缺乏干预的能力也缺乏干预的意愿，往往会选择混合型政策，通过协商和补贴等方式帮助企业进行企业内部的技能培养，而不是采用国家资历框架等市场型政策直接规定技能提供的方向。

[①]　薛澜：《公共政策研究：政策循环与政策子系统》，生活·读书·新知三联书店，2006。

（3）对于政府主导职业教育发展的国家而言，教育培训则面临多样化的需求，政府对于职业教育体系的干预措施也会更加多样化。这是因为这些国家往往属于后发国家，各种产业发展情况不一，既有国家所主导发展的产业，也存在国家放任发展的产业，所以不同产业面对经济压力时可能采取的应对措施就会有较大差异，在教育培训上呈现多样化需求。面对多样化的职业培训需要，政府既可以选择采取市场型政策等待市场的调整，也可能通过混合型政策对职业教育体系进行补贴或劝诫，还可能采取强制性政策，直接调整和建设职教体系以符合发展需要。

由于上述各国职业教育存在的体系性差异以及各国政府在应对教育培训供给需求上可能采取的政策差异，因此各国在推动国家资历框架发展时其框架实施强度存在系统性的差异（见表4-4）。

对于市场主导的国家而言，资历框架作为市场型政策是应对教育培训供给水平不足的理想选择，因此框架实施强度与教育培训需求有明显的负相关关系，当教育培训供给水平越低，框架实施强度越强。

对于产业主导的国家而言，由于产业与工会之间的稳定协作，极少会遇到教育培训供给严重不足的情况，即使出现供给不足的情况，相关国家实际上并不会采取市场型政策，受外部因素影响所推行的资历框架往往也不具有严格的约束力，因此整体上呈现为弱框架。

表4-4　框架实施强度：教育培训供给与职业教育主导力量

教育培训供给 职业教育主导力量	充分	不足	严重不足
市场主导	弱 （苏格兰）	中 （爱尔兰）	强 （南非、新西兰早期）
产业主导	弱 （德国）	中偏弱 （奥地利）	—
政府主导	中 （新加坡）	中 （法国、马来西亚）	中偏强 （菲律宾）

资料来源：笔者自制。

对于政府主导的国家而言，由于政府对职业教育有较大影响力，所以当政府决定实施资历框架时，资历框架的实施强度整体较高。而且由于政府对于职业教育体系有多种干预和调整的政策渠道和方式，并不会单独使用市场型政策工具，所以即使是在教育培训需求极大时，其实施的资历框架强度也会弱于市场主导的国家所实施的资历框架强度。

表4-4的案例比较中可以进一步发现，国家资历框架的实施强度其实在一定程度上体现了职业教育的落后程度，实施了十分激进的资历框架的南非国家资历框架其实是教育培训体系严重不足而且政府缺少直接干预能力的结果。2004年菲律宾就实施了较强的国家资历框架，也是因为国内职业教育体系的落后，但是由于菲律宾同时还实施了其他发展资历体系的政策措施，所以菲律宾的资历框架的强度其实弱于南非所实施的资历框架。

3.3　小结

从案例研究中可以发现，资历体系取向、职业教育主导力量以及教育培训供给水平是影响资历框架的三个主要因素，三者存在一定的内在逻辑关联，这些因素的组合其实反映了三种经济体系组织方式的基本特征，即协作型市场经济、自由型市场经济、政府主导型经济。这说明资历框架的多样性其实与各个国家的经济体系类型存在一定关联，体现了资历框架与经济制度背景间的匹配关系（如表4-5所示）。

表4-5　经济制度背景与资历框架多样性

经济体系类型	基本特征	政策空间	政策实施背景：教育培训供给	资历框架类型
自由型市场经济	职业教育培训相对不足，结果导向型资历体系，市场主导职教体系	市场型政策	充分	衔接型资历框架
			不足	改革型资历框架
			严重不足	变革型资历框架
政府主导型经济	职业教育培训差别较大，制度导向型资历体系，政府主导职教体系	市场型政策	充分	补充型资历框架
		混合型政策	不足	改革型资历框架
		强制型政策	严重不足	发展型资历框架
协作型市场经济	职业教育培训相对充分，制度导向型资历体系，产业主导职教体系	混合型政策	充分	象征型资历框架
			不足	补充型资历框架

资料来源：笔者自制。

对于德国等协作型市场经济而言，由于经济活动的开展依赖于企业和工会之间的稳定协作关系，因此产业主导了职业教育的发展，形成了制度取向的资历体系，总体上教育培训供给与经济发展之间存在的差距较小。当面临劳动力技能培训需求时，这些国家考虑的也是如何从整体上发展职教体系。所以这些国家本质上对于实施国家资历框架等市场型的政策措施的意愿不强，即使是在外部因素影响下推进了国家资历框架建设，资历框架依然需要尊重既有的资历体系，表现为成果取向，而且在实施强度上较弱。

而对于新西兰、爱尔兰、英格兰等自由型市场经济体系而言，经济活动的开展主要是各个主体之间的市场行为，企业和工人之间缺少稳定的协作关系，工业和制造业生产所需要的"专有性技能"的职业教育培训的需求较为薄弱，普通教育等能够提供"通用性技能"的教育培训反而更受欢迎，因此这些国家总体的职业培训体系较为不足[①]，资历体系多为结果取向。当随着经济环境的变化需要改变教育培训供给时，政府只能采取市场型政策措施，通过结果导向的资历框架引导教育培训体系满足市场需要。

对于新加坡、马来西亚、菲律宾等发展型国家所代表的政府主导型经济而言，政府在产业和职业教育发展过程中发挥了建设性的作用，所以这些国家往往形成了制度取向的资历体系。这些国家属于后发国家，发展情况各异，职业教育培训情况差异较大。由于这些国家的政府有较大的影响力，因此当决定实施资历框架时，资历框架整体的强度较高，而且政府能够通过改革进而引入与原有资历体系本不兼容的结果导向的资历框架。此外，这些国家政府还拥有更加多元的调整职业教育体系的政策措施，也会考虑通过直接措施加强整体职教体系的建设，所以即使面临教育培训供给严重不足的情况，所实施的资历框架强度也不会超过自由型市场经济国家实施的强度。

上述分析这说明国家资历框架其实是自由型市场经济体系的国家借以应对自由型市场经济体系内在劳动力不足的政策措施[②]，对于协作型市场

---

① M. Estevez - Abe, T. Iversen, D. Soskice, *Social Protection and the Formation of Skills: A Reinterpretation of the Welfare State// Varieties of Capitalism* (2001).

② M. Young, "Qualifications Frameworks: Some Conceptual Issues," *European Journal of Education* 42 (2007): 445 - 457.

经济的国家而言，国家资历框架并非一个天然合适的必要选择，对于政府主导型经济体系而言，国家资历框架仅能作为在某些领域解决教育培训不足或改革特定教育领域的备选政策工具。

4. 国家资历框架的绩效

虽然国家资历框架的实践遍布全球而且已经有了较长的历史，但是关于资历框架实施绩效依然十分有限，目前大多数研究都未能提供充足且正面的证据证明资历框架是一个有效的政策。[①] 这不仅由于如何评价资历和定义框架的绩效本身就存在问题，而且还由于资历框架的彻底实施是一个漫长的过程。当前大部分国家的资历框架尚在建设之中，即使是英国在2009年也仅有12%的劳动力拥有国家资历框架中的资历[②]，所以当前很难对各国资历框架及其绩效进行完备的比较研究。本部分希望结合既有研究中的一些结论，初步探讨国家资历框架的制度背景和国家资历框架绩效之间可能存在的内在关系。尽管资历框架更根本的绩效应该是人力资源技能的增长，但受限于资历框架实施进程，目前大多数研究将资历框架是否得到接受和成功实施作为其绩效的一个测度[③]，本书也将采用这一定义进行讨论。

4.1　职业教育体系成熟程度与资历框架

资历框架的有效实施需要以良好的职业教育体系为前提。既有研究中发现相对成功的资历框架多为职业教育领域的子框架或者为具有良好职业教育基础的子框架，而在高等教育和普通教育领域，实施强度较大的资历

---

① S. Allais, *The Implementation and Impact of National Qualifications Frameworks*: *Report of a Study in 16 Countries* (Geneva: ILO, 2010); D. Raffe, "What is the Evidence for the Impact of National Qualifications Frameworks?" *Comparative Education* 49 (2013): 143 – 162.

② M. Young, "National Vocational Qualifications in the United Kingdom: Their Origins and Legacy," *Journal of Education and Work* 24 (2011): 259 – 282.

③ S. Allais, "Labour Market Outcomes of National Qualifications Frameworks in Six Countries," *Journal of Education and Work* 30 (2017): 457 – 470.

框架几乎都遭遇了挫折。[①] 苏格兰[②]、爱尔兰[③]被认为分别是实施衔接型资历框架和改革型资历框架较为成功的范例，既有研究认为这些国家资历框架之所以获得了成功，主要是在于相关资历框架尊重了原有的教育和资历体系，实施了渐进改革，尤其是部分职业教育部门进行了长期的改革和发展，资历框架建立在一个相对良好的教育培训体系之上。相反，新西兰早期、南非早期所实施的变革型框架，以及澳大利亚实施的资历框架都遭遇了巨大的阻力，在实施后期都进行了重构和调整。[④] 其失败的原因一方面是在于直接整合高等教育、普通教育和职业教育存在逻辑上的内在矛盾；另一方面很重要的原因在于南非、新西兰的职业教育体系较为薄弱，尤其是南非的职业教育体系严重缺失[⑤]，试图仅通过实施资历框架增加教育供给是缘木求鱼、竹篮打水。一个可靠稳定的职业教育体系很难在毫无基础的条件上自发形成，相反以新加坡为代表的发展型国家，通过政府直接投入，建设完善的职业教育体系后再引入资历框架更具有可行性。[⑥] 甚至正如 Allais 对法国、突尼斯、斯里兰卡等六个国家资历框架实施绩效进行评估时指出的，在那些职业教育非常薄弱的国家，工作与资历之间的关联依然十分不清晰，相反法国的资历与工作之间的关系则十分明确，但是这并不是由于实施资历框架的缘故，相反法国资历框架是这一良好体系的结果。[⑦] 这说明资历框架并不能替代对职业教育体系的建设和投入，同样是面对职业培训体系严重不足的局面，发展型框架可能优于变革型框架。

制度和体系基础对于资历框架制度的重要性不仅体现在国家层面，在

---

① D. Raffe, "What is the Evidence for the Impact of National Qualifications Frameworks?" *Comparative Education* 49 (2013): 143 – 162.

② T. Collins, F. Kelly, H. Murdoch, et al. , *Framework Implementation and Impact Study: Report of Study Team* (Dublin: NQAI, 2009).

③ S. Allais, *The Implementation and Impact of National Qualifications Frameworks: Report of a Study in 16 Countries* (Geneva: ILO, 2010).

④ International Labour Office (ILO), *Learning from the First Qualifications Frameworks* (Geneva: International Labour Office, 2009).

⑤ S. Allais, "The Rise and Fall of the NQF: A Critical Analysis of the South African National Qualifications Framework," (Ph. D. diss. , University of the Witwatersrand, 2007).

⑥ M. Young, "National Qualifications Frameworks: Their Feasibility for Effective Implementation in Developing Countries," *International Labour Organization* (2005).

⑦ S. Allais, "Labour Market Outcomes of National Qualifications Frameworks in Six Countries," *Journal of Education and Work* 30 (2017): 457 – 470.

行业层面也十分明显。Allais 在总结 ILO 资历框架实施绩效的研究报告时就指出，国家资历框架更容易在拥有有效的人力资源开发和实践的行业内实施。[①] Young 对英国资历框架实施的研究发现，会计行业和医护行业在实施资历框架上获得了相对的成功，这两个行业都属于已经建立了完善的职业体系和资历体系的行业。[②] 这些成熟体系的意义体现在多个方面：首先，会计师协会、医护领域的公共部门在管理既有资历上拥有良好的权威，与这些机构对接而提出的资历，为资历框架提供了信任担保，将对传统资历的信任延续到资历框架之上；其次，这两个行业都存在明确的雇主导向，这使得雇主要求参与资历设计得以有实现的可能；再次，这些领域的行业雇主与培训学校、大学等教育机构之间稳定和密切的合作伙伴关系，使得资历领域的调整能够同步体现在教育培训上；最后，两个领域都存在较为明确的职业和资历晋升途径，这为各等级资历设计提供了具体的内容。尽管如此，两个行业在使用国家资历框架时都进行了一定的改造，比如加入了对学习投入、知识的要求，这也说明资历框架的结果导向逻辑本身存在一定问题，成果关联度过高对于资历框架并不合适。此外上述案例也说明，国家资历框架的强制性并不一定能为实施资历提供信任基础，确保其顺利实施。只有相关行业成熟度高，有建立清晰资历关系的需求和制度基础，资历框架的实施才能水到渠成。因此实施强度较低的资历框架可能更具有操作性和兼容性。

4.2　行业、技能与资历框架

资历框架有利于短期的技能塑造，无助于长期的技能培养；有利于服务业、低技能制造业的技能提升，不利于高端制造业的技能发展。虽然国家资历框架最初是在英国、澳大利亚、新西兰等国家追求高技能经济、提升劳动力技能的背景下提出的，但目前实际运作中的国家资历框架还鲜有

[①] S. Allais, *National Qualifications Frameworks：What's the Evidence of Success?* (Centre for Educational Sociology, 2011).

[②] M. Young, "National Vocational Qualifications in the United Kingdom：Their Origins and Legacy," *Journal of Education and Work* 24 (2011)：259 - 282.

证据表明有助于实现这一目标。①

首先，这是因为资历框架只有得到雇主认可才可能对劳动者有吸引力，然而资历框架受限于成果取向、流动性、透明度等要求，低估了只有通过正式体系学习才能获得知识、技能以及无法被描述的默会知识（tacit knowledge）、精神和气质的作用。② 而这些往往在高端制造业中十分重要，这使得诸多雇主尤其是需要高技能员工的雇主难以对资历框架产生信任。而且，对于传统资历运行良好的相关行业，强行以资历框架规制这些领域的培训和教育，反而有可能损害原有的教育培训优势。③ 这也影响了相关行业对资历框架的认可。

其次，从各国工业化的进程来看，高技能劳动力的培养尤其是高端制造业中专有性技能的培养主要是相关企业长期持续投资的结果，在没有了企业提供的长期稳定工作的情况下，个人不仅缺少获得这些技能的条件，而且也缺乏长期投资于这些技能的意愿。④ 国家资历框架以提升劳动力的流动性为目标，以劳动力个体选择为出发点，在一个高度变动的市场背景下，个人愿意投资的是那些短期容易实现就业的技能领域，而这往往是服务业或者是低端制造业所需要的，资历框架无法为个人长期投资技能发展提供足够的动机。⑤ 而且，资历框架扩大了资历的运用范围，强调技能的可迁移性，可能未必会为追求稳定雇佣关系的企业所认可。从各国推动资历框架的情况来看，积极推动资历框架且有成功经验的主要是英国、爱尔兰、中国香港等以服务业为主的经济体，德国、日本、韩国等高技能经济体则缺乏建设国家资历框架的动力。从这个意义上说，对于德国等经济体

① Annette Cox, "Re – visiting the NVQ Debate: 'Bad' Qualifications, Expansive Learning Environments and Prospects for Upskilling Workers," 2007; S. Bohlinger, "Qualifications Frameworks and Learning Outcomes: Challenges for Europe's Lifelong Learning Area," *Journal of Education and Work* 25 (2012): 279 – 297.

② Michael Young, *National Qualifications Frameworks: Their Feasibility for Effective Implementation in Developing Countries* (Geneva: International Labour Organization, 2005).

③ Michael Young, "Qualifications Frameworks: Some Conceptual Issues," *European Journal of Education* 42 (2007): 445 – 457.

④ M. Estevez – Abe, T. Iversen, D. Soskice, *Social Protection and the Formation of Skills: A Reinterpretation of the Welfare State// Varieties of Capitalism* (2001).

⑤ C. Crouc, D. Finegold, M. Sako, *The State and Skill Creation: Inevitable Failure? // Are Skills the Answer?* (1999).

而言，实施象征型框架可能是维系德国技术竞争优势的最好选择。事实上不少欧洲国家都由于担心资历框架损害原有职业培训体系的优势，而选择继续实施制度取向的资历体系。①

5. 结论和讨论

国家资历框架并不是一个统一而标准的政策工具，在各国不同的制度背景下，资历框架呈现出了一种多样性。根据国家资历框架在成果关联度和实施强度上的差异，可以将资历框架分为六种类型，即变革型框架、改革型框架、衔接型框架、发展型框架、补充型框架、象征型框架。

国家资历框架的多样性与各国经济体系的类型有直接的关系。自由型市场经济体系国家由于主要由市场主导职业体系发展，既有资历体系均为成果取向，所以其资历框架的成果关联度均较高。各国资历框架实施强度与各国的培训供给需求相关，教育培训严重不足的国家往往实施的资历框架越激进，从强到弱表现为变革型框架、改革型框架和衔接型框架。协作型市场经济体系国家由于产业主导了职业教育的发展，职业培训体系相对充分且资历体系呈现为制度取向，政府缺乏干预和调整资历体系的意愿，因此资历框架的成果关联度较低，整体资历框架的实施强度均较弱，主要表现为象征型框架和对既有职业教育体系有所补充的补充型框架。政府主导型经济体系国家由于政府实际建立了职业教育体系，传统资历体系呈现为制度取向，由于政府拥有较强的影响力和政策选择，因此资历框架的实施强度相对较高，但往往还会伴随其他的政策措施，成果关联度主要取决于政府的改革意愿和方向，根据教育培训需求的不同，呈现为严重不足时的发展型框架，以及存在一定需求时的改革型框架或补充型框架。

国家资历框架的实施绩效与制度背景同样有深层的关系。本书初步从职业教育体系完善程度、不同行业与技能类型两个方面进行了研究。研究发现，良好的职业教育体系是国家资历框架成功实施的前提而非结果，对

---

① S. Bohlinger, "Qualifications Frameworks and Learning Outcomes: Challenges for Europe's Lifelong Learning Area," *Journal of Education and Work* 25 (2012): 279-297.

于职业教育体系严重不足的国家，国家资历框架无法直接促进劳动力和技能的供给，相反只有政府先投入建设职业教育体系再引入国家资历框架才有较大的可能性。同样只有在人力发展资源和实践有较好基础的领域，资历框架才可能得到较好的实施。同时，国家资历框架的内在逻辑限制了其所适用的行业，限制了其所能发展的技能类型。由于高端制造业与技能增长依赖于一个稳定雇佣关系下的企业长期投资，国家资历框架无法为这些领域提供足够的激励，只能为服务业、低端制造业提供短期的技能发展。

本研究结论有助于澄清对国家资历框架的迷思，正如 Young 所说的，我们只能让资历框架在它能够发挥作用的领域体现价值，而不能让资历框架在政策制定者希望它发挥作用的领域发挥作用。[1] 国家资历框架的本质并不是一个价值中立的政策，而是自由型市场经济为了解决技能不足追求高技能经济的工具，它其实是自由型市场经济内在逻辑及其衍生的新自由主义意识形态的延续，而这些国家存在的技能缺失问题恰恰是这种内在逻辑和意识形态的产物，所以国家资历框架注定无法有效解决技能供给的问题，目前十分有限的经验证据侧面说明了这一点。所以当南非等职业教育培训严重不足的国家试图用资历框架而非直接发展职业教育体系追求技能供给，其实是重大的战略失误，注定是竹篮打水。相反在东亚及东南亚的发展型国家，政府直接投资于职业教育以及资历体系的建设反而是最为正确的战略选择。

从资历框架实施的成效来看，也说明只有先具备了良好的职业培训制度体系，资历框架才有发挥价值的空间，而且主要在提供信息和沟通上发挥重要作用。从既有研究所提供的正面案例来看，资历框架其实仅适合有相对明确的能力要求和晋升逻辑的行业领域。主要体现为服务业和低端制造业所需要的通用型技能或短期可习得的技能，比如财会和医护。高端制造业的技术能力依赖于企业的长期投资，个人往往缺乏投资意愿，所以国家资历框架在这些领域中几乎无能为力。这对于试图建设国家资历框架的国家而言意味着需要考虑实施资历框架与国家大的发展战略之间的兼容

---

① M. Young, "National Vocational Qualifications in the United Kingdom: Their Origins and Legacy," *Journal of Education and Work* 24 (2011): 259 – 282.

性，考虑各国的经济社会制度背景。如果试图发展高端制造业并加强对高技能、高动力的培养，实施国家资历框架只能是徒劳的。更切合实际的做法是建立有助于长期雇佣关系的劳动保护制度，并实际投资于教育培训体系的建设，为高技能的长期投资奠定基础。

本部分的分析侧重从结构性视角（structures）对影响各国实施国家资历框架效果的成果关联度、框架实施强度的因素进行解释，但是对于实施资历框架过程中的能动性因素（agency）和偶然性因素（emergencies）并未多加考虑。而这些是解释资历框架历史性变迁，以及诸如政府主导型经济在变革型资历框架和补充型资历框架间如何选择的主要因素，因而还有待进一步的研究。

第五章
国家资历框架和跨境教育资历认可

随着经济全球化的拓展和延伸，世界各国在社会、文化、教育等领域的交流与合作不断深化，极大地促进了学生和劳动力的跨境流动。2017年全球有580多万名国际学生[①]，2021年这一数字预计将达到700万；国际劳动力数量从2009年的31.29亿增长为2019年的34.89亿[②]，且流动性不断提高。人员跨境流动的规模扩大使得不同国家间教育资历的认可成为亟须解决的问题。教育资历认可不仅要求各国承认外国授予资历的有效性，还需依据本国教育、就业系统对其进行再诠释，并赋予外国资历持有者与本国相近资历持有者同等的升学或就业权利。

各国的教育系统由于受到各自社会政治制度以及教育历史与传统的影响，多有不同，难以直接实现教育资历或学分、课程的互认，不能完全满足跨境高等教育学习者在跨境学习、工作过程中的资历认可需求。这种差异体现在多个方面，首先，学历学位设置差异巨大，例如采纳英国高等教育体系的英联邦国家多使用学士、硕士、博士三级学位体系，但是德国高等教育在1998年以前就没有学士这一阶段，学生经过4~6年学习后获得的第一级学位为硕士。[③] 其次，课程体系和学习时长也因国家而异，例如法国完成学士学位仅需3年，乌克兰则需要4年；中国完成硕士学位需要2~3年，美国和英国的部分硕士学位仅需9个月。学位论文的要求也不尽

---

① OECD statistics，https：//stats. oecd. org.

② ILOSTAT Database and World Bank Population Estimate，https：//data. worldbank. org/indicator/SL. TLF. CACT. ZS.

③ 王国鹏：《新形势下中外高校学历学位互认工作存在问题探析》，《创新科技》2016年第5期，第48~50页。

相同，这使得难以比较不同学习时长所获教育资历的水平。最后，各国、各校之间高等教育质量与教学模式、教育理念存在差异。这些都给资历跨境认可带来了挑战，阻碍了学生的跨境流动，也阻碍了高等教育国际化的进展。

资历是联合国可持续发展教育目标（Sustainable Development Goal 4, SDG4）中有关职业教育和高等教育目标的核心要素。提高资历透明度、加强终身学习是教育和培训体系实现可持续发展教育目标（SDG4）以及更广泛的可持续发展目标的两项基本措施。资历建设与发展的重点是提高教育和培训方案的相关性和灵活性，加强终身学习，改进资历系统的透明度，为学分积累和转换创造可能。同时在充分考虑各国资历体系特殊性的基础上，加强教育资历的跨国认可以及劳动力和学习者的流动性。

教育资历的跨境认可传统上由双边或区域性多边资历认可协议或公约来实现，但由于前文提到的学历学位设置、课程体系、学习时长、教育质量和理念等方面的巨大差异，在实际执行过程中效果参差不齐。国家资历框架作为一种新的制度，能够为跨境资历认可提供统一的话语体系和标准化的工具，是应对资历跨境认可过程中存在问题的一种新的解决方案。目前欧盟大多数成员国已经通过将本国国家资历框架与欧洲终身学习资历框架对接来实现各国间教育资历话语体系和标准化工具的对接，为人员在欧盟内部畅通流动奠定了基础。我国香港地区也于 2016 年实现了香港地区资历框架与欧洲终身学习资历框架的对接。随着高等教育国际化的不断发展，区域性的高等教育资历互认公约也从强调完全一致和对等逐渐变为对学习成果和能力的认可，从过程的标准化转变为结果的标准化，体现了对不同国家教育体系的实质性差异的尊重。除此以外，联合国教科文组织从 20 世纪 70 年代开始就发起制定承认高等教育资历的地区性公约。进入 21 世纪以来又启动了高等教育资历全球认可公约的工作，经过不懈的努力，2019 年 11 月召开的教科文组织大会第 40 届会议表决通过了《承认高等教育相关资历全球公约》，高等教育资历的跨境认可进入了一个新的阶段。

1. 全球主要资历认可公约

1.1 区域性资历认可公约

1.1.1 高等教育资历互认区域性第一代公约与第二代公约

20 世纪 70 年代以来，全球范围内有 6 个地区签署了关于高等教育学历、文凭和学位相互认可的区域性公约：拉美及加勒比地区、地中海地区、阿拉伯地区、欧洲、非洲、亚太地区。以 1997 年的《欧洲地区高等教育资历互认公约》（简称《里斯本公约》）为界，资历跨境认可的区域性公约可以被划分为第一代公约和第二代公约两类。第一代互认公约代表各国首次在区域层面建立高等教育资历认可标准的努力，包含了 1975 ~ 1983 年签署的 6 份区域性高等教育资历互认公约（见表 5 – 1）。

表 5 – 1　第一代公约情况

签署时间及地点	区域	公约官方名称
1974 年 7 月 19 日，墨西哥城	拉美及加勒比海	《拉丁美洲及加勒比海地区承认高等教育学历、证书、文凭及学位的地区公约》（*Regional Convention on the Recognition of Studies, Diplomas and Degrees in Higher Education in Latin America and the Caribbean*）
1976 年 12 月 17 日，尼斯	地中海	《阿拉伯和地中海沿岸欧洲国家承认高等教育学历、文凭和学位的国际公约》（*International Convention on the Recognition of Studies, Diplomas and Degrees in Higher Education in the Arab and European States Bordering on the Mediterranean*）
1978 年 12 月 22 日，巴黎	阿拉伯国家	《阿拉伯国家承认高等教育学历、文凭和学位的国际公约》（*International Convention on the Recognition of Studies, Diplomas and Degrees in Higher Education in the Arab States*）
1979 年 12 月 21 日，巴黎	欧洲	《欧洲地区国家高等教育学历、文凭和学位互认公约》（*Convention on the Recognition of Studies, Diplomas and Degrees Concerning Higher Education in the States Belonging to the European Region*）

签署时间及地点	区域	公约官方名称
1981 年 12 月 5 日，阿鲁沙	非洲	《非洲地区国家承认高等教育学历、文凭和学位的国际公约》（*International Convention on the Recognition of Studies, Diplomas and Degrees in Higher Education in Africa*）
1983 年 12 月 16 日，曼谷	亚太	《亚太地区国家承认高等教育学历、文凭和学位的国际公约》（*International Convention on the Recognition of Studies, Diplomas and Degrees in Higher Education in Asia and the Pacific*）

资料来源：笔者根据相关资料整理。

在第一代公约基础上，1993 年联合国教科文组织与欧洲议会决定联合启动制定一项更加现代化且更完善的欧洲学位互认公约，由此出台了《关于承认高等教育学历与资历的建议书》。这一建议书是欧洲一体化的政治进程在社会领域的具体体现，是实现欧洲高等教育一体化目标的重要策略。1997 年《欧洲地区高等教育资历互认公约》（简称《里斯本公约》）的采纳标志着向第二代地区性公约的过渡和转折。第二代公约更加针对特定地区国家所面临的挑战，譬如在欧洲"博洛尼亚进程"中发挥了重要作用。第二代公约及主要相关草案、声明、宣言见表 5 - 2 所示。

表 5 - 2　第二代公约发展情况

通过时间及地点	区域	官方名称
1993 年 11 月 16 日，巴黎	欧洲	《关于承认高等教育学历与资历的建议书》（*Recommendation on the Recognition of Studies and Qualifications in Higher Education*）
1997 年 4 月 11 日，里斯本	欧洲	《欧洲地区高等教育资历互认公约》（*Convention on the Recognition of Qualifications Concerning Higher Education in the European Region*），简称《里斯本公约》
2011 年 11 月 26 日，东京	亚太	《亚洲及太平洋地区承认高等教育资历公约》（*Asia - Pacific Regional Convention on the Recognition of Qualifications in Higher Education*），简称《东京公约》
2014 年 12 月	非洲	《非洲地区国家高等教育学历、证书、文凭、学位及其他学术资历互认公约》（*Revised Convention on the Recognition of Studies, Certificates, Diplomas, Degrees and Other Academic Qualifications in Higher Education in African States*），简称《亚的斯亚贝巴公约》

资料来源：笔者根据相关资料整理。

其中,《欧洲地区高等教育资历互认公约》(简称《里斯本公约》)、《亚洲及太平洋地区承认高等教育资历公约》(简称《东京公约》)、《非洲地区国家高等教育学历、证书、文凭、学位及其他学术资历互认公约》(简称《亚的斯亚贝巴公约》)分别是第一代公约中 1979 年《欧洲地区国家高等教育学历、文凭及学位互认公约》、1983 年《亚太地区国家承认高等教育学历、文凭和学位的国际公约》和 1981 年《非洲地区国家承认高等教育学历、文凭和学位的国际公约》的更新版本。其中《里斯本公约》在欧洲高等教育一体化这一雄心勃勃的政治和教育目标指引下,加以欧盟的强势推行手段以及配套项目和措施,整体执行效果比较好;《东京公约》因为种种原因目前只得到澳大利亚、新西兰和中国三个国家的认可;《亚的斯亚贝巴公约》虽然有 18 个非洲国家签署,但截至 2018 年只有多哥共和国通过并承诺执行该公约。

总体来看,第一代公约和第二代公约都是在一系列共同原则的前提下建立起来的,这些原则包括:第一,受教育权是一项基本人权,高等教育无论对社会还是个人,都代表着异常丰富的文化和科学资产,接受高等教育是不可剥夺的人权;第二,跨境高等教育资历认可是为了促进教育领域交流合作,从而加强各国间地理、文化、经济联系,在增强各国学分学历系统透明度的同时,保留和加强文化认同、促进文化多样性,并且尊重各国教育体系的独特属性;第三,承认(recognition)资历是使各国现有教育手段能够尽可能有效地服务于公共利益的必要条件;第四,高等教育资历互认公约将会促进终身学习和教育的民主化,并推动可以促进结构、经济、科技和社会变革的教育政策的制定和实施。

第二代公约较之第一代公约也有明显的进步之处:第一,第二代公约中资历认可申请的程序更加透明,对资历信息获得途径的可靠性把控更严;第二,第二代公约的资历认可标准从资历构成要素(学习时间、学习内容、学习形式等)的完全一致逐渐变为对学习成果和能力的认可,从过程的标准化转变为结果的标准化,体现了对不同国家教育体系的实质性差异的尊重;第三,第二代公约有更加全面的制度建设,如各公约签订之后都制定了一系列的具体指导方针和操作指南,且建设了以欧洲信息中心网络(ENIC - Network)为代表的专门实施机构和技术支持系统;第四,与区域性的高等教育一体化政策紧密结合、互相促进，譬如《欧洲地区高等教育资历互认公约》就与欧盟的高等教育一体化政策高度相关；第五，第二代公约进一步加强了对高等教育质量保障的建设，通过质量建设促进国家之间的教育互信。

除了第二代公约以外，亚欧会议平台上也颁布了一系列声明和宣言，鼓励亚欧地区各国间高等教育资历的互相认可（见表5-3）。

表5-3 亚欧部长会议有关高等教育资历互认的声明和宣言

2011年5月9~10日，哥本哈根	亚欧	第三届亚欧教育部长会议主席声明《塑造 ASEM 教育区》（The 3rd ASEM Education Ministers' Meeting, *Shaping an ASEM Education Area*），简称《哥本哈根声明》
2012年9月，北京	亚欧	《亚欧会议框架下相互承认高等教育资历协作宣言》（*Declaration on the Cooperation in Recognition of Qualification Concerning Higher Education in Asian European Region*, *ASEM Recognition Bridge Declaration*），简称《北京宣言》
2013年5月，吉隆坡	亚欧	第四届亚欧教育部长会议主席声明（Chairman Statement of the Fourth ASEM Education Ministers' Meeting）

资料来源：笔者根据相关资料整理。

1.1.2 主要公约和声明

本部分对两个第二代公约以及两个声明进行重点介绍，分别是1997年的《欧洲地区高等教育资历互认公约》（以下简称《里斯本公约》）、2011年的《亚洲及太平洋地区承认高等教育资历公约》（以下简称《东京公约》）、2011年的《塑造 ASEM 教育区》的主席声明（以下简称《哥本哈根声明》）和2012年的《亚欧会议框架下相互承认高等教育资历协作宣言》（以下简称《北京宣言》）。

（1）《欧洲地区高等教育资历互认公约》（《里斯本公约》）

《里斯本公约》由欧洲理事会和联合国教科文组织共同起草，其目的在于精简欧洲一级的资历认可法律框架，并取代此前欧洲理事会在资历认可领域达成的5项公约[1]。该公约于1999年2月1日生效。截至2018年

---

[1] 该5项公约分别为《欧洲大学入学文凭等值公约》（ETS 第015号）、《欧洲大学同等学时公约》（ETS 第021号）、《欧洲大学学术学历认可公约》（ETS 第032号）、《欧洲大学入学文凭等值公约议定书》（ETS 第049号）、《欧洲大学学习期限一般等值公约》（ETS 第138号）。

12月31日，已有54个国家（含10个非欧盟成员国）签署并批准加入1997年《里斯本公约》，其中欧盟成员国的希腊和摩纳哥未签署，美国已经签署协议但尚未获得国内批准（见表5-4）。

表5-4　《里斯本公约》的签署和批准情况

地区	序号	国家	签署日期	批准日期	生效日期
欧盟国家	1	阿尔巴尼亚	1999年11月4日	2002年3月6日	2002年5月01日
	2	安道尔		2008年4月22日	2008年6月1日
	3	亚美尼亚	2000年5月26日	2005年1月7日	2005年3月1日
	4	奥地利	1997年7月7日	1999年2月3日	1999年4月1日
	5	阿塞拜疆	1997年4月11日	1998年3月10日	1999年2月1日
	6	比利时	2005年3月7日	2009年7月22日	2009年9月1日
	7	波黑	2003年7月17日	2004年1月9日	2004年3月1日
	8	保加利亚	1997年4月11日	2000年5月19日	2000年7月1日
	9	克罗地亚	1997年4月11日	2002年10月17日	2002年12月1日
	10	塞浦路斯	1998年3月25日	2002年11月21日	2002年1月1日
	11	捷克	1997年4月11日	1999年12约5日	2000年2月1日
	12	丹麦	1997年4月11日	2003年3月20日	2003年5月1日
	13	爱沙尼亚	1997年4月11日	1998年4月1日	1999年2月1日
	14	芬兰	1998年1月22日	2004年1月21日	2004年3月1日
	15	法国	1997年4月11日	1999年10月4日	1999年12月1日
	16	格鲁吉亚	1997年4月11日	1999年10月13日	1999年12月1日
	17	德国	1997年4月11日	2007年8月23日	2007年10月1日
	18	匈牙利	1997年4月11日	2000年2月4日	2000年4月1日
	19	冰岛	1997年4月11日	2001年3月21日	2001年5月1日
	20	爱尔兰	2004年3月8日	2004年3月8日	2004年5月1日
	21	意大利	1997年7月24日	2010年10月6日	2010年12月1日
	22	拉脱维亚	1997年4月11日	1999年7月20日	1999年9月1日
	23	列支教士登	1997年4月11日	1998年12月17日	1999年2月1日
	24	卢森堡	1997年4月11日	2000年10月4日	2000年12月1日
	25	马耳他	1997年4月11日	2005年11月16日	2006年1月1日
	26	黑山	2004年3月3日	2004年3月3日	2006年6月6日
	27	荷兰	2002年5月14日	2008年3月19日	2008年5月1日
	28	北马其顿	1997年4月11日	2002年11月29日	2003年1月1日

地区	序号	国家	签署日期	批准日期	生效日期
欧盟国家	29	挪威	1997 年 4 月 11 日	1999 年 4 月 29 日	1999 年 6 月 1 日
	30	波兰	1997 年 4 月 11 日	2004 年 3 月 17 日	2004 年 5 月 1 日
	31	葡萄牙	1997 年 4 月 11 日	2001 年 10 月 15 日	2001 年 12 月 1 日
	32	摩尔多瓦	1997 年 5 月 6 日	1999 年 9 月 23 日	1999 年 11 月 1 日
	33	罗马尼亚	1997 年 4 月 11 日	1999 年 1 月 12 日	1990 年 3 月 1 日
	34	俄罗斯	1999 年 5 月 7 日	2000 年 5 月 25 日	2000 年 7 月 1 日
	35	圣马力诺	2011 年 7 月 6 日	2011 年 12 月 19 日	2012 年 2 月 1 日
	36	塞尔维亚	2004 年 3 月 3 日	2004 年 3 月 3 日	2004 年 5 月 1 日
	37	斯洛伐克	1997 年 4 月 11 日	1999 年 7 月 13 日	1999 年 9 月 1 日
	38	斯洛文尼亚	1997 年 4 月 11 日	1999 年 7 月 21 日	1999 年 9 月 1 日
	39	西班牙	2009 年 2 月 20 日	2009 年 10 月 28 日	2009 年 12 月 1 日
	40	瑞典	1997 年 4 月 11 日	2001 年 9 月 28 日	2001 年 11 月 1 日
	41	瑞士	1998 年 3 月 24 日	1998 年 3 月 24 日	1999 年 2 月 1 日
	42	土耳其	2004 年 12 月 1 日	2007 年 1 月 8 日	2007 年 3 月 1 日
	43	乌克兰	1997 年 4 月 11 日	2000 年 4 月 14 日	2000 年 6 月 1 日
	44	英国	1997 年 11 月 7 日	2003 年 5 月 23 日	2003 年 7 月 1 日
非欧盟国家	45	澳大利亚	2000 年 9 月 19 日	2002 年 11 月 22 日	2003 年 1 月 1 日
	46	白俄罗斯		2002 年 2 月 19 日	2002 年 4 月 1 日
	47	加拿大	1997 年 11 月 4 日	2018 年 6 月 13 日	2018 年 8 月 1 日
	48	梵蒂冈	1997 年 4 月 11 日	2002 年 2 月 28 日	2001 年 4 月 1 日
	49	以色列	1997 年 11 月 24 日	2007 年 7 月 12 日	2007 年 9 月 1 日
	50	哈萨克斯坦	1997 年 4 月 11 日	1998 年 10 月 7 日	1999 年 2 月 1 日
	51	吉尔吉斯斯坦		2004 年 3 月 9 日	2004 年 5 月 1 日
	52	新西兰		2007 年 12 月 4 日	2008 年 2 月 1 日
	53	塔吉克斯坦	2011 年 6 月 6 日	2012 年 3 月 28 日	2012 年 5 月 1 日
	54	美国	1997 年 4 月 11 日		

资料来源：笔者根据联合国秘书处相关记录整理。

　　《里斯本公约》旨在促进各国对其他国家资历的认可。公约中规定资历认可申请应当在合理的时间内以公平的方式进行评估，只有当资历授予国与资历认可国的资历有实质差异时，才能拒绝承认；公约还明确了举证实质性差异的责任在于资历认可国的教育机构而非申请者。该公约是欧洲各国在资历认可领域达成的首个具有统一性质的综合性的资历认可公约①，对于解决区域内已有各种资历认可公约和协议的重复及概念混乱，各国教育制度差异导致的资历认可难度加大，以及消除欧洲区域内资历认可的政策、法律及其他的结构性障碍等具有重要的促进作用。同时该公约的影响力已经不仅限于欧盟地区，目前已经有 10 个非欧盟国家签署该项协议。

《里斯本公约》的监督和推进工作由两个机构执行，分别是欧洲地区高等教育资历互认公约委员会（Committee of the Convention on the Recognition of Qualification Concerning Higher Education in the European Region）、欧洲学术流动和认可国家信息中心网络（European Network of National Information Centres on Academic Mobility and Recognition）。② 公约委员会负责促进公约的实施并监督其执行情况，并通过建议、宣言、议定书和确定最佳实践模式等多种方式对缔约国的公约实施情况进行指导。国家信息中心网络则主要负责支持和协助缔约国有关部门开展公约实施工作，委员会在作出决议之前也会征求信息中心网络的相关意见。

（2）《亚洲及太平洋地区承认高等教育资历公约》（《东京公约》）

《亚洲及太平洋地区承认高等教育资历公约》（以下简称《东京公约》）的目标是替代 1983 年制定的《亚太地区国家承认高等教育学历、文凭和学位的国际公约》（以下简称《曼谷公约》）。该公约于 2011 年 11 月 26 日在东京签署，亚美尼亚、孟加拉国、柬埔寨、中国、老挝、韩国、东帝汶、土耳其及罗马教廷在公约上签字，马绍尔群岛在 2019 年 11 月 15 日也签署并加入该公约（见表5－5）。

表 5－5　签署《东京公约》的国家名单

国家	签署日期
亚美尼亚	2011 年 11 月 26 日
孟加拉国	2011 年 11 月 26 日

---

① 胡焰初：《〈欧洲地区高等教育相关资格认可公约〉述评》，《武汉大学学报》（哲学社会科学版）2007 年第 1 期，第 129～134 页。

② Council of Europe, "Convention on the Recognition of Qualifications Concerning Higher Education in the European Region," (Lisbon, 1997).

国家	签署日期
柬埔寨	2011 年 11 月 26 日
中国	2011 年 11 月 26 日
罗马教廷	2011 年 11 月 26 日
老挝	2011 年 11 月 26 日
韩国	2011 年 11 月 26 日
东帝汶	2011 年 11 月 26 日
土耳其	2011 年 11 月 26 日
马绍尔群岛	2019 年 11 月 15 日

资料来源：UNESCO, "Asia – Pacific Regional Convention on the Recognition of Qualifications in Higher Education," (Tokyo, 2011).

《东京公约》旨在促进亚太地区高等教育领域的人员流动，从而应对高等教育国际化的发展要求。该公约确认了在无特别实质性差异的情况下对于各国的高等教育资历都予以认可这一基本原则，提高了亚太地区资历的透明度，符合亚太地区高等教育发展趋势。

在实施方面，《东京公约》规定缔约国应当对其他缔约国停止实施1983 年《曼谷公约》，并随着条约缔约国数量的增加最终取代 1983 年公约。《东京公约》体现了第二代公约较之第一代公约向更有利于资历申请人的方向转变的趋势。例如对于符合高等教育课程一般入学要求的资历，除非存在实质性差异均应予以承认，并且明确举证实质性差异的责任在于认可机构，提出应制定针对无法提供书面证明材料的难民的资历评估和承认的程序，要求资历认可主管机构应在事先规定的时限内及时对申请人资历进行评估等。

(3) 第三届亚欧教育部长会议主席声明（《哥本哈根声明》）

2011 年，第三届亚欧教育部长会议围绕"平衡人员流动""终身教育和职业教育""质量保障""大学与企业合作"等 4 个议题进行了深入的讨论，达成了"平衡亚欧之间人员流动、加强终身学习和职业教育培训、重视质量保障和跨区域合作、加强教育与产业的结合"的共同意见，并在此次会议上发表了第三届亚欧教育部长会议主席声明《塑造 ASEM 教育区》（*Shaping an ASEM Education Area*，以下简称《哥本哈根声明》）。

《哥本哈根声明》中达成了 8 点共识，其中很大部分内容都涉及建立国家资历体系和促进跨境资历认可，比如加强各国紧密而持续的合作，促进亚欧教育整体战略的实施；鼓励多样化的终身学习；将高质量的研究、教育和培训系统视作促进就业和经济增长的关键；未来的合作应在目前已存在的认证、质量保障和流动框架指导下进行，若需建立新的框架，应考虑各成员国的实践以确保新框架能遵循成本效率原则等。

此次会议还制定了 4 个方面的具体实践措施。在质量保障方面，通过联合开发亚欧会议教育领域质量保障的共同准则、共同认可学分和建立统一可行性机构，促进资历框架、资历认证和质量保障从理念到实践的转化。在促进教育与产业结合方面，基于亚欧校企合作会议探索相关领域的实践经验，探索与欧盟校企合作会议开展合作，专门建立一个来自学术界和企业界的欧亚代表团以加深两个区域的校企合作，建立试验性的安置计划促进学生在大学和产业间流动等，这体现了会议参与各方对高等教育商品化、产业化趋势的认同。在平衡流动方面，会议建议通过拟定相关草案、建立信息数据库、跨机构开办暑期学校、建立奖学金机制、遴选教师和组织研讨会等方式促进人员的流动，体现了对区域间灵活发展和国家间互信的促进。在终身学习和职业教育与培训方面，会议认为举办成人与社区教育是各国的义务，需要建立终身学习基地、推广优秀实践项目、鼓励工作场所的学习，还需要通过机构主导、社会配合等方式加强终身学习与职业教育，全方位地呈现终身学习的落实维度。

《哥本哈根声明》的后续会议围绕以上共识性原则不断提出修正和细化意见，同时在组织机构等方面进行了具体落实。后续会议在运作机制、保障目标、负责机构与具体操作指南等方面对资历互认制度的落实制定了具体项目，同时成立了工作组以推进和督促项目实施。

（4）《亚欧会议框架下相互承认高等教育资历协作宣言》（《北京宣言》）

2012 年，第三届亚欧教育部长会议高等教育资历互认公约起草专家工作组第二次会议在北京举行，在这次会议上通过了《亚欧会议框架下相互承认高等教育资历协作宣言》（简称《北京宣言》）。作为对第三次亚欧教育部长会议《哥本哈根声明》的回应，《北京宣言》在倡议建设资历互认的跨国组织机构方面彰显了进步和价值。

《北京宣言》延续了《哥本哈根声明》中所体现的国际合作促进制度，并进一步督促信息中心履行职责；同时，基于《哥本哈根声明》对平衡流动的展望，将亚欧地区国家资历信息中心联盟这一组织的作用明确为"支持和促进高等教育资历认证的跨地区合作与信息交流"，以促进资历信息流通、学生流动与国家间互信。《北京宣言》还将制定和实施具体合作机制的职能赋予了各层级资历信息中心，并号召此类职能机构的广泛合作。从以上内容可看出，《北京宣言》在第二代公约和《哥本哈根声明》的基础上，强调了亚欧资历互认的具体机制和实施机构——各层级资历信息中心的重要性及其职责定位，为跨境资历互认提供了机构依托。

除上述主要的公约和声明以外，欧洲委员会（European Commission）、欧洲理事会（Council of Europe）以及联合国教科文组织陆续出台系列文件以明确教育资历跨境认可的原则、程序，并及时总结认可过程中的新趋势和新问题，提供跨境教育、联合学位等新型资历的认可建议。譬如《国际入学资历认可建议书》（1999）、《外国资历评估标准与程序建议书》（2001）、《跨境教育最佳实践守则》（2001）、《博洛尼亚进程中的认可事项》（2001）、《联合学位认可建议书》（2004）、《外国资历评估标准与程序修订建议书》（2010）、《欧洲认可手册：资历的公平认可实践指南》（2012）、《外国资历认可工具箱：亚太地区从业者指南》（2013）、《欧洲认可手册：高等教育机构之参考》（2014）。此外，欧盟陆续推出学分转换与累积系统（ECTS)[1]、国家资历框架（National Qualification Framework）、文凭补充（Diploma supplement)[2] 等认可工具，并要求各国建立国家信息中心，为资历认可提供权威、准确的信息，如欧洲委员会要求各国设立"国家学术认可信息中心"（NARIC），欧洲理事会和联合国教科文组织还联合成立"欧洲学术流动和认可国家信息中心网络"（ENIC）。2004 年，二者合作建立 ENIC/NARIC 网站，分享各国高等教育体系、资历体系方面的信息，协调教育资历跨境认可中的问题。

---

[1] 即根据达致特定学习成果的学习负荷（workload）计算学分的系统，通常允许学分在不同国家、高等教育机构之间转换和累积。

[2] 文凭补充即对官方资历的补充和说明，按照国际认可的形式为学生完成的学业提供更详细的信息，如关于学位授予机构及其学习项目的信息、对于预期学习成果的描述等。

1.2 全球资历认可公约

除了区域性的资历互认公约，联合国教科文组织近二十年来也一直在推进高等教育资历的全球规范与互认，《承认高等教育相关资历全球公约》与《职业技术教育世界参考水平》都是联合国教科文组织在资历互认领域的尝试。

1.2.1 《全球高等教育学历学位互认公约》

联合国教科文组织自 20 世纪 70 年代开始就发起制定承认高等教育资历的地区性公约。1975～1983 年，联合国教科文组织先后制定了拉美地区、环地中海地区、阿拉伯地区、欧洲、非洲和亚太地区等六个关于承认高等教育资历的地区性公约。在此基础上，20 世纪 90 年代初，联合国教科文组织首次尝试制定承认高等教育资历的全球规范文件，并在 1993 年联合国教科文组织第 27 届大会上通过了《关于承认高等教育学历与资历的建议书》。

进入 21 世纪以来，各国对于改善对外高等教育资历认可的需求日益增强，为此制定全球性公约再次提上了日程。2015 年联合国教科文组织第 38 届大会通过决议，进一步提出启动制定《承认高等教育相关资历全球公约》（以下简称《全球公约》）。2016 年 4 月，由教科文组织会员国推荐的 18 名专家及总干事提名产生的 5 名独立专家共同组成《全球公约》起草委员会，在 2017 年形成了公约文本的初步草案。该草案在经过两年的意见征集和修改后，于 2019 年 11 月提交给联合国教科文组织第 40 届大会加以表决，最终获得通过，由此完成了高等教育资历国际承认体系的最后一片"屋顶"。

《全球公约》的主要目标是构建一个资历认可的国际性规范工具，以加强国家和地区间的高等教育合作，并且促使联合国教科文组织所有成员国授予的高等教育资历能得到认可[①]，从而进一步促进全球范围内的教育及人员流动。《全球公约》主要针对的是高等教育领域，在其推进过程中

---

① 阚阅：《从单一功能到多重互动：国际高等教育资历承认的发展与展望》，《中国高教研究》2019 年第 7 期，第 39～46 页。

也必须考虑全球公约与区域性资历认可公约及双边协定之间的关系，以及各国自身的高等教育发展战略。制定《全球公约》的动议反映了以强调教育的大众化与民主化、教育内容与提供者多样化、学术流动、就业能力、质量保障以及资历框架等为主要特征的当前全球高等教育的总体发展趋势，也体现出教育界对《教育2030议程》的回应。[①]

《全球公约》提出了未来各方努力和推动的方向，重申了教育是一项基本人权，明确了下一时期的教育目标包括高等教育的民主化。同时还认为要促进学生与学术资源的流动相结合，满足对国际高等教育日益增长的需要，同时对经在线学习等新形式获得的跨境学位或资格证书在认证时面临的挑战进行回应。

《全球公约》还提出了需要实现的具体目标，这些目标体现了世界各国对于当下全球经济、教育格局和发展方向的基本认识：比如促进高等教育国际合作是为了适应劳动力市场全球化、高等教育商品化和产业化的需要；促进终身学习和教育民主化；促进资历框架、资历认证和质量保障的连贯性；促进和支持高等教育政策的区域间灵活发展；尊重高等教育提供者的多样性；通过建立国家信息中心等手段加强互信，提倡有助于结构性、经济性、技术性和社会性变革的教育政策；通过促进学术流动扩展专业教师队伍等。

1.2.2 《职业技术教育世界参考水平》（*World Reference Levels*，WRLs）

2012年，联合国教科文组织在上海召开了第三届国际职业技术教育与培训大会，讨论当前职业教育和培训的发展趋势和动力。这次全球对话最终形成了《上海共识》，该共识建议制定职业技术教育国际质量保障指南，以确定基于学习成果的资历标准，其中包括提议建立《职业技术教育世界参考水平》（WRLs，以下简称《世界参考水平》）以支持国际上对职业技术教育与培训资历的认可。自2014年以来，联合国教科文组织一直致力于与区域和全球组织合作制定此类指南。在这项工作的推进过程中，教科文组织采取了逐步推进的策略，首先对国家和区域一级的资历水平描述进行

---

① 阚阅：《从单一功能到多重互动：国际高等教育资历承认的发展与展望》，《中国高教研究》2019年第7期，第39~46页。

技术审查，其次完善《世界参考水平》的有关概念，最后通过广泛的咨询及协商，探讨采用《世界参考水平》的可行性。[①]

制定《世界参考水平》最重要的背景是教育培训系统和劳动力市场的国际化以及工作机会的增加，各国和区域性的资历框架的相继建立也是催生《世界参考水平》的诱因之一。《世界参考水平》旨在提高学习者和劳动力的流动性、参与劳动力市场和促进终身学习。该参考水平的价值在于为职业技术教育提供了一套独立参考标准，据此可以在国际上对学习成果进行比较，因此是一种能够支持"全球流动"的翻译工具。[②] 它使用一种全球性的话语体系对职业技术教育资历进行重新描述，从而为职业技术教育资历提供了一个中立的、独立的和国际的参考基准点，使得对不同形式职业教育的结果水平进行比较和衔接成为可能。基于这一参考标准，还能够对学习成果和资历、正规教育和培训的价值以及进入就业领域的应用和发展进行比较和评估。《世界参考水平》通过纳入质量保障原则来支持资历认可，同时通过能力建设、制定共同话语、共享背景资料以及建立网络和实践社区来应对学生和劳动力跨区域流动的挑战。所以它不仅应该能够应用于国家、部门和区域资历框架，还应该能够应用于其他基于学习成果的资历框架，例如求职和职业指导框架、工作评估和招聘计划等。

1.3 中国与其他国家资历认可的实践

中国虽然尚未建立国家资历框架，但是在高等教育领域已经有了大量跨境资历认可的实践。随着中国教育领域改革开放的不断深化，出国留学、留学回国、来华留学人数逐年攀升，中国与其他国家签订双边教育资历互认协议已经成为我国实现与他国高等教育资历互认的主要方式。自1988 年与斯里兰卡签订《相互承认学位及其他教育证书相当的协定书》以来，中国先后与 47 个国家和地区签订了学历学位互认协议（截至 2018 年

① B. Chakroun, K. Daelman, "Developing World Reference Levels of Learning Outcomes: Potential and Challenges," in UIL, UNESCO, ETF, Cedefop, eds., *Global Inventory of Regional Qualifications Frameworks* (2015).

② J. Keevy, B. Chakroun, *Forthcoming, Leveling and Recognizing Learning Outcomes: The Use of Level Descriptors in the Twenty – First Century* (Paris: UNESCO, 2015).

1 月 23 日）①，详见表 5－6。

这些学历认可协议是我国开展高质量的高等教育国际交流与合作的有效保障。首先，双边协议能够帮助学习者及用人单位正确理解资历，是学习者、教育提供者及用人单位保障权益的重要依据。其次，协议的签订从政府层面为中国和缔约国的高等教育质量做了背书，通过官方认可院校名单等形式对于高等教育水平和质量予以确认，对于规范留学市场、促进高等教育院校提高教育质量具有重要意义。

表 5－6　中国签订的国家（地区）间相互承认学位、学历和
文凭的双边协议清单（截至 2018 年）

年份	协议签署国别	协议名称
1988	斯里兰卡	中华人民共和国和斯里兰卡民主社会主义共和国互相承认学位及其他教育证书相当的协定书
1990	保加利亚	中华人民共和国国家教育委员会和保加利亚人民共和国科学和高等教育部关于相互承认文凭、学位和证书的协议
1991	阿尔及利亚	中华人民共和国政府和阿尔及利亚民主人民共和国政府关于相互承认证书、学位和职称的协议
1991	秘鲁	中华人民共和国政府与秘鲁共和国政府关于互相承认高等学校的学位和学历证书的协定
1992	毛里求斯	中华人民共和国政府和毛里求斯共和国政府关于相互承认证书、学位和职称的协议
1993	乌兹别克斯坦	中华人民共和国国家教育委员会与乌兹别克斯坦共和国高等和中等专业教育部关于相互承认中华人民共和国和乌兹别克斯坦共和国高等院校及其科研机构颁发的高等教育学历证书（文凭）及学位的协议
1994	喀麦隆	中华人民共和国政府和喀麦隆共和国政府关于相互承认文凭、职称和学位证书的协议
1995	罗马尼亚	中华人民共和国国家教育委员会和罗马尼亚教育部关于相互承认高等教育学历、文凭和学位证书的协议
1995	俄罗斯	中华人民共和国政府和俄罗斯联邦政府关于相互承认学历、学位证书的协议

① 陈宝生：《在全国教育工作会议上的讲话》，2018 年 1 月 23 日，教育部网站，http://www.moe.gov.cn/jyb_xwfb/moe_176/201802/t20180206_326931.html。

续表

年份	协议签署国别	协议名称
1997	埃及	中华人民共和国国家教育委员会和阿拉伯埃及共和国高教部关于相互承认学历、学位证书的协议
	匈牙利	中华人民共和国政府和匈牙利共和国政府关于相互承认学历、学位证书的协议
1998	乌克兰	中华人民共和国政府和乌克兰政府关于相互承认学历、学位证书的协议
	蒙古	中华人民共和国政府和蒙古国政府关于相互承认学历、学位证书的协议
2000	白俄罗斯	中华人民共和国政府与白俄罗斯共和国政府关于互相承认学位证书的协议
2002	吉尔吉斯	中华人民共和国政府和吉尔吉斯共和国政府关于相互承认学历、学位证书的协议
	德国	中华人民共和国政府与德意志联邦共和国政府关于互相承认高等教育等值的协议
2003	英国	中华人民共和国政府和大不列颠及北爱尔兰联合王国政府及托管政府关于相互承认高等教育学位证书的协议
	法国	中华人民共和国教育部与法国青年、国民教育和科研部高等教育学位和文凭互认行政协议
	澳大利亚	中华人民共和国政府与澳大利亚政府关于相互承认高等教育学历和学位的协议
	新西兰	中华人民共和国教育部与新西兰教育部关于在高等教育领域内相互承认学历和学位的协议
2004	中国香港	内地与香港关于相互承认高等教育学位证书的备忘录
	奥地利	中华人民共和国政府和奥地利共和国政府关于互相承认高等教育等值的协定
2005	荷兰	中华人民共和国政府与荷兰王国政府关于相互承认高等教育学位证书及入学的协议
	加拿大（安大略省）	中华人民共和国教育部与加拿大安大略省关于相互承认高等和高中后教育的谅解备忘录
	加拿大（魁北克省）	中华人民共和国教育部与加拿大魁北克省政府关于相互承认学历、学位和文凭的合作协议

年份	协议签署国别	协议名称
2005	葡萄牙	中华人民共和国政府和葡萄牙共和国政府关于相互承认高等教育学历、学位证书的协定
	意大利	中华人民共和国政府和意大利共和国政府关于互相承认高等教育学位的协议
2006	爱尔兰	中华人民共和国政府与爱尔兰政府关于相互承认高等教育学位学历证书的协议
	墨西哥	墨西哥合众国公共教育部与中华人民共和国教育部关于签署《中墨学历学位互认协议》工作的谅解备忘录
	哈萨克斯坦	中华人民共和国政府和哈萨克斯坦共和国政府关于相互承认学历和学位证书的协定
	瑞典	中华人民共和国政府与瑞典王国政府关于高等教育领域合作的框架协议
	加拿大（爱德华王子岛省）	中华人民共和国教育部与加拿大爱德华王子岛省关于相互承认高等和高中后教育的谅解备忘录
	加拿大（不列颠哥伦比亚省）	中华人民共和国教育部由部长代表与加拿大不列颠哥伦比亚省由省长代表关于相互承认高等/高中后教育的谅解备忘录
	加拿大（萨斯卡彻温省）	中华人民共和国教育部与加拿大萨斯卡彻温省关于相互承认高中后学历、促进学术、研究交流及学生交换的谅解备忘录
	加拿大（新不伦瑞克省）	中华人民共和国教育部与加拿大新不伦瑞克省关于相互承认高等和高中后教育的谅解备忘录
2007	丹麦	中华人民共和国政府与丹麦王国政府关于相互承认高等教育学位的协议
	西班牙	中华人民共和国政府与西班牙王国政府关于相互承认学历学位的协议
	泰国	中华人民共和国教育部与泰王国教育部关于相互承认高等教育学历和学位的协定
	加拿大（艾伯塔省）	中华人民共和国教育部与加拿大艾伯塔省关于相互承认高等和高中后教育的谅解备忘录
	加拿大（曼尼托巴省）	中华人民共和国教育部与加拿大曼尼托巴省关于相互承认高等/高中后教育的谅解备忘录
	加拿大（诺瓦斯科舍省）	中华人民共和国教育部与加拿大诺瓦斯科舍省关于相互承认高等和高中后教育的谅解备忘录

续表

年份	协议签署国别	协议名称
2007	法国	中华人民共和国教育部与法国高等教育和科研部关于高等教育学位和文凭互认方式的行政协议
2008	新西兰	中华人民共和国政府与新西兰政府关于在高等教育领域内相互承认学历和学位的协议
	古巴	中华人民共和国政府和古巴共和国政府关于高等教育学历、文凭、证书的互认协议
	韩国	中华人民共和国教育部与大韩民国教育科学技术部关于高等教育领域学历学位互认谅解备忘录
2009	越南	中越关于相互承认高等教育学历和学位的协定
	菲律宾	中华人民共和国政府和菲律宾共和国政府关于相互承认高等教育学历和学位的协议
2010	墨西哥	中华人民共和国政府和墨西哥合众国关于为学生继续学习而相互承认学历、文凭、学位的协议
	拉脱维亚	中华人民共和国政府教育部和拉脱维亚共和国教育和科学部关于互相承认高等教育学历和学位的协议
2011	马来西亚	中华人民共和国政府教育部和马来西亚关于高等教育学位学历互认协议
2014	法国	中华人民共和国教育部与法国国民教育、高等教育和科研部签署了文凭互认的行政协议
2016	斯洛文尼亚	中华人民共和国政府教育部和斯洛伐克教育部关于高等教育学历学位互认协议
	捷克	中华人民共和国政府教育部和捷克教育部关于高等教育学历学位互认协议
2017	塞浦路斯	中华人民共和国政府教育部和塞浦路斯教育部关于相互承认高等教育学位的协议

资料来源：笔者根据教育部网站信息整理。

除了签订双边互认协议，中国在区域性学历认可公约的协商推进过程中发挥着日益显著的作用，尤其是参与制定了亚欧教育部长会议平台上的《亚欧资历互认合作原则指南和操作手册》。2011 年 5 月，哥本哈根第三届亚欧教育部长会议主席声明提出探索建立学位和学分互认的亚欧互认公约（包括在成员国建立国家文凭资历认证信息中心），同年 12 月在奥地利牵头召开的"亚欧互相承认高等教育资历专家工作组"第一次会议上，专家工作组却否定了《亚欧高等教育资历互认公约》的设想，认为亚欧之间迫切需要解决资历互认中存在的实际问题和障碍，需要一个更具实质性、可操作性的工具，因此提出在《东京公约》和《里斯本公约》之间建立起一个互通互联的纽带和桥梁，形成一个有效的沟通与合作机制。

2012 年中国教育部牵头召开了"亚欧互相承认高等教育资历专家工作组"第二次会议，研究探讨建立亚欧互相承认高等教育资历实质性、常态化合作机制，并起草了《亚欧会议框架下相互承认高等教育资历协作宣言》（《北京宣言》）。《北京宣言》中针对亚欧教育资历互认合作的发展方向、亚欧会议各国国家资历信息认证中心的合作机制提出了多方面的建设性意见。在 2013 年 5 月马来西亚吉隆坡第四届亚欧教育部长会议主席声明中，中国代表团倡议牵头落实成立《北京宣言》的工作组，倡议建立亚洲国家信息中心协作网络组织网站、亚欧跨境高等教育质量保障协作网络等区域性合作机制，同时中国也积极参加亚欧跨境区域学分转换机制专家工作组。中国教育部委托学位与研究生教育发展中心落实上述三方面的倡议。2013 年 12 月由中国牵头组织成立了"亚欧高等教育资历互认协作工作组"，并举行了第一次会议，会议提出并制定了建立亚洲国家信息中心协作网络组织网站、制定《亚欧资历互认合作原则指南和操作手册》、筹建亚欧跨境教育质量保障协作组织"三项行动计划"。2015 年，中国再次负责承办了该工作组的第三次会议，在此次会议上制定了《亚欧资历互认协作原则指南和操作手册》，在现有文件基础上弥合差异，力求在亚洲与欧洲之间取得普遍共识。

通过上述对亚欧地区高等教育资历互认进程的梳理可以看到，中国在亚欧地区的高等教育资历互认领域从跟随者逐步发展为主要参与者、倡议提出者、牵头组织者。目前，在教育部学位与研究生教育发展中心的主导下，"亚欧高等教育资历互认协作工作组"[①] 完成了"亚洲国家信息中心协

[①]　2011 年 5 月，第三届亚欧教育部长会议提出，探索建立学位和学分互认的亚欧会议公约；2012 年 9 月，亚欧互相承认高等教育资历专家工作组第二次会议于北京召开，会议签署了《亚欧会议框架下相互承认高等教育资历协作宣言》（《北京宣言》）；2013 年 5 月，第四届亚欧教育部长会议于吉隆坡召开，中国倡议牵头落实成立《北京宣言》工作组；同年 12 月，组建"亚欧高等教育资历互认协作工作组"。该工作组由中国和英国牵头，成员国包括奥地利、比利时、爱沙尼亚、拉脱维亚、立陶宛、罗马尼亚、德国、印度尼西亚、马来西亚、菲律宾、日本共 13 个国家。

作网络组织网站"（ANICCW）和"亚欧跨境教育质量保障协作网络组织"（CBQAN）的建设工作，委托清华大学文雯课题组起草的《亚欧资历认可合作原则指南和操作手册》已获工作组认可，并于 2017 年 11 月提交第六届亚欧教育部长会议。

除此之外，经亚太经济合作组织秘书处和中国教育部批准，北京师范大学国际与比较教育研究院成立"亚太经合组织高等教育研究中心"，在探讨高校学分互认和资历互认，进一步增加学生、研究人员、教育提供者三方面的人员流动等方面积极开展研究，引领亚太经合组织跨境教育的发展。

无论是地区性的资历互认协议还是国家间多边或双边资历互认协议，都不可能自动完成认证，还要同时得到各国国内法律法规的认可和支持，但是我国学历学位互认的相关国内法律尚不完善，对相关法律法规的起草和修订成为当务之急。我国关于学位学历互认的国内法主要为《中华人民共和国学位条例》（2004 年修订）（以下简称《学位条例》），该条例对学位学历互认的国内认可及法律法规适用位阶有所规定，但却不具备能够作为国际学位学历互认依据的条款，也未对国内法律法规与国际相关条约的适用程序与位阶进行规定。在联合国教科文组织及世界各国正在推进《全球高等教育学历学位互认公约》的背景下，中国应进一步完善有关高等教育资历认可的国内法律法规。具体来说，一方面，需要在相关法律中通过吸收或者转化的方式履行国际公约和协议中的承诺，另一方面，针对相关国际协议未加规定的事宜，在国内法律法规中设置兜底条款加以应对。目前比较可行的方案是在《学位条例》中增加"涉外认证"章节或条款，对学历互认协议、公约的适用流程进行相应规定。

在资历认证的行政设置上，我国同时设有学位与研究生教育发展中心、留学服务中心、全国高等学校学生信息咨询与就业指导中心三家权威性教育资历认可机构，分别负责认可中外学生持有的中国学位、中国学生持有的外国学位和中外学生持有的中国学历证书。三家机构各司其职，在业务范围上相互独立，但却造成了资源的浪费和程序上的繁杂，且没有一家国家权威机构对外国学生持有的外国学位进行认可。随着各国教育合作与交流的深入，构建国家资历框架、整合认可教育资历的国家权威机构以及制定相应的政策和法定程序等，都成为有必要尽快落实的重要议题。

2. 高等教育资历认可的新动向[①]

2.1　资历认可理念的演变

在过去近 30 年中，教育资历认可理念经历了由"一致"（unification）、"等值"（equivalence）到"认可"（recognition）的转变。[②] 其中，"一致"要求外国资历须与本国相近资历几乎完全相同，甚至能够被本国教育体系兼容方认可。由于各国教育体系极为多样，一方面较难找到几乎完全相同的两个资历；另一方面，即使资历名称相同，入学要求、学习内容、教育年限、授予标准等也可能存在较大差异。[③] 在此背景下，"等值"逐渐取代"一致"，在较长时间内成为新的认可理念。

"等值"意味着两国资历虽然不同，但只要在规定的变量上等值，依然可以获得对方的认可。在此理念下，各国主管机构通常详细比较外国资历与本国相近资历的课程内容、教育年限、学生负荷（workload）（即学生为获得预期的学习成果所耗费的工作量，通常以时间作为衡量工具，如学术年，或分配在一个学术年中的学分）等投入性的学习要素，若二者在以上方面并无较大差异，则可获得认可。然而，"等值"过分强调学习时间、内容、形式的重要性，并不必然反映学生的能力，所以 20 世纪末以来，"认可"逐渐取代"等值"，成为后续资历跨境认可的核心原则。

"认可"首次出现于《欧洲地区高等教育资历认可公约》，不再寻求教育资历之间的等值性，而是规定除非各国能够证明外国资历与本国相近资历的学习成果存在"实质性差异"（substantial difference），否则应予以认

---

① 本部分主要摘录作者《从"一致"、"等值"到"认可"：教育资历跨境认可的全球实践和新动向》一文，已发表于《复旦教育论坛》2018 年第 3 期，第 89～96 页。

② A. Rauhvargers, "Recognition and Qualifications Frameworks," *Assessment in Education: Principles, Policy and Practice* 16 (2009): 111 – 125.

③ A. Rauhvargers, "Improving the Recognition of Qualifications in the Framework of the Bologna Process," *European Journal of Education* 39 (2004): 331 – 347.

可。学习成果即学生完成特定阶段的学习后，被期望知道、理解以及所能展现的东西，通常表现为知识、技能、能力、态度等要素的动态组合。[①]"认可"的理念除能促进学生、劳动力的跨境流动外，也更为尊重各国教育系统的多样性。

其中，"实质性差异"即外国资历与本国相近资历之间存在相当显著的差异，以至于外国资历持有者无法在认可国进行求学、研究或者就业等活动。[②] 在操作层面，"实质性差异"通常有三个判定原则：第一，学习成果是判定实质性差异的重要因素，教育年限、课程内容等学习投入因素的差异，由于并不直接反映资历持有者的能力，通常仅作为辅助参考。第二，实质性差异的判定与认可目标息息相关。通常情况下，若资历认可的目的为求学，认可国主管机构考虑到申请者的潜力及增进能力，通常更容易给予认可。但若资历认可的目的是进入接收国的劳动力市场，则除教育资历外，以往从事相关工作的时长和内容均被视为重要的参考依据，其中受管制行业的准入标准更为严格，资历也更难获得认可。第三，实质性差异并不必然导致对外国教育资历的拒绝，主管机构应优先考虑替代性认可[③]、部分认可[④]、有条件认可[⑤]。除非以上情形均不适用，否则不应拒绝认可外国资历。

由上可见关于实质性差异的定义和具体操作方式，欧盟有非常明确的态度，即大力支持教育资历的跨境认可，要求各国尽可能给予资历跨境认可的理由，而不是费尽心思去证明实质性差异的存在。事实上，这一原则有其本身的政治需要，即形成"欧洲高等教育区"，构建更加兼容和可比

---

① S. Adam, "An Introduction to Learning Outcomes. A Consideration of the Nature, Function and Position of Learning Outcomes in the Creation of the European Higher Education Area," in E. Froment, J. Kohler, L. Purser and L. Wilson, eds. , *EUA Bologna Handbook*: *Making Bologna Work* (Berlin: Raabe Verlag, 2006).

② European Commission, *European Area of Recognition Manual*: *Practical Guidelines for Fair Recognition of Qualifications* (Netherlands: NUFFIC, 2012): 45 - 48.

③ 替代性认可（alternative recognition）要求若资历之间存在实质性差异，主管机构应将外国资历与本国其他相近资历进行对比，以帮助申请者寻找其他可能的求学或就业机会。

④ 部分认可（partial recognition）即主管机构仅认可外国资历的部分学分，申请者可在后续学习中申请免修已获认可的学分。

⑤ 有条件认可（conditional recognition）通常要求申请者满足相关条件（如获得规定课程的学分），方可获得资历认可。

较的欧洲高等教育系统，加强学生、教师、研究人员以及劳动力的流动，促进欧洲一体化的政治目标在教育领域的实现。

但在实践中，欧洲各国对实质性差异的理解和具体操作存在较大程度的主观性，反映出欧盟内部对待全球化和泛欧洲主义的差异。多数欧洲国家，尤其是意大利、捷克等较为保守的国家在认可外国资历时，仍倾向于评估资历之间是否"一致"或"等值"；英国、挪威等少部分较为开放的国家则更加激进地支持无障碍认可；芬兰甚至规定，若资历持有者可凭相关资历在本国继续下一阶段的学习，则其同样可以申请芬兰相似高等教育机构的学位或文凭课程。

2.2　全球教育资历跨境认可的新动向

跨境资历认可从关注学习投入转为关注学习成果的实质性差异，如何测量、对比学习成果随之成为亟须解决的难题。从全球范围内来看，相继出现了一些新的制度设计，譬如各国推进国家资历框架的建设，这一框架基于学习成果，以较为简洁的方式呈现资历持有者的知识、技能及能力，强化了不同国家资历之间的透明度；同时，各国资历框架通过与区域性（如欧盟、东盟等）资历框架的对接，间接地形成了彼此之间的对应关系，有助于区域内不同国家教育资历的比较。另外，欧洲近年来针对高等教育资历、难民资历推出"自动认可"和"难民资历欧洲通行证"，二者均旨在简化资历认可程序，在较大程度上促进教育资历的跨境认可。

2.2.1　将国家资历框架作为跨境资历认可的主要工具

国家资历框架根据知识、技能、能力等学习成果指标，将各级各类资历构建成一个连续的资历阶梯，较大程度地兼容了各国教育系统的多样性，缓解了因招生要求、教育年限、学习内容、资历授予标准等差异造成的认可障碍。目前，全球约有150多个国家和地区已经或正在构建国家资历框架[①]，其中，欧洲39个国家已经或正在建立共计43个资历框架（英

---

① 张伟远、段承贵：《终身学习立交桥建构的国际发展和比较分析》，《中国远程教育》2013年第17期，第9～15页。

国有 5 个国家性资历框架)①；东盟 10 国中已有 8 国建立了国家资历框架②，老挝、缅甸、越南、中国、日本、韩国尚处于设计开发阶段；其他三大洲除美国等个别国家外，其他多数国家均积极构建国家资历框架。

资历框架明确了各类资历所处的级别（level），并以通用能力标准（level descriptor）对每一级资历的学习成果进行描述，提高了资历的透明度和可比性，为教育资历的跨境认可提供了条件。目前，多数国家将普通教育、职业教育、高等教育等各级各类资历定位于 8 级框架中，当然，部分国家亦根据本国教育系统，对资历级别进行调整，如法国、新加坡、印度尼西亚、澳大利亚、苏格兰的国家资历框架分别定为 5 级、7 级、9 级、10 级、12 级。关于通用能力标准的维度，欧洲各国多以三维、四维为主，其他四大洲的国家则依据本国教育系统，设为二维至十维不等，但总体而言并未超出知识、技能（认知性技能、实践技能）、能力（责任感、自主性）的范畴。

2.2.2　各国国家资历框架与区域性资历框架的对接

作为目前较有影响力的区域一体化组织，欧盟、东盟在要求成员国建立国家资历框架的同时，亦相继完成了区域性资历框架的建设。其中，欧盟于 2005 年、2008 年分别推出"高等教育区资历框架"（FQ - EHEA）、"欧洲终身学习资历框架"（EQF），二者同为连接欧洲各国资历的总体框架；东盟于 2015 年正式推出"东盟资历参考框架"（AQRF）；其他地区尚未着手或完成区域性资历框架的建设。

为提高各国教育和资历系统的透明性，增进彼此的了解，欧盟、东盟要求成员国尽快完成与"欧洲终身学习资历框架"（EQF）③、"东盟资历参

---

① European Centre for the Development of Vocational Training（Cedefop），"Qualifications Frameworks in Europe：Briefing Note 2016，" 2017，http：//www. cedefop. europa. eu/files/9117_en. pdf.

② SHARE Project Management Office，"ASEAN Qualifications Reference Framework and National Qualifications Frameworks：State of Play Report，" 2017，http：//www. share - asean. eu/wp - content/uploads/2015/10/AQRF - NQF - State - of - Play - Report. pdf.

③ 如前所述，欧盟同时存在"高等教育区资历框架"（FQ - EHEA）和"欧洲终身学习资历框架"（EQF），由于 FQ - EHEA 与 EQF 的 5 ~ 8 级兼容，所以若一个国家已经完成与 FQ - EHEA 的对接，则在与 EQF 的对接过程中，不再需要重复高等教育部分的对接。同样，若一个国家已经完成与 EQF 的对接，则不需要进行与 FQ - EHEA 的对接。

考框架"（AQRF）的对接。对接即在两个资历框架间寻求对应关系，不同国家的资历框架通过与区域性资历框架的对接，间接地形成了彼此之间的对应关系（见表5－7）。此举为不同国家教育资历的比较和互认提供了条件。

表5－7　FHEQ、NQF IE 与 FQ－EHEA 的对接关系（以研究生阶段的教育资历为例）

研究生教育资历	FHEQ① 级别	NQF IE② 级别	FQ－EHEA③ 级别
博士学位（Doctoral Degrees）	8	10	第三期资历
硕士学位（Master's Degrees）	7	9	第二期资历
综合硕士学位（Integrated Master's Degrees）			
研究生文凭（Postgraduate Diplomas）			—
研究生证书（Postgraduate Certificates）			

资料来源：QAA，"The Bologna Process in Higher Education," 2017, http：//www. qaa. ac. uk/en/Publications/Documents/Bologna－Process－in－HE. pdf；National Qualifications Authority of Ireland,"Referencing of the Irish National Framework of Qualifications（NQF）to the EQF," 2017, http：//www. isfol. it/eqf/eqf－in－europa/rapporti－europei/irlanda.

表5－7呈现了英国高等教育资历框架（FHEQ）、爱尔兰国家资历框架（NQF IE）与欧洲高等教育区资历框架（FQ－EHEA）在研究生教育阶段的对应情况。因同时对标欧洲高等教育区资历框架（FQ－EHEA）的同一级资历，英国高等教育资历框架（FHEQ）的第7、8级便间接与爱尔兰国家资历框架（NQF IE）的第9、10级产生了对应关系。不过，对应关系仅为学位之间的比较打下了基础，并不必然导致二者的互认。另外，各国教育系统较为复杂，除学位（degree）之外的文凭或证书等资历暂未形成对应关系。

关于对接方式，以欧洲为例，各国主要采取自我认证（self－certifica-

---

① 英国高等教育资历框架（Framework for Higher Education Qualifications in England, Wales and Northern Ireland, FHEQ）仅适用于英格兰、威尔士与北爱尔兰，苏格兰设有独立的资历框架。

② 爱尔兰国家资历框架（Irish National Qualifications Framework），可简写为 NQF IE。

③ 欧洲高等教育区资历框架（Framework for Qualifications of the European Higher Education Area），可简写为 FQ－EHEA。

tion）的方式完成对接。自我认证即各国建立国家协调处（National Coor-
dination Points），负责统筹本国资历框架与欧洲终身学习资历框架的对
接，并保证对接过程的透明，以及各利益相关群体均有机会参与其中。
另外，欧盟委员会成立"EQF 顾问小组"（EQF advisory group），规定对
接过程应遵循的原则，如"在国家资历框架和欧洲终身学习资历框架之
间，必须存在清晰的可被证实的对接关系"，"对接过程应该包括质量保
证机构的声明和认可"，"对接过程应该有国际专家的参与"① 等，以保
证对接过程的公正、透明。各国依据 EQF 顾问小组提出的对接原则，反
复对比两大资历框架各级别的通用能力标准，确定出"最佳的"（best
fit）对应关系，并向 EQF 顾问小组提交最终报告，详细阐述两大框架对
接的方法、程序和结果等。EQF 顾问小组审核通过后，即可视为完成对
接工作。

2.2.3　高等教育资历的自动认可（automatic recognition）

高等教育资历，尤其是学士、硕士学位的自动认可②是欧洲最新出现
的认可方式。自动认可强调欧洲高等教育区（EHEA）成员国之间的学士
学位（包括硕士学位）相互对等（a Bachelor is a Bachelor is a Bachelor），
学位持有者可在任意其他成员国理所当然地享有继续下一阶段学习的权
利。在既有资历认可程序被认为冗长、烦琐③、阻碍教育资历跨境互认的
背景下，自动认可旨在简化程序，减少行政工作，缩短认可时间，有效地
促进学生和学术流动。欧洲学生联盟（ESU）的调研结果显示，自动认可
受到了相关学生协会的普遍支持。④

2012 年 4 月，欧洲高等教育区（EHEA）各成员国部长于《布加勒斯
特公报》（*Bucharest Communiqué*）中正式提出"自动认可"的理念，并组

---

① EQF Advisory Group, "Criteria and Procedures for Referencing National Qualifications Levels to
the EQF," 2017, http：//ec. europa. eu/transparency/regexpert/index. cfm? do = groupDe-
tail. groupDetailDoc&id = 10973&no = 2.

② 因自动认可的目的主要为升学，所以目前仅涉及学士学位、硕士学位，博士学位以及文
凭（diploma）、证书（certification）等其他类型的资历暂不涉及其中。

③ Erasmus Student Network ALSBL, *Automatic Recognition of Full Degrees*（Brussels：ESN ALS-
BL, 2014）：3 - 9.

④ EHEA Pathfinder Group on Automatic Recognition, *Report by the EHEA Pathfinder Group on Auto-
matic Recognition*（Yerevan：the Bologna Ministerial Conference, 2015）：14 - 16.

建由德国、瑞典、荷兰等10个国家[1]共同构成的自动认可试点小组（path-finder group），探索如何在保证高等教育机构招生自主权的基础上，推行学位的自动认可。另外，欧盟于2015年发起"关注自动认可"（FAIR）项目[2]，探讨自动认可理念如何实践于各国高等教育机构。

目前，欧盟层面尚不存在自动认可的法律或程序。[3] 不过，地缘相近的部分区域性组织及个别国家已经开设自动认可的试点，并取得较大进展。其中，比荷卢经济联盟（Union Economique Benelux）[4] 于2012年11月开始讨论比利时、荷兰、卢森堡三个国家高等教育资历的自动认可方案，经过历次专家研讨会、部长会议，三国于2014年起草关于自动认可的比荷卢决议（Benelux Decision），次年，三国教育部长批准高等教育资历的自动认可方案；波罗的海三国[5]、北欧五国[6]除各自探索自动认可的可能性与可行性外，亦于2013年共同启动专项项目，旨在保障资历持有者在八国高等教育机构中自由升学的权利，此举与自动认可的原则一致；东南欧各国[7]关于资历认可早有合作，2013年关于资历认可的东南欧工作组正式成立，开始探索自动认可的实施方案。目前，克罗地亚即将引入自动认可，相关法律草案已经完成政策咨询，另外，塞尔维亚、北马其顿亦起草

---

[1]　这10个国家分别为比利时（法语社区）、比利时（佛兰芒语社区）、克罗地亚、丹麦、爱沙尼亚、德国、卢森堡、葡萄牙、斯洛维尼亚、瑞典和荷兰。

[2]　"关注自动认可"项目（Focus on Automatic Institutional Recognition，FAIR）起止时间为2015年1月1日~2017年4月30日，由荷兰高等教育与科学研究部下属的荷兰学术交流中心统筹。该项目受到"伊拉斯谟＋"三项关键行动之一"政策试验"（policy experimentation）的资助，并获得欧洲高等教育区（EHEA）各国教育部长、资历认可信息中心以及6国23所高等教育机构的支持。

[3]　Luca Lantero, "Bridge Handbook: Joint Programmes and Recognition of Joint Degrees," 2017, http://erasmusmundus.it/files/fileusers/BRIDGE%20HANDBOOK%20WEB.pdf.

[4]　比荷卢经济联盟（Union Economique Benelux）由比利时（Belgium）、荷兰（Netherlands）和卢森堡（Luxembourg）三国政府合作成立。

[5]　波罗的海三国分别为爱沙尼亚、立陶宛、拉脱维亚，三国"国家学术认可信息中心"（NARIC）自2004年开始便定期举行联合会议，分享认可外国资历的经验与问题。2014年，三国获得欧盟委员会的经费支持，着手重新审视关于资历互认的既有协议，并探索自动认可的可行方案。

[6]　北欧五国包括芬兰、挪威、瑞典、冰岛、丹麦。2004年，北欧五国部长签署《雷克雅未克宣言》，五国"国家学术认可信息中心"（NARIC）自此组建北欧认可网络，旨在消除五国之间资历认可的障碍，并强调北欧五国之间应争取相互承认高等教育资历。

[7]　文中东南欧（South East Europe）主要指涉下列国家：阿尔巴尼亚、波斯尼亚－黑塞哥维那、克罗地亚、北马其顿、科索沃、黑山、塞尔维亚和斯洛维尼亚。

自动认可的双边协议，目前正在等待双方议会的批准。

除上述区域性组织外，欧洲各国之间亦不断探索如何在保证高等教育机构招生自主权的前提下，实现学士、硕士学位的自动认可。如2014年4月，法兰德斯、荷兰合作的认证机构（NVAO）宣布，两国的学士和硕士学位将可互认；德国也与邻近的德语国家（奥地利、瑞士等）探讨实现自动认可的路径和步骤；拉脱维亚规定，若相关资历持有者在本国可以申请硕士、博士学位课程，则同样可以在拉脱维亚申请相近课程；比利时（佛兰芒语社区）于2013年7月10日将自动认可写入高等教育法。

2.2.4　难民资历的认可

自欧洲爆发难民危机以来，如何帮助难民更好地融入当地社区，维护社会稳定成为各国的主要困扰之一，认可难民资历，确认其既有的知识、技能、能力是该群体继续求学或就业的基础，近年逐渐受到欧盟及欧洲各国的重视。然而，欧洲难民多来自常年战乱的中东国家，无法提供有效、完整的证明材料（如学位证、成绩单等），以及因教育系统崩溃，较难核实既有文件成为各国认可难民资历的主要障碍。

有鉴于此，欧盟陆续推出系列文件，关注难民资历的认可问题。事实上，《里斯本公约》（1997年）早已明确规定，各缔约国应采取可行、合理的手段认可难民资历，即使该群体无法提供书面证明材料。随后，《欧洲认可手册：资历的公平认可实践指南》（2012年）提出，针对上述问题，可为难民创建"背景档案"（background paper）。内容可包括由难民提供的姓名及出生地等个人信息；所持资历名称、授予机构、所处教育阶段等教育背景信息；学生证号、成绩单，以及教师姓名、课程说明等任何能够证明其学习经历的文件；关于难民本国教育制度的一般信息。《欧洲认可手册：高等教育机构之参考》（2016年）在此基础上明确了认可难民资历的步骤：首先，基于难民提供的信息及相关证明文件，重构其教育及工作经历，创建"背景档案"；其次，以"背景档案"中的信息为基础，依据认可目的（求学或就业），评估难民的资历；再次，若"背景档案"中的信息不足以证明难民的资历，可另外采取考试、面试等方式，评估难民所掌握的知识、技能、能力等学习成果；最后，综合考量后作出是否认可难民资历的决定。

在国家层面，各国并未对上述欧盟文件关于难民资历认可问题作出积极回应。2016 年，联合国教科文组织和欧洲理事会的一项调研结果表明，70% 的国家并未制定任何关于认可难民资历的法律条文或规定；15 个国家自称制定了认可程序，但仅涉及如何提交文件，或者仅针对认可目的为申请大学本科课程的难民群体；另外，仅 6 个国家表示曾为难民颁发过"背景档案"。[①]

不过，随着难民危机愈演愈烈，个别国家开始探索难民资历的认可程序。以挪威为例，2011～2012 年，挪威教育部委托教育质量保证局——挪威国家学术认可信息中心（NOKUT）开展试点项目，针对无法提供完整证明材料之群体，在国家层面制定资历认可程序；2013 年，程序正式出台，并命名为"UVD 程序"（UVD - procedure）。具体来说，"UVD 程序"分为五个步骤：第一，提交申请并转入 UVD 程序[②]；第二，重构申请者的教育背景，并进行初步评估；第三，NOKUT 对申请者的资历进行评估，并组织专家委员会；第四，专家委员会对申请者资历进行评估；第五，NOKUT 依据评估结果作出是否认可的决定并归档。

难民在欧洲各国的频繁流动，使得资历认可更具挑战性，部分国家也因此开始探索合作机制。2015 年，挪威国家学术认可信息中心（NOKUT）与英国学术认可信息中心（NARIC）推出"难民资历欧洲通行证"（European Qualifications Passport for Refugees）项目。该项目结合难民提供的证明材料和长达 45～60 分钟的专家面试，重构难民的教育背景及工作经历，并详细记录于"难民资历欧洲通行证"，类似于高等教育资历的"自动认可"，难民可持该通行证去任何欧洲国家求学或就业。值得注意的是，该通行证并非强制性文件，虽然旨在帮助难民有机会升学或就业，更好地融入欧洲社会，但不能保证其结果如何。

"难民资历欧洲通行证"于 2017 年为挪威教育部采纳，成为重要的政策工具之一，同时意大利也加入了挪威和英国积极推动的"难民资历欧洲

---

① UNESCO and Council of Europe, "Monitoring the Implementation of the Lisbon Recognition Convention," (Paris, 2016): 47 – 51.

② 申请者统一提交资历认可申请，无法提供完整证明材料之群体将被自动转入 UVD 程序。

通行证"项目。另外，欧洲理事会有意与希腊政府合作，在希腊难民营试行"难民资历欧洲通行证"项目。据悉，此项目已于 2017 年 3 月开始第一阶段的试点，项目试点由希腊教育科研与宗教事务部主导，同时得到意大利、挪威、英国等多国资历认可专业人士的支持。

第六章

国家资历框架的中国背景

在中国推进国家资历框架建设需要考虑到中国的特殊背景，这个背景体现在两个时间维度上的四个方面：从过去的视角而言，要考虑到中国历史上针对学习所形成的不同理解，以及已经形成的中国教育治理体系的特殊性；从现在的视角而言，要考虑到当前中国教育现代化的目标与任务，以及各地方在国家资历框架试点上已积累的经验。这四个方面共同构成了国家资历框架的中国背景。四个方面之间有内在的结构与层次，受历史原因影响形成的学习观和特殊的教育治理体系是国家资历框架建设的基础和约束条件，中国教育现代化的目标与任务决定了中国建设国家资历框架的基本动力和发展方向，当前所积累的试点经验则是建设中国国家资历框架的重要资源。本章将分别从这四个方面进行阐释。

1. 中国传统的学习观与义利观

中国自古以来就是一个学习大国，浓厚的文教传统是中国文明的显著特征。在几千年的社会与文化演进中形成了特殊的学习观念、学习方式和学习内容，即使经过近代以来若干次现代化和全球化浪潮的洗礼，这些学习中的中国特色依然延绵不绝，深刻地影响着当代中国人的教育与学习。

1.1 中国传统的学习观和知识观

在中国传统学习者那里，一直存在两种学习观念。最为核心和本质的是一种纯粹和理想的学习观念——"学以为己"。"古之学者为己，今之学者为人"，孔子这句被记载在《论语》中的话体现了中国传统的教育理想，也代表了中国世代学习者的核心观念。"为己之学"意味着学习的根本目的不是为了别人的肯定或谋取自身利益，而在于个人的充实和发展，尤其是个人道德和修养的完善。① 这种学习理想是与中国传统对个体和社会的理想状态追求联系在一起的，在孔子看来理想社会是以个人道德的完善为基础的，成为"君子"是每个人都应该向往的目标，而这只有通过个人学习才能实现。

孔子之后，这个观念在历代学者中都不断地被强调和重申，孟子有云，"学问之道无他，求其放心而已矣"②，他还说"君子深造之以道，欲其自得之也"③；《大学》中的"大学之道，在明明德"即对这一观念提纲挈领地说明；荀子更加清晰地阐明了这个观点，在他看来，君子学问的关键在于完善自身修养而不是为了炫耀——"古之学者为己，今之学者为人。君子之学也，以美其身；小人之学也，以为禽犊"④。朱熹基于这一观念还打通了"内圣"与"外王"的传统教育目标，他认为为己明德是人所以为人的根本，同时又是人能够有所作为的坚实基础——"明德者，人之所得乎天，而虚灵不昧，以具万理而应万事者也"⑤。近代以来，这个概念也多有发展，清华校长梅贻琦先生在《大学一解》中提到"古之学者为己"所体现出来的"明明德"，和"修己以安人"所体现出来的"新民"是儒家思想的大本，也是今日大学教育的真谛。钱穆在《新亚学规》中也写到"做人的最高基础在求学，求学之最高旨趣在做人"。

在中国的这种教育和学习思想中，个人修养的完善和具体知识的学习是区分不开的，将知识的理解实践与个人的品德心性合二为一、一以贯之才是学习的最高境界，正所谓"文质彬彬，然后君子"。如果说通过"为己之学"成为君子是学习的核心目标，那么通过系统而广泛的学习成为一种"通才"则是更加具体的要求。"君子不器"即是孔子认为君子不应该只局限于"一才一艺"，在个人道德实现"体无不具"的同时，还要能够

---

① 李弘祺：《学以为己：传统中国的教育》，华东师范大学出版社，2012。
② 《孟子·告子章句上》。
③ 《孟子·离娄章句下》。
④ 《荀子·劝学》。
⑤ 朱熹：《大学章句集注》。

做到"用无不周"①。"不学诗，无以言"，"不学礼，无以立"，儒家所强调的六艺之学中的任何一门学问均有其重要的价值和意义，如果偏废于任何一个方面都可能扭曲个人的心性发展②，唯有系统而平衡地追求和掌握每一门学问，才能真正地"学以成人"。

正是在"学以为己"和"君子不器"这种理念的影响下，历代读书人形成了"学而不厌"和"博学而不穷"的学习精神，追求个人完善的目标使得终身学习成为践行信仰、寻求人生乐趣的重要方式。子路就曾评价孔子已经达到了"发愤忘食，乐以忘忧，不知老之将至"的状态。这种强烈的学习姿态已经不再是一种功利的计算，而是一种纯粹的信仰，这种信仰就是基于"为己之学"通过完善个人德行所实现的超越性。在中国传统看来，《中庸》中所强调的"天命"和"本性"是超越于人世的本体，而每个人均可以修养学习连接起人心、本性和天命。"尽其心者，知其性也，知其性，则知天矣"③，孟子所说的"尽心""知性""知天"就是"为己之学"完成超越的步骤。这一思想得到了宋明理学家们彻底的发挥，并且逐步得到了官方政权的认可，进而成为正统思想，清代康熙手书的"学达性天"匾额至今依然悬挂在岳麓书院。

而另一种学习观念则来自政治制度和社会的影响，围绕科举制度形成的功利的学习观念同样深刻影响了中国的学习者，塑造了强大的应试传统，形成了一种科举文化。④虽然在儒家理想中一直都有"治国平天下"的理想，并认为一个儒者需要能够做到"有席上之珍以待聘，夙夜强学以待问，怀忠信以待举，力行以待取"⑤，但是在传统儒家看来，这些不过是

---

① 朱熹：《四书集注》。

② 在《礼记·经解》一篇中记载了孔子对六艺的一段点评，他认为："入其国，其教可知也：其为人也，温柔敦厚，《诗》教也；疏通知远，《书》教也；广博易良，《乐》教也；絜静精微，《易》教也；恭俭庄敬，《礼》教也；属辞比事，《春秋》教也。故《诗》之失愚，《书》之失诬。《乐》之失奢，《易》之失贼，《礼》之失烦，《春秋》之失乱。其为人也，温柔敦厚而不愚，则深于《诗》者也；疏通知远而不诬，则深于《书》者矣；广博易良而不奢，则深于《乐》者矣；絜静精微而不贼，则深于《易》者矣；恭俭庄敬而不烦，则深于《礼》者矣；属辞比事而不乱，则深于《春秋》者也。"

③ 《孟子·尽心上》。

④ 李弘祺：《学以为己：传统中国的教育》，华东师范大学出版社，2012，第135页。

⑤ 《礼记·儒行》。

"内圣"之后自然"外王"的体现，儒者的自立和对内在价值的追求是不可移易的本性。追求功名的科举则形成了一种"务记览，为词章，以钓声名取利禄"①的功利取向，这摧毁了儒家所追求的"为己之学"，因此一直被诸多大儒所批判，王阳明就曾感叹"世之学者，承沿其举业词章之习以荒秽戕伐其心，既与圣人尽心之学相背而驰，日鹜日远，莫知其所抵极矣"②。

尽管这两种观念看起来无法共存，但是正是这两种学习观念所形成的张力影响着中国学习者，共同塑造了传统学习中的内容和方式。

1.2 中国传统的学习与教育内容

自汉代以后，受儒家学习传统的影响，研读经典成为传统学习的核心内容，而在"经"之外，"史""子""集"同样是重要的学习对象。儒家经典的基本核心是孔子所整理编纂的"六经"，这些经典是对"六艺——礼、乐、射、艺、书、数"的记载和阐释。因此，作为学习对象的儒家经典其实包括了理念、道德、知识与礼仪规范多重内容。

在汉代太学教授"五经"，由此确立了经学教育作为官学课程的地位，《论语》和《孝经》被给予了高度重视。另外，汉代教育高度强调礼仪的教育，上至政治运作，下至婚丧嫁娶的礼仪规范，都成了社会为教育所设定的内容。③魏晋以后，《老子》《庄子》等玄学著作，以及《史记》《汉书》《后汉书》等史学著作，甚至佛教典籍都进入了人们的学习视野。隋唐时期，《昭明文选》等文学类著作也成为儒生们学习的内容，文章体裁、诗词曲赋、歌颂吟咏自此成为经学之外人们所需掌握的技能。

在官学教育体系之外，启蒙教育、家庭教育和技术教育等其他教育体系都有其与众不同的学习内容。④启蒙教育以识字教育及基础学术教育为主，《尔雅》《千字文》《蒙求》《百家姓》《三字经》等历代蒙学著作都寓经史内容于其中，提供认字功能的同时也普及了基本常识，此外还有以诗词写作为目的的《千家诗》《笠翁对韵》等。家庭教育也是中国重要的教

---

① 朱熹：《白鹿洞书院揭示》。
② 王阳明：《重修山阴县学记》，《王阳明全集》。
③ 李弘祺：《学以为己：传统中国的教育》，华东师范大学出版社，2012，第19页。
④ 李弘祺：《学以为己：传统中国的教育》，华东师范大学出版社，2012，第381页。

育体系，以道德规范、待人接物为核心家训、家规是家庭教育最常见的形式，此外由于各个家族学术渊源的不同，史学、天文、算数、宗教、书画、医药等也成为一些家庭教育和传承的一部分。史学、医药、天文、法律等技术性知识除了在家庭教育中实现传承，还在国家设立的技术学校中得到传播。

总体来看，中国传统学习的内容是以经典文史为核心的，绝大多数学习者的学习都以儒家经典为核心，而且经典所体现的理念和礼仪也深深地嵌入社会教育的要求之中，相形之下天文、算数等技术之流则处于边缘地位。

1.3　中国传统的学习方式

中国理念和内容的特殊性决定了传统中国的学习方式是以记忆、重复、吟诵为主导的，教育方式则重在师生相传。这种重视知识的接收和死记硬背，依赖教师的知识传授的学习特点，在现代依然存在，而且西方学者发现，这样压抑个性的教育方式反而使得中国学生在多项测试中优于西方的学生，这个被称为"中国学习者悖论"（the Paradox of the Chinese Learner）。[1] 张华峰等人通过建立大学生主体性学习框架的解释框架，概括出中国学习者具有"学思结合"的认知策略、"内圣外王"的学习动机以及"敬师乐群"的校园人际交往方式。[2]

中国传统的学习方式还突出地体现为家庭教育和自我教育的重要性。家庭传承在传统中国教育中发挥了非常重要的作用，这与传统学习内容的特点是直接相关的，"诗礼传家"的理念和技术教育中的父子相传是传统中国知识传递的重要渠道。在今天这两种教育的意义依然非常重要。

学习内容的特点也使得自我教育成为中国学习者的重要学习方式。尤其是新中国建立以来，鼓励学习和自学成才成为国民理念的一部分，"鼓励自学成才"也被写入了宪法之中，20世纪以来，华罗庚、钱穆等一批学

① 张华峰、史静寰：《走出"中国学习者悖论"——中国大学生主体性学习解释框架的构建》，《中国高教研究》2018年第12期，第39~46页。
② 张华峰、史静寰：《走出"中国学习者悖论"——中国大学生主体性学习解释框架的构建》，《中国高教研究》2018年第12期，第39~46页。

术大师均是在自学中成长起来的。而在现代的评价体系中，家庭教育和自我教育完全内隐于正规教育体系中。

我国在学习与教育的理念、内容和方式上的这种特殊性是我国教育特有的文化内涵，也是我们在引入、借鉴任何一种发源于西方的制度工具时都需要考虑的约束条件，国家资历框架也不例外。首先，就理念而言，国家资历框架在偏重于市场需求的同时还应该对劳动者的职业道德和修养提出要求；就内容而言，应当将传统文史学习的内容、传统技术教育比如非物质文化遗产纳入国家资历框架认证的结果之中；就方式而言，应当肯定家庭教育和自我教育的合理性，不应对学习方式进行限制。

2. 中国特色的教育治理体系

中国特色的教育治理体系是实施国家资历框架的制度基础，因此国家资历框架应当与中国形成的教育治理体系相适应，充分发挥中国教育治理体系的优势，在改革中克服治理体系的弱点。

2.1 中国特色的治理体系

中国治理体系的发展与中国的现实基础有密切联系，这同样对教育及教育治理产生了影响。中国是由共产党领导的社会主义国家，因此社会主义的意识形态与党的组织体系成为中国治理的前提；同时作为一个单一制的中央集权国家，中央集中的统一领导是国家治理的基本特点，因此在中央和地方之间、上级政府和下级政府之间的人事任免、财政资源分配、项目审批成为治理的重要手段和内容；另外，作为一个拥有 14 亿人口和 960 万平方公里国土的"超大国家"，规模巨大以及区域之间、城乡之间的差异性、多样性与不平衡性给治理带来了巨大的挑战；同时中国又处于一个发展和转型的阶段，市场机制尚不尽成熟，社会面貌和格局日新月异同样给治理带来了不小的难度。[①]

---

① 唐皇凤：《大国治理：中国国家治理的现实基础与主要困境》，《中共浙江省委党校学报》2005 年第 6 期，第 96～101 页。

中国超大国家治理的一统体制带来了事权财权不匹配、信息不对称以及过度依赖命令等问题，而政府部门之间的分权则会影响决策和执行①，这可能会导致政府失灵、决策低效，损害发展的活力和潜力。因此在维护中央集中统一领导的前提下，如何发挥地方政府的积极性，释放市场和社会的活力，同时保持社会秩序稳定成为治理的关键所在。

为解决一统体制和地方有效治理之间的矛盾，中国一直在用一种灵活和弹性的方式实现治理。韩博天、裴宜理等人认为，中国共产党在革命时期形成的"游击队式政策风格"延续到了新中国成立后的治理过程中，对灵活性的推崇一直远高于稳定性，游击队式政策风格意味着在不确定之下充分结合中央命令的有限性和地方实践的自主性。②改革开放以来，中国进行了一系列的制度创新和实践，出现了被学者称为地方分权制③、财政包干制、财政联邦制④、行政发包制⑤、项目制⑥等多种名目的制度尝试，并出现了收权和放权之间交替往复的现象⑦。在地方治理中，通过给地方一定的自主权以发展经济，并通过晋升制度激励地方活力的"晋升锦标赛"被认为是促进经济快速发展的制度基础。⑧此外，周雪光教授指出，了解在正式制度背景下，借助非正式制度以适应各地方的特殊性，是理解中国国家治理的核心所在。⑨同时周雪光还通过"控制权"理论来解释中国治理的诸多现象，他认为政府对于下级政府的控制权包括"目标设定权、检

①　K. Lieberthal, M. Oksenberg, *Policy Making in China: Leaders, Structures, and Processes* (Princeton: Princeton University Press, 1990).

②　韩博天、裴宜理：《中国如何处理不确定性：游击式政策与适应性治理》，《比较》2012年第6期。

③　C. Xu, "The Fundamental Institutions of China's Reforms and Development," *Journal of Economic Literature* 49 (2011): 1076-1151.

④　Y. Qian, B. R. Weingast, "Federalism as a Commitment to Reserving Market Incentives," *Journal of Economic Perspectives* 11 (1997): 83-92.

⑤　周黎安：《行政发包制》，《社会》2014年第6期，第1~38页。

⑥　渠敬东：《项目制：一种新的国家治理体制》，《中国社会科学》2012年第5期，第113~130页。

⑦　周雪光：《权威体制与有效治理：当代中国国家治理的制度逻辑》，《开放时代》2011年第10期，第85页。

⑧　周黎安：《转型中的地方政府：官员激励与治理》，格致出版社，2017。

⑨　周雪光：《论非正式制度——中国官僚体制研究的启示》，2018年4月3日，http://www.ihss.pku.edu.cn/about/index.aspx? nodeid=72&page=ContentPage&contentid=58571，最后访问时间：2019年5月20日。

查验收权和激励分配权"三个维度。政府对这三种权力进行不同方式的分配就产生了不同形式的治理形态。①韩博天认为，中国超越制度层面的政策创新能力，是实现适应性治理的关键。②同样，给予事业单位、企业单位以权限，发展市场也是改革开放以来发展经济和社会事业的重要经验。

可以说中国国家治理的基本逻辑就是在放权和收权之间维系微妙平衡。一方面必须通过放权促进各类主体发挥积极性和主动性，另一方面又需要收权使得社会处于政府的管理之下，保证社会秩序的稳定。在这个逐步改革的过程中，中国的治理实现了从"总体支配"向"技术治理"的转变，中国治理不再依赖于一种自上而下的规训、动员和运动来调动社会力量，而是为诸领域赋予一定程度的自主权，来释放基层社会的活力，总体性支配的权力被一种技术化的治理权力所取代。③

而改革过程之中，"摸着石头过河""先试点后推广"则被认为是中国特色的体制改革路径，是中国成功的经验所在。通过在一些地方先进行试点以积累经验、观察成效，然后再在全国进行推广成为改革的基本思路和工作方法④，地方政府的政策创新实验由此成为中央政府决策过程中的重要部分⑤。具体来说，韩博天的研究指出中国的政策实验主要体现为三种形式：制定临时性条例的实验性规制、在具体政策领域进行示范的"试点"、拥有广泛权限的"实验区"。⑥

但是近年来随着改革逐渐深入，面临诸多的阻力和困难，因此在许多制度的改革中，"顶层设计"被认为是新时期进行改革的指导思想和工作方法。⑦2010年《中共中央关于制定国民经济和社会发展第十二个五年规

---

① 周雪光、练宏：《中国政府的治理模式：一个"控制权"理论》，《社会学研究》2012年第5期，第69～93页。
② 韩博天：《红天鹅：中国独特的治理和制度创新》，中信出版社，2018。
③ 渠敬东、周飞舟、应星：《从总体支配到技术治理——基于中国30年改革经验的社会学分析》，《中国社会科学》2009年第6期，第104～127页。
④ 《先试点后推广》，《光明日报》2013年4月15日，http://cpc. people. com. cn/n/2013/0415/c78779 - 21143970. html，最后访问时间：2019年5月20日。
⑤ 朱旭峰、张友浪：《创新与扩散：新型行政审批制度在中国城市的兴起》，《管理世界》2015年第10期，第91～105页。
⑥ S. Heilmann，"Policy Experimentation in China's Economic Rise," *Studies in Comparative International Development* 43（2008）：1 - 26.
⑦ 张卓元：《中国改革顶层设计》，中信出版社，2014。

划的建议》中首次强调要"更加重视改革顶层设计和总体规划",这反映了随着改革的推进,各个领域的关联和互动明显增强,单个方向的改革最终会遇到其他领域的牵扯和限制,因此必须从整体出发加强各个领域改革的设计和协调。十八届三中全会以来的改革,更加明确地将"顶层设计"和"摸着石头过河"结合起来①,在此过程中,中国的改革从"实验主义"走向了"设计主义"②。

2.2 教育领域的治理体系

在教育领域,中国的教育机构与政府的关系同样受到上述因素的影响。总体而言,我国教育治理体系从新中国成立以来,经历了"计划管理"到"责任分担"再到"技术治理"的变化,虽然一直在推动教育机构落实独立地位,同时向教育机构赋予自主性,但是政府对教育的"超强控制"依然是中国教育治理体制的突出特点。③

中国的教育行政体制是中央统一领导下的分级管理体制,是以中央集权为基础,中央教育行政与地方教育行政相结合的体制。④ 按照"控制权"理论分析,中国教育治理体系的特点是中央政府教育主管部门拥有全面和充分的控制权,包括目标设置权、检查评价权与激励分配权,这是中国教育治理体制区别于其他国家的重要不同。⑤ 在改革开放之前,经过20世纪50年代的彻底改造,传统的民间办学、民间教育机构也不复存在,形成了由国家统一管理和举办的教育体系,并建立了高度集权的计划管理体制,这成为中国教育治理体系的基础。

---

① 杜凤娇:《改革顶层设计如何接地气——与胡鞍钢、郭建宁、陶文昭三位教授的采访交流》,《人民论坛》2013年第3期,第49~50页。

② 李文钊:《从实验主义治理到设计主义治理:新时代党和国家机构改革的新逻辑》,2018年4月3日,http://spap.ruc.edu.cn/displaynews.php?id=11469,最后访问时间:2019年5月20日。

③ 王有升:《中国教育治理体制的历史演变、现实问题与改革动力探析》,《华中师范大学学报》(人文社会科学版)2016年第6期,第167~174页。

④ 李立国:《国家治理视野下的中央教育行政机构职能分析》,《清华大学教育研究》2014年第6期,第11~21页。

⑤ 李立国:《国家治理视野下的中央教育行政机构职能分析》,《清华大学教育研究》2014年第6期,第11~21页。

改革开放以来，赋予教育机构尤其是高等教育机构自主权是改革的基本方向，同时也扩大了市场和社会参与教育治理的空间。1985 年，在《中共中央关于教育体制改革的决定》中就提出要增强学校的办学活力，扩大地方政府和学校的自主权，在当时财政困难的背景下中央以"政策代投入"，通过赋予地方政府自由权限，调动地方教育事业的积极性，形成了"责任分担"的教育治理体制。① 进入 21 世纪，随着中央政府财力的丰厚，"坚持教育优先发展，促进教育公平"成为这一时期的政策目标，政府对教育给予了大力的投入，在治理体系方式上，实现了从原来的"经营性行为"向提供公共服务转变，以项目制、评估、绩效考核与问责为代表的标准化、规范化的技术手段，成为治理的主要方式。② 这种技术性治理的本质是给予各主体以自主权后的过程或结果管理，赋予教育机构、市场和社会以自主权的思路一以贯之。

在《国家中长期教育改革与发展规划纲要（2010—2020 年）》中提到要推进"政校分开、管办分离，落实和扩大办学自主权"，还提到要进行"统筹开发社会教育资源，积极发展社区教育"，"探索公办学校联合办学、中外合作办学"，"对营利性和非营利性民办学校分类管理"，并在职业教育中"建立健全政府主导、行业指导、企业参与的办学机制"。③由此可见，中国教育改革的方向，是在不同的教育领域，因地制宜地实现政府、市场、社会的合作，并充分赋予教育机构自主权。同时，在教育改革过程中，通过试点探索教育发展也是教育治理的重要办法。

如果说从"计划"到"市场"是中国高等教育治理体系改革的基本逻辑，那么强大的政府力量和影响则始终是教育治理体系的底色。一些学者指出，改革没有在实质上改变行政独大的局面，行政体系的一些弊病影响了教育的发展。这主要体现在以下三个方面，首先，在现有的教育治理体系中，项目制、评估、绩效考核与问责等技术治理手段看似提供了自由空

---

① 王有升：《中国教育治理体制的历史演变、现实问题与改革动力探析》，《华中师范大学学报》（人文社会科学版）2016 年第 6 期，第 167～174 页。
② 王有升：《中国教育治理体制的历史演变、现实问题与改革动力探析》，《华中师范大学学报》（人文社会科学版）2016 年第 6 期，第 167～174 页。
③ http://www.gov.cn/jrzg/2010-07/29/content_1667143.htm，最后访问时间：2019 年 6 月 10 日。

间，但是由于教育行政范围、行政职能过宽过大，技术治理的频繁运用反而限制了学校的运转和发展，使得教育机构依然处于政府的影响之下。其次，教育事务的多头管理与行政低效、政府机构庞大、各个利益部门化使得教育领域许多事务和改革受到很多部门的牵制和影响，进度迟缓。最后，虽然中国历史上有千年的民间办学传统，但是由于政府对社会管理过细，社会主体的自主性和空间不足，导致社会参与办学、参与教育的治理能力弱化。①

当前，教育的普及尤其是高等教育大众化是我国教育领域的突出特点，在此背景下存在办学模式单一和多元社会需求之间的矛盾、教育大众化进一步发展和各级政府教育管理水平之间的矛盾，以及各区域之间发展不平衡的矛盾，这些矛盾的背后是政府主导的制度变迁和传统教育管理模式路径依赖的影响。②结合中国特色教育治理体系，国家资历框架的建立要同时发挥"顶层设计"和"实验主义"的治理优势，一方面充分发挥地方活力，结合地方特色进行充分的试点和实验；另一方面发挥中央教育部门的集中优势，在吸取地方特色基础上完善中国特色的国家资历框架。

3. 中国教育现代化的目标和任务

建设国家资历框架，也是中国教育现代化的要求。当前，我国对外面临世界经济局势变化的挑战，对内面临社会转型、内部矛盾加剧的挑战。一方面，在经济交流持续频繁，各国经济关系日益紧密的大趋势下，世界经济依然面临单边主义和保护主义的威胁，部分国家经济逆全球化有抬头趋势，国家间竞争与摩擦加剧。另一方面，我国正处于向服务经济与知识经济转型的重要历史关口，需要发展以科技创新为依托的更高层次的开放型经济。中国既要在全球经济治理领域中采取主动姿态应对局势变化，积极发挥经济大国的引领作用，推动世界经济沿着正确轨道向前发展；又要

---

① 周光礼：《中国高等教育治理现代化：现状、问题与对策》，《中国高教研究》2014 年第 9期，第 16～25 页。

② 瞿振元：《建设中国特色高等教育治理体系推进治理能力现代化》，《中国高教研究》2014年第 1 期。

发展国内经济，缓和社会矛盾，稳步、平缓度过社会经济转型期。

这些经济和社会层面的挑战，最终都要求教育领域必须有效应对，以教育的现代化铸造中国进一步发展和现代化的基石。具体来说，中国教育的现代化，首先，要求中国深入参与全球教育治理，充分调动全球教育资源的同时，又能够对全球教育有所贡献；其次，还要求中国实现教育治理体系的变革，历史所形成的教育治理体系是在原有历史约束条件下形成的，但是教育治理不能裹足不前，为了满足教育现代化的根本需求，必须改革当前的教育治理体系，树立教育治理体系现代化的目标；最后，教育现代化的根本任务是为中国发展提供高质量的劳动力，将中国建设成为人力资源强国。这三个方面构成了中国推动教育现代化的目标和任务，这会为推动中国国家资历框架的建设提供持久的动力，并决定这一框架建设的方向。

3.1　深入参与全球教育治理

全球化发展使全球教育治理成为全球治理的重要议题之一。可持续发展目标（Sustainable Development Goals）是由联合国教科文组织提出的 17 个全球发展目标之一，旨在指导 2015～2030 年经济、社会、环境三大方面的全球发展工作。[①] "优质教育"是可持续发展目标之一，内容是确保包容、公平的优质教育，促进全民享有终身学习机会。为实现这一目标，一方面需要扶持欠发达国家的教育发展，提升其教育质量；另一方面也需要各国教育部门进行通力合作，促进教育资源的跨国流动和共享。

自党的十八大以来，中国积极参与全球教育治理，促进全球教育治理体系变革，为推动世界教育发展、构建人类命运共同体而努力。习近平总书记在党的十九大报告指出，中国秉持共商共建共享的全球治理观；中国将继续发挥负责任大国作用，积极参与全球治理体系改革和建设，不断贡献中国智慧和力量。在全面深化改革扩大开放的新时期，教育既是实现"两个一百年"奋斗目标和中华民族伟大复兴中国梦的重要支持，也是我国参与全球治理改革议程的重要主题之一。教育同时肩负提升国家软实力和国际影响力的重要使命。

---

① United Nations Association of Greater Philadelphia, "Sustainable Development Goals 2015～2030," 2015.

为达成可持续发展目标，连通各国教育体系、实现资源的跨国流动和共享是全球教育治理过程中的重要一环。各国的教育体系受本国文化、历史、经济、社会等因素影响，各具本土特色。在教育跨国流动的过程中，势必因此对教育相关人员、项目、资源等的流动造成阻碍乃至冲突。目前，已有部分国家发起区域性的教育合作及联盟，致力于解决跨国教育流动之中出现的制度性障碍，促进教育流动、保障跨国教育项目的质量。中国要参与全球教育治理，也需要改进、完善自身教育体系中涉及跨国教育的部分，搭建跨国教育沟通的桥梁，更好地促进中国与其他国家之间良好的教育流动，在国际教育领域扩大自身的影响力。

3.2　推进教育治理体系现代化

在我国国家治理体系中，教育治理亦是其中重要的一环。十九大报告提出了全面建设社会主义现代化强国的宏伟目标，文化强国、教育强国、科技强国与人才强国都是实现这一目标的重要战略，建设教育强国是中华民族伟大复兴的基础工程。与此目标相适应，唯有通过全面深化改革，推进国家治理体系和治理能力现代化才能推进社会各项事业的健康发展与进步，这个要求在教育领域就体现为教育治理体系和治理能力的现代化。

我国要推进教育治理体系和治理能力的现代化，首先需要深入认识、探讨教育现代化的理念。在传统中国教育治理中，国家扮演了主导角色，往往通过命令、指导意见、项目等方式直接影响教育体系，教育机构尤其是大学的自主性有待提升，市场和社会的作用不足。在当代社会，知识生产已越过大学象牙塔的高墙，极大地刺激了教育与学习需求。学习者的主体性空前提升，教育市场空前活跃，教育和学习不再局限于传统的学习场所，而孕育出了更多样的教育项目和教育活动形式。因此，在现代国家治理体系中，一方面要进一步提升大学尤其是研究型大学的自主性，促进学校继续向前发展；另一方面也要激活市场和社会的动力，促进社会的教育创新。我国的教育治理体系也需要顺应不断变化的形势，既要对基于新生的教育理念而诞生的教育创新项目及活动形式放宽限制、给予激励、促进发展，也要建立起新的治理规范，及时预防和监管扰乱市场健康、突破法律底线的乱象。

3.3 建立人才资源强国

要应对世界经济局势，推动中国经济向知识型经济转型，人才结构的转型是核心。目前，我国有 7.7 亿就业人口，但人民群众对教育服务日益增长的需求未能得到满足，劳动力结构与就业市场岗位供需不相匹配，高技术创新人才处于紧缺状态。依据 OECD 发布的《全球教育纵览 2018：经合组织指标》（*Education at a Glance 2018：OECD Indicators*）年度报告[①]，中国 25～34 岁的人口中有 64% 未完成高中阶段教育，在 OECD 36 个成员国和 10 个伙伴国家中比例最高，而 OECD 成员国这一比例的平均水平为 15%。中国接受过高中教育的年轻人中，只有大约一半的人会继续接受高等教育。而 25～34 岁的人口中，中国只有 18% 接受了高等教育，OECD 成员国的平均比例为 44%。中国攻读硕士研究生和博士研究生的人数总和占该年龄段人数的 1%，本科学士占 7%，远低于 OECD 成员国 15% 和 22% 的平均水平。[②] 商务部对 2017 年 OECD《数字经济展望 2017》的梳理报告也指出，信息通信行业发展前景依然乐观，并将持续成为创新的主要动力，但是信息通信鸿沟仍然存在，劳动力的技术能力水平亟须提升。"IT 职员"在雇主难以填补职位空缺的十大工作中排行第二，许多工人欠缺信息通信的相关技能，较难胜任相关的岗位。[③]

为此，要使更多的劳动力胜任更复杂的工作岗位，需要推动学习型社会的建设，不断为人们提供更为便利、灵活的学习条件，促进劳动力技能的提升。要促进我国科技创新，从而推动经济发展，必须调整我国人才结构，优化教育资源分配机制，使教育服务与我国人才需求相匹配。同时，要整合我国教育资源，打通教育系统内部各部门的隔阂，建立终身学习的机制，方能促进人才流动，给予人才不断发展、创新的动力，最终实现从人力资源大国向人力资源强国的转变。

[①] *Education at a Glance 2018：OECD Indicators*，https：//read. oecd – ilibrary. org/education/education – at – a – glance – 2018/china_ eag – 2018 – 74 – en#page1.

[②] *Education at a Glance 2018：OECD Indicators*，https：//read. oecd – ilibrary. org/education/education – at – a – glance – 2018/china_ eag – 2018 – 74 – en#page1.

[③] 驻欧盟使团经商参处：《OECD〈数字经济展望 2017〉报告主要内容》，2018 年 5 月 10 日，http：//www. mofcom. gov. cn/article/i/jshz/zn/201805/20180502741963. shtml.

目前，我国18～25岁接受高等教育的人口在持续增长，已逐渐接近OECD成员国家的平均水平。① 这表明我国人力资源强国建设正在稳步推进中，高等教育人口的持续增长也对高等教育相关机制和服务的建设提出要求。需要建立起一个机制，使人们在一生不同的阶段中有信心进行不同部门、不同工作场所与学习场所的转换，以不断提升自我、发展自我。在这一机制中，教育及培训机构的合法性教学活动、合格性教学活动、教学质量、证书文凭颁发资质以及教育相关活动均将纳入统一、透明的规范之中；对学习者而言，不同领域、不同层次的学习经历与学习成果将有对应的认可方案，并为人们指出较为明确的学习路径，以满足他们职业发展或个体发展的需求。而这一机制，也有望通过国家资历框架的建设实现。

4. 我国国家资历框架建设的已有政策与实践

中国目前虽然没有建设国家统一的资历框架，但是已经有了不少相关政策和实践基础，这为中国国家资历框架的建设打下了基础。我国在教育领域一直提倡终身学习和终身教育，建设学习型社会。1999年教育部就致力于把终身教育体系列入教育的重点工作，2002年中共十六大正式提出了"形成全民学习、终身学习的学习型社会，促进人的全面发展"，2003年中共十六届三中全会上进一步提出了"构建现代国民教育体系和终身教育体系，建设学习型社会"的目标②，2010年《国家中长期教育改革和发展规划纲要（2010—2020年）》中把"构建体系完备的终身教育体系"视为教育改革与发展的重要战略，2016年在"十三五"规划中明确提出要建立个人学习账号和学分累计制度，畅通继续教育、终身学习通道，制定国家资历框架，推进非学历教育学习成果、职业技能等级学分转换互认。同年，教育部发布的《关于推进高等教育学分认定和转换工作的意见》中明确提出试行各类高等学校（普通本科院校、高职院校与成人高校）之间学分转换，建立个人学习账号和学分累计制度，畅通继续教育、终身学习通道。

① *Education at a Glance 2018*：*OECD Indicators*，https：//read. oecd - ilibrary. org/education/education - at - a - glance - 2018/china_ eag - 2018 - 74 - en#page1.
② 肖庆华：《中国终身教育：问题与对策》，《继续教育研究》2008年第3期，第14～16页。

该意见中不仅要求实现不同高校之间的学分认定和转换，还要探索非学历学习成果学分认定和转换。

2016 年教育部颁布的《推进共建"一带一路"教育行动》中明确提出要"呼吁各国完善教育质量保障体系和认证机制，加快推进本国教育资历框架开发，助力各国学习者在不同种类和不同阶段教育之间进行转换，促进终身学习社会建设。将共商共建区域性职业教育资历框架，逐步实现就业市场的从业标准一体化"①。

中国一些地区和领域中已经有了相关的实践。一是国家开放大学体系出于提高非正规教育的社会合法性和认可程度的目的积极尝试了学习成果认证；二是随着跨境学历认证的需求增大，我国学历、学位认证的国家部门，如学位中心、教育部就业指导中心、留学服务中心等，在对跨境学历、学位认证的业务工作中遇到了话语体系不同、不能对接的实际问题，出于推动我国教育对外开放的目的，积极推动国家资历框架的建设；三是广东、上海、香港、澳门等地区，在建设学习型城市的过程中尝试进行城市终身教育体系中的资历框架和学分银行建设。

4.1 开放大学框架

国家开放大学体系组建于 2012 年，该体系依托 1979 年以来建立的中央和地方广播电视大学的教学和管理体系，由总部、分部、地方学院、学习中心和行业、企业学院共同组成。国家开放大学依托于远程通信手段，提供了基于网络自主学习、远程支持服务与面授相结合的教学方式，向社会开放教育资源，广泛开展学历教育和非学历教育，满足不同类型、不同层次的学习需要。②

在国家开放大学建设方案中，"成立国家开放大学认证中心，启动学习成果认证试点工作"是其重要要求，教育部也实施了"国家继续教育学

---

① 《教育部关于印发〈推进共建"一带一路"教育行动〉的通知》，2016 年 7 月 15 日，ht-tp：//www. moe. gov. cn/srcsite/A20/s7068/201608/t20160811＿274679. html，最后访问时间：2019 年 6 月 30 日。

② 《教育部关于办好开放大学的意见》，2016 年 1 月 16 日，http：//www. gov. cn/gongbao/content/2016/content_5067956. htm，最后访问时间：2019 年 7 月 5 日。

习成果认证、积累与转换制度的研究与实践"的探索项目。为此，2013 年和 2014 年，国家开放大学体系中相继有两批开放大学获批国家开放大学学习成果认证分中心（认证点）试点单位，在学习成果认证方面展开了探索，取得了丰富的成效，构建了以学习成果框架为核心的制度模式，明确了"框架 + 标准"的技术路径。

国家开放大学于 2014 年发布的"学习成果框架"将资历系列分为 10 级，如图 6 – 1 所示，其成果范围覆盖学术和职业两种学历教育学习成果，以及非学历教育学习成果和无一定形式学习成果。如表 6 – 1 所示，国家开放大学学习成果框架的标准对学习者的知识、技能和能力进行了评价，这与世界其他资历框架基本一致，但是这一框架在中国国情基础之上进行了一定的创新。比如知识维度突出了技术性知识的地位，技能维度突出了表达与沟通技能，在能力维度突出了判断能力。

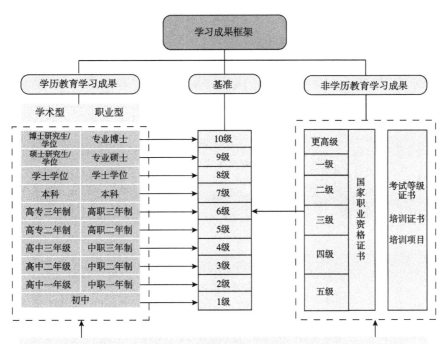

图 6 – 1 国家开放大学学习成果框架

资料来源：国家开放大学学分银行"学习成果框架"，http：//cbouc. ouchn. edu. cn/kj/xx-cgkj/index. shtml，最后访问时间：2019 年 7 月 4 日。

表6-1 国家开放大学学习成果框架通用标准

级别	知识	技能	能力
1	具有日常生活、进一步学习和初始工作所具备的基础知识	具有最基本的认知、技术和沟通技能，能够从事明确的常规活动，鉴别或发现简单问题	在高度结构化的环境中和有限的范围内应用知识和技能，展示自主性
2	具有某一特定工作或学习领域事实性的、技术性的或程序性的知识	具有最基本的认知、技术和沟通技能，能应用适当的方法和工具，从事简单、确定的活动	在高度结构化的环境中和有限的范围内应用知识和技能，展示自主性，具有有限的判断力
3	具有某一特定的工作或学习领域事实性的、技术性的及一些相关的理论性知识	具有最基本的认知、技术和沟通技能，能应用适当的方法、工具和材料，完成常规活动	在已知的、稳定的环境中和有限的范围内应用知识和技能，展示自主性，具有有限的判断力
4	具有某一专业领域或宽泛的工作或学习领域广泛的、事实性的、技术性的及一些的理论性知识	具有基本的认知、技术和沟通技能，并能应用适当的方法、工具、材料及现成的信息，完成常规或非常规活动，为一些可预见的问题提供解决方案	在已知的、变化的环境中和有限的范围内应用知识和技能，展示其自主性和判断力，并承担有限责任
5	具有在一个专业领域或宽泛的工作和学习领域的技术性的或理论性的知识	具有一系列认知、技术和表达技能，能选择和运用各种专业化方法、工具、材料和信息完成一系列的活动，能对一些可预测的、偶尔为复杂问题提出和传达解决方案	能在不断变化的环境中和宽泛的范围内应用知识和技能，展示自主性和判断力，承担明确的责任
6	具有在一个专业领域或宽泛的工作和学习领域广泛的、技术性的、理论性的知识	具有广泛认知、技术和表达技能，能选择和运用各种专业化方法、工具、材料和信息完成一系列的活动，能对可预测的和有时是不可预测的及偶尔为复杂的问题提出和传达解决方案	能在不断变化的环境中并在宽泛的范围内应用知识和技能，展示自主性、判断力和责任感

级别	知识	技能	能力
7	具有在一个或多个学习或实践领域的广泛和系统的、有深度的理论和技术知识	具有良好的认知、技术和表达技能，能选择和运用各种方法和技术分析和评价信息，完成各种活动，能对不可预测的和有时是复杂的问题，分析、产生和传达解决方案，向他人传授知识、技能和思想	在需要自主学习和工作的环境中应用知识和技能，展示自主性、良好的判断力和责任感，在广泛的范围内提供专业咨询，发挥专业作用
8	具有在一个或多个学习或实践领域的系统和高级的、有深度的理论和技术知识	具有高级的认知、技术和表达技能，能选择和运用各种方法和技术批判性地分析和评价信息，完成一系列的活动，能对不可预测的和有时是复杂的问题，分析、产生和传达解决方案，向他人传授知识、技能和思想	在需要自主学习和工作的环境中应用知识和技能，展示自主性、良好的判断力、适应性和责任感，在广泛的范围内提供专业咨询，发挥专业作用
9	具有在一个或多个学科或专业领域具备高级的理论或技术性知识	具备某一知识和实践领域熟练的、专业的认知、技术和沟通技巧，并能选择和应用各种方法和技术，批判性分析、反思、处理复杂信息，在某一知识或实践领域研究和应用已确立的理论，向专业或非专业的人员传送知识、技巧和观点	作为一个实习者或初学者，可以应用知识和技能，证明其自主性、良好的判断力、适应性和责任感
10	具有在某一前沿学科或专业领域，对某一实质的、复杂的知识体系具有系统的、完善的理解	具备在某一学科领域熟练的、专业的认知、技术和研究技巧，以独立地、系统地进行批判性反思、合成及评价，开发、应用和实施研究方法来扩展和重新定义现有的知识或专业实践在同辈或团体中宣传或提升新的洞察力	作为一个专家或领导的实践者和学者，可以应用知识和技能，证明其自主性、权威的判断力、适应性和责任感

资料来源：国家开放大学学分银行学习成果转换管理网，"框架通用指标"，http：//cbouc. ouchn. cn/kj/kjtyzb/index. shtml。

在资历框架的实施过程中，国家开放大学实行"制度体系建设、学习账户与终身学习档案建立、继续教育学习成果认证框架建立、信息管理平台建设、认证服务体系建设、'学分银行'与资源中心'前店后厂'互动"等六大主体建设项目和"为中职学生搭建终身学习'立交桥'、在电大系统内开展深入实践以及为学习型组织提供定制服务"三个方面的具体运用。先后与人社部、中国人民银行、国家统计局、国家计生委、北大青鸟等合作，将国家职业资格证书、从业资格证书、岗位培训证书引入学历教育中，实现非学历教育与学历教育的沟通，积累了学分互认与转换的经验。

在前期探索的基础上，2014年教育部再次委托国家开放大学承担"继续教育学习成果认证、积累与转换试点"项目，全面展开学习成果认证试点。2015年12月，六所开放大学共同发起了《加快推进学分银行建设联合行动倡议》，各试点单位也在2016年启动了国家开放大学学分银行账户建立及学习成果存储的项目，国家开放大学的学分银行建设为学习成果认证提供了技术支撑。[1] 2018年，基于慕课、学分银行、"教育淘宝"等平台资源，国家开放大学进一步开放学习平台"学银在线"，提供课程资源的同时，建立学习者的终身学习档案，对其学习成果按照学习成果框架及标准进行认证、积累与转换。[2]

4.2　上海学分银行框架

上海市一直积极推进终身教育社会的建设，2011年率先出台了《上海市终身教育促进条例》，其中提到了逐步建立终身教育学分积累与转换制度，实现不同类型学习成果的转换和衔接，为此2012年上海就建设了上海市终身教育学分银行，这是以继续教育学分认定、积累和转换为主要功能的学习成果管理与终身学习服务平台。

学分银行的学分分为学历教育、职业培训和文化休闲教育（社区教

---

[1]　《关于开展国家开放大学学分银行账户建立及学习成果存储工作的通知》，2016年6月1日。

[2]　《国家开放大学开通"学银在线"开放学习平台》，《中国教育报》2017年11月11日，http：//www.moe.gov.cn/s78/A16/s5886/xtp_left/s5889/201801/t20180108_323987.html，最后访问时间：2017年7月4日。

育、老年教育等）三类，其中部分职业培训证书可转换为学历教育学分，
文化休闲教育的学分不能转换为学历教育的学分。[①]首批开放商务英语、工
商管理等 6 个专业，涵盖本科与专科层次。已有 139 种职业资格证书可以
转换为学分。截至目前，参与学分互认联盟的高校有上海交通大学、同济
大学等 19 所，市民进入其中任意一所高校学习并通过课程考核，都将在学
分银行获得学分的积累。自 2012 年至 2018 年 10 月，实名开户人数达到
321.6 万人，7.3 万人实现了学分转换。

4.3　广东终身教育资历框架

2017 年，广东发布了《广东终身教育资历框架等级标准》，这是地方省市
发布的首个资历框架的标准。该标准以搭建各级各类教育沟通衔接的桥梁，拓
宽终身学习通道为出发点，形成了涵盖普通教育（从基础教育到高等教育）、
职业教育、培训及业绩等全领域、多层次共 7 个等级的资历层级，并形成了相
应的规范指导课程建设，如图 6-2 所示。这一资历框架将国家职业资格证书、
专项证书、培训证书、业绩等内容也纳入了资历框架的等级标准之中。

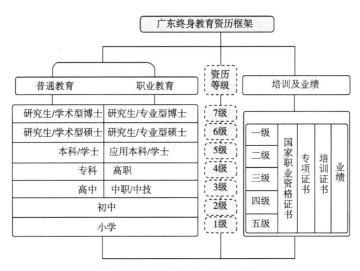

图 6-2　广东终身教育资历框架

资料来源：《终身教育资级标准看广东》，《领导决策信息》2018 年第 22 期，第 22～23 页。

---

① 上海市终身教育学分银行：《学分银行简介》，https://shcb.org.cn/doc/doc1.jsp。

如表6－2所示，这一终身教育资历框架标准涉及知识、技能、能力三个维度，知识维度强调对某一领域基本事实和理论知识的掌握，技能维度强调完成任务、解决问题乃至于创新与发展知识的技能，能力维度强调了自我管理、学习和工作，特别强调了承担职责与职业操守的重要性。[①]

表6－2　广东终身教育资历框架等级标准

级别	知识	技能	能力
第1级	掌握工作或学习所需要的基本的常识性简单知识	具有完成简单任务的基本技能	能够在他人直接指导下完成简单的学习或工作任务
第2级	掌握工作或学习所需要的基础知识	具有应用相关信息和简单工具，完成常规任务的基本技能	能够在他人的指导下在一定程度上自主地完成学习或工作任务
第3级	掌握某个工作或学习领域所需要的事实性和理论性知识	具有在某个工作或学习领域中，选择和应用相应的信息、工具和方法，解决具体问题和完成相应任务所需要的技能	能够在变化但可预测的环境中，基于工作或学习的指引进行自我管理，监督他人的常规工作，承担评价和改进工作或学习的有限职责
第4级	掌握某个工作或学习领域所需要的综合、专业、理论的知识，并了解知识应用的范围	具有创新性地解决抽象问题的综合的认知和实践技能	能够在不可预测的工作或学习环境中，履行管理和指导的职责，评估和改进自己和他人工作或学习的表现
第5级	掌握某个工作或学习领域所需要的高层次知识，对理论和原理进行批判性理解	具有在某个专业的工作或学习领域中，创新性地解决复杂和不可预测问题的高级技能	能够在不可预测的工作或学习环境中，管理复杂的技术或专业项目，承担管理个人和团队专业发展及作出决策的职责

[①] 《广东发布全国首个终身教育资历框架等级地方标准》，广州人才工作网，2017年12月19日，https://rencai.gov.cn/Index/detail/12856，最后访问时间：2017年7月4日。

级别	知识	技能	能力
第6级	掌握某个工作或学习领域中高度专业化知识，包括某些可作为原创思维和/或研究基础的前沿知识；对某个领域和交叉领域的知识形成批判性认识	具有在研究和/或创新中，为发展新知识、新工艺以及整合不同领域知识所需的专业化解决问题的技能	能够应对和改变复杂、不可预测、需要新策略方法的工作或学习环境，承担促进专业知识和实践发展和/或评估团队战略绩效的职责
第7级	掌握某个工作或学习领域以及交叉领域最先进的前沿知识	具有最先进的技能和方法，包括综合和评价，解决在研究和/或创新中的关键问题，扩展和重新定义已有知识和专业化实践	能够站在工作或学习（包括研究）的前沿，表现出高度的权威性、创新性、自主性、学术性和职业操守，能持续不断地形成新的理念和方法

资料来源：《广东发布全国首个终身教育资历框架等级地方标准》，广东人才工作网，2017年12月19日，https：//rencai. gov. cn/Index/detail/12856。

在广东省看来，这一资历框架能够解决各类教育条块分割、教育市场与人力资源市场脱节、学历教育与培训难以沟通等问题；实现各级各类教育的沟通和衔接，畅通终身学习的通道。这一框架能够为各级各类资历成果认定和转换提供共同参照，为行业能力标准研制提供母标准，为教育和人力资源市场搭建沟通桥梁，为学习者拓宽终身学习通道，为人才培养提供标准。①

4.4 粤港澳大湾区资历框架

粤港澳大湾区建设是国家打造国际一流湾区、参与全球竞争的重要空间载体。目前大湾区的学历互认合作不断加深，教育协同创新不断深入，《内地与香港关于相互承认高等教育学位证书的备忘录》的签署，使得两地各自认可的拥有学士以上学位授予权的高校学位可以相互承认。其后，内地与澳门学士以上的学位互认也得到实现。但对于学士学位以下的学历

---

① 《广东发布全国首个终身教育资历框架等级地方标准》，广州人才工作网，2017年12月19日，https：//rencai. gov. cn/Index/detail/12856，最后访问时间：2017年7月4日。

证书互认仍未实现。目前仍在积极探索相互承认高等教育专科学历的可行办法，分步分批建立相互承认等质等效高等教育专科学历机制。

粤港澳大湾区的建设对更加广泛的资历框架提出了需要，在《粤港澳大湾区发展规划纲要》中要求"加强人才国际交流合作，推进职业资格国际互认，完善人才激励机制，健全人才双向流动机制"，而且明确提出要促进社会工作、服务贸易等领域的职业资格互认。由是区域性资历框架的建设被提上粤港澳大湾区建设的日程。2019 年 6 月 25 日，香港特区政府教育局、澳门特区政府教育暨青年局、澳门特区高等教育局和广东省教育厅分别签订了《粤港资历框架合作意向书》[①]《粤澳教育培训及人才交流合作意向书》，探索构建粤港澳资历框架，建立大湾区各级各类教育与培训学分互认机制。

我国香港特别行政区在资历框架上比较成熟的经验和广东省在终身教育资历框架的实践为粤港澳大湾区建设奠定了良好的基础。

4.5 中国香港地区资历框架

为了推动终身教育，提高劳动力的竞争力，中国香港特区教育委员会于 2008 年开始正式推行香港地区资历框架（香港称之为"资历架构"），建立了一套有 7 个等级，涵盖职业教育、学历教育和继续教育的综合性资格框架计划，旨在学历教育、职业教育和继续教育三大体系之间构建一个互相融合、自然贯通的网络化学习通道，从而确保培养一支可以适应当今世界快速变化的人才队伍。中国香港资格框架自实施以来进展顺利，各行业利益相关方和合作方积极支持并参与其中，为知识型经济社会的发展储备了宝贵的人力资源。截至 2012 年底，已有 210 家机构的 7600 门课程通过了评审、列入名册。2015 年完成了与欧洲资历框架的对接。

如表 6 - 3 所示，中国香港地区资历框架的 7 个等级与普通教育、职业教育紧密结合。完成义务教育后，获得中学文凭或完成中专教育、获得技工证书可以认证 1 ~ 3 级资历等级；在普通高等教育和职业教育方面深造，

---

① 《粤港签署资历框架合作意向书》，中华人民共和国国家发展和改革委员会网站，2019 年 7 月 24 日，http://www.ndrc.gov.cn/fzgggz/dqjj/zhdt/201906/t20190628_940402.html，最后访问时间：2019 年 7 月 5 日。

获得高等、专业的文凭和证书，可以认证 4～6 级资历等级；只有获得博士学位才能认证最高等级。

表 6-3　中国香港资历框架级别指标主要特征

级别	部分主要特征	其他表达
7	创造崭新或具原创性的成果/成品	概念化
6	从某范的资料来源，审慎评估新的资讯、概念及证据，并在应对常规及抽象的事业问题和议题时，作出具有创意的回应	以批判角度，检讨、整合及扩展知识、技能、实践及思考方式
5	制订有据可依的回应	分析
4	若干需要酌情及创意处理的手法；以逻辑推理和论证方法，进行常规的资料搜集和数据分析，作为处理专业水平有关的议题和问题的凭据	督导他人
3	在熟悉的环境下，做概论和预测	独立地取得、组织及评估资讯，并作出合理的结论；调节
2	使用演习式的方法，解决问题	与他人协调
1	牢记学习得来的应对能力	接收并传递资讯；与他人互动沟通

　　资料来源：香港特别行政区教育局《香港资历框架"资历级别通用标准"实务指引》，2017年9月。

　　中国香港的资历框架设计了四个范畴的指标以确定资历级别（见表6-4），包括：（1）知识及智力技能，用以评估学习者所展现且运用的知识的深度和广度，以及获取、应用和扩展知识所需的智力；（2）过程，用以评估说明完成活动、工作及过程所需的知识及技能；（3）自主性及问责性，用以说明各级别资历所需的自主性及对自身及他人承担的责任；（4）沟通、咨询、信息科技运用及运算，用以说明不同种类的口语和书面沟通和表达技巧，以及运用信息及通信科技应用程序及数字和图像数据的能力。香港的资历级别标准既关注了知识的掌握程度，还强调了在工作过程中运用技能的能力，而且突出了21世纪劳动者所需要的沟通、信息技术运用能力，具有较强的针对性。但是这种相对复杂的设计和用语，也为后续行业能力标准的制定带来了难度。[①]

---

　　①　黄健、刘雅婷、江丽等：《资历框架的设计与运行：香港的经验启示及建议》，《开放教育研究》2017年第6期，第113～122页。

表6-4 香港资历级别标准

级别	知识及智力技能	过程	自主性及问责性	沟通、咨询、信息科技运用及运算
1	展现并或应用一般和基础知识于有限范围之内的学习及工作环境中；在熟悉、个人及日常环境下，运用基本智能；凭借他人的构思、笔记并展现对事实的理解；接收并传递信息	在清楚界定和高度规范的环境下，从事有限范围的工作，应用基本工具和材料；在督导或提示下，使用学习得来的方法，解决同类问题；在提示下，顾及已识别的工作后果	在紧密督导下，按指令工作，工作成果的质量，由外部全面监控；与他人互动沟通，以完成工作	在熟悉及惯常的环境和协助下，运用有限而简单的技能；以有限范围的书面及口头形式，作出有限沟通回应，并就简单的话题，参与部分讨论；执行有限范围内简单而熟悉的数字及图像数据
2	展现并或应用基础事实知识或工作实务知识于所选范围之内；在熟悉、个人及日常领域中，运用各种智能；经初步考虑后做比较，并诠释现有信息	在可预计及规范的环境下，从事各种工作，应用基本的工具和材料，完成例行程序；使用演习式的方法，解决问题；顾及并识别的工作后果	具一定程度的自主性，仍须按指令工作；对自己工作的质量负责，并须受外部的核查；与他人协调，以达成共同目标	在熟悉及惯常的环境和协助下，运用各种常用技能；从文件中指出重点及意思，并在其他情况下复述出来；以指定的书面及口头回应，作出沟通，并就已知课题主动参与讨论；执行清楚界定的工作，处理数据及取得图像数据
3	展现并或应用广泛的实务及理论知识于某工作领域中；在熟悉但偶然陌生的环境下，运用各种智能；独立地取得、组织及评估信息，并作出合理的结论	在熟悉及若干陌生的技术性技能范围内的环境下，从事各类工作；对清楚界定的问题，作出不熟悉或未预计的反应；在熟悉的环境下，作出概论和预测	在指导/评估下，对自己工作，从事自主工作；对自己工作成果的质量负责，包括符合既定惯例之规定；对他人工作而有限定的责任；与他人合作时，调节自己的行为	在熟悉及陌生的环境下，运用多类常用并操练纯熟的技能；以详细及复杂的书面及口语形式，作出沟通回应，并运用适当的表达方式及风格，向对象作出陈述；运用各类标准信息及通信科技应用程序，取得、处理及整合信息，运用各类数字和图像数据，支持工作和学习

续表

级别	知识及智力技能	过程	自主性及问责性	沟通、咨询、信息科技运用及运算
4	展现并/或应用广泛的知识根柢及若干专门知识于某学习或工作领域中；运用与某学科/界别有关的多类智能，包括常用及若干专门能力；呈现及评估有用的信息，以作今后开展行动的有用依据	在不同的环境下，从事技术工作，当中涉及若干需酌情及创意处理的手法；以逻辑推理和论证方法，进行常规的数据搜集和数据分析，作为处理与专业水平有关的议题和问题的凭据；在规划、筛选或呈报信息、方法或资源等方面，作出给当当的判断	从事自主工作，若干为督导他人的工作；根据广泛及指定准则，并符合指定的质量标准，对自己工作成果的质量负责；督导他人，并对其工作成果的质量负若干责任，包括符合惯行惯例之规定对团体的表现作出贡献	在熟悉的及若干新环境下，运用与某学科/界别有关的常用和若干高阶技能；以条理清晰的手法，组织、整合和呈报信息，并以结构严谨清通的模式，传达复杂的构思；运用各类标准信息及通信科技应用及效能，支持及提高工作效能，衡量工作进度，以达到目的及/或目标
5	展现并/或应用深层专门技术或理论知识于某学习或工作领域中；运用多类专门智能，辅助某学科/界别的既定工作；根据广泛的信息来源，批判分析、评估信息及议题，或整合及构思、概念、信息及议题	将知识和技能应用于不同种类之技术、专业或管理工作；识别及分析常规和抽象的技术/专业问题，并制订订有据可依的回应和议题，当执行与产品、服务、运作或流程相关的规划、设计、技术及/或管理等职能时，作出恰当的判断	在大概范畴下，承担责任及责任追寻问题，以厘定并达至各个人及小组的工作成效；在合资格的资深从业人员的指导下工作；处理道德议题，并适时寻求指导	运用若干高阶及专门技能/学科/界别的既定对象，积极参与小组讨论，并向不同对象，就某科目/学科/界别的一般/主流课题，作出正式及非正式的表达；运用信息及通信科技应用程序的若干高阶功能，支持及提高信息科技应用效能，评估、诠释、运用及达到目的/目标

续表

级别	知识及智力技能	过程	自主性及问责性	沟通、咨询、信息科技运用及运算
6	展现对系统化及连贯的知识体系的驾驭能力，部分涉及某学习或专业实践领域之前沿；在某研究领域，善用高度专门技术、研究或学术能力；以批判角度，检讨、整合及扩展某科目/学科/界别的知识、技能，实践及思考方式	将知识及技能应用于广泛范围内专门的技术、专业或管理工作，执行与产品、服务、营运或流程有关的复杂规划、设计、技术及/或管理等职能，当中包括资源分配和评估的工作；设计并应用适当的方法，进行研究及/或参与高技术或专业工作；从某范围的信息、概念及证据，评估新的信息，审慎评估常规及抽象的专业议题，并在应对常规的专业的响应；在缺乏完整或一致的数据/信息的情况下，处理复杂的议题，并作出有根据的判断	行使重大的自主权，以决定并达至个人及/或团体的工作成果；对取得有关成果的决策负责；展现领导才能，并就变革、发展等方面，作出明显的贡献，处理复杂的道德和专业议题	运用高阶和专门技能，辅助某科目/学科/界别的学术和专业工作；运用适当的方法，与不同对象沟通，包括同辈、资深应用傅及专家等；运用信息及通信科技提高工作效能；并识别优化方法及/或更新的规格，从而提高效益；从批判角度，评估数字和图像数据，以做决策之用

续表

级别	知识及智力技能	过程	自主性及问责性	沟通、咨询、信息科技运用及运算
7	从批判角度，展现对某学习或专业实践领域之前沿知识体系及其相关理论和概念的整体理解，并阐明了及判断该学科之间的广泛专门研究领域或某专门研究领域的更广泛关系；对某学科具有原创性和创意的见解，并提出具有原创性和重大而具有跨学科关系的贡献；识别将之概念化，并转化为崭新、复杂和抽象的构思及信息	将知识及技能应用于高度专门技术、专业或管理环境中广泛运用内容理论和概念的整体理解，并展现对研究及运用方法的驾驭能力，并参与批判性对话；在应对新情况出现的问题及议题时，作出具有创意的原创性的回应；在缺乏完整或一致的数据/信息下，处理非常复杂及/或崭新的议题，并作出有根据的判断	高度自主，对自身的工作负全部责任，并对他人的工作负重大责任；在应对崭新和不可预见的情况时，展现领导才能和原创性，并对有关决策负责；处理非常复杂的道德和专业议题	运用高阶和专门技能，辅助某科目/学科/界别中前沿和重要的学术及/或专业工作；以发表学术著作及参与"批判性对话"的标准，策略性地运用沟通技巧，并因应不同对象和处境，调节内容和目的；运用信息及通信科技应用程序的高级功能，以批判角度，评估数字和图像数据，并广泛运用之，以做开发新知识和创新做法之用

资料来源：中国香港特别行政区教育局《资历级别通用指标（2018）》。

在上述资历架构之下，中国香港各个行业培训咨询委员会负责制定本行业的《能力标准说明》，规定从业人员在所属行业不同工作范畴内所需具备的基本工作技能、知识和成效的标准；同时，各个培训机构可以根据行业能力标准设计课程内容，针对这些课程将采取学分积累政策，以实现不同界别的资历沟通。①

依托于这一资历级别框架，中国香港特区教育局能够对不同行业所需职业教育、普通教育乃至继续教育实现编排整理，勾勒出了整合社会及行业内部的升学阶梯，并根据资历级别规范职业教育和职业培训，根据各个行业的需要按照级别为社会提供培训机会和课程。②

4.6 我国其他资历框架建设实践

我国还在其他领域进行了类似于国家资历框架的实践，比如教育部2011年开始实施"卓越工程师教育培养计划"，目标之一就是改革完善工程师职务聘任、考核制度。为此，教育部委托清华大学制定了三个层级的"卓越工程师教育培养计划"通用标准，将卓越工程师的培养分为本科、硕士和博士三个层次，并制定了相应的认证标准。这些标准都是应用和需求导向的，培养标准分为通用标准和行业专业标准。其中，通用标准规定各类工程型人才培养都应达到的基本要求；行业专业标准依据通用标准的要求制定，规定行业领域内具体专业的工程型人才培养应达到的基本要求。③

2016年我国加入了国际工程教育《华盛顿协议》，实现了工程领域与其他国家的对接，通过认证专业的毕业生在《华盛顿协议》相关国家和地区申请工程师执业资格或申请研究生学位时，将享有当地毕业生同等待遇。④ 2018年，教育部等部委发布了"卓越工程师教育培养计划2.0"，其

---

① 香港特别行政区教育局：《推广职业专才教育专责小组报告（2015）》。
② 香港特别行政区教育局：《推广职业专才教育专责小组报告（2015）》。
③ 教育部：《卓越工程师教育培养计划》，http：//www. moe. gov. cn/s78/A08/gjs_left/moe_742/s5632/s3860/201109/t20110920_124884. html，最后访问时间：2019年7月5日。
④ 教育部：《我国近千专业进入全球工程教育"第一方阵"》，2018年6月12日，http：//www. moe. gov. cn/jyb_xwfb/gzdt_gzdt/s5987/201806/t20180612_339209. html，最后访问时间：2019年7月5日。

中进一步要求"完善工程教育专业认证制度，稳步扩大专业认证总体规模，逐步实现所有工科专业类认证全覆盖……支持行业部门发布人才需求报告，积极参与相关专业人才培养的质量标准制定、毕业生质量评价等工作"，而且进一步提出了"推进注册工程师国际互认"的要求。①

除此之外，部分行业和职业领域的资历框架也在建设之中。江苏开放大学则依托其学分银行系统，搭建了美容师、化妆师职业资格证书认定的标准和认定的程序，并将从业经验和江苏开放大学的学历教育学分挂钩，形成相应的互认体系。

---

① 《教育部　工业和信息化部　中国工程院关于加快建设发展新工科实施卓越工程师教育培养计划2.0的意见》，2018年10月8日，http：//www.moe.gov.cn/srcsite/A08/moe_742/s3860/201810/t20181017_351890.html，最后访问时间：2019年7月5日。

第七章
中国特色国家资历框架构建：一种制度构想*

与西方国家推行国家资历框架的基本动因有所差别，我们提出的关于构建中国特色国家资历框架的制度构想是在全球学习和教育的新格局和人类发展的新图景背景下关于我国人力资源建设和治理的一项顶层制度设计，具有特殊的战略意义。本章将从我国国家资历框架的功能和作用、制度构建、建设思路三个方面展开论述，试图展示一幅完整的我国国家资历框架的制度图景。

1. 我国国家资历框架的功能和作用

首先，国家资历框架通过设置学习成果认可标准，可以推动我国从"人口红利"向"人力资本红利"转变。目前，我国"人口红利"逐年下降，社会抚养比急剧提高，出现了劳动力总量不足、结构性短缺、成本上涨等一系列问题，严重影响了我国社会经济的发展速度和发展水平，亟须通过人才结构优化，提升人力资本总量，实现"人口红利"向"人力资本红利"的转变。

我国人口增长放缓，人口老龄化已是必然趋势，劳动力人口比例逐年下降，"人口红利"正在逐步消失。2014 年，我国 65 岁及以上老年人口已经达到总人口的 10.06%，根据有关标准，已经进入老龄化社会，且老龄

---

* 本章主要摘录自本书作者《中国特色国家资历框架构建：一种制度构想》一文，已发表于《中国高等教育》2019 年第 8 期，第 42～44 页。

化率一直呈逐年增长态势。①与此同时我国的老年人口抚养比已经从 2011
年的 12.3% 增长到 2017 年的 15.9%，劳动力人口占总人口比例从 2011 年
的 74% 下降到 2017 的 72%。② 人才的结构性短缺则是另一个制约我国人力
资本红利的要素。我国有 7.7 亿就业人口，但人才结构与就业市场岗位供
需不相匹配，高技术创新人才处于紧缺状态：技能劳动者的求人倍率一直
在 1.5 以上，高级技工的求人倍率甚至达到 2 以上的水平，技工紧缺现象
逐步从东部沿海扩散至中西部地区，从季节性演变为经常性。从供求对比
看，自 2016 年第三季度以来，各技术等级或专业技术职称的岗位空缺与求
职人数的比率③均大于 1，2018 年第一季度这一比率接近 1.7（见图 7 -
1）。这意味着我国各技术等级或专业技术职称人才岗位的 39% 无人可用。④

图 7 - 1　我国大部分城市技能劳动人才岗位空缺与求职人数比率情况变化趋势
资料来源：笔者根据中华人民共和国人力资源和社会保障部相关数据整理制作。

---

① 王俊：《老龄化的标准研究》，《人口与发展》2014 年第 3 期。
② 中国国家统计局：《中国统计年鉴》，http：//www. stats. gov. cn/tjsj/ndsj/。老年人口抚养
　比也称老年人口抚养系数，指某一人口中老年人口数与劳动年龄人口数之比，通常用百
　分比表示，用以表明每 100 名劳动年龄人口要负担多少名老年人。老年人口抚养比是从
　经济角度反映人口老龄化社会后果的指标之一。
③ 岗位空缺与求职人数的比率 = 需求人数/求职人数，表明市场中每个求职者所对应的岗位空缺数。
④ 中华人民共和国人力资源和社会保障部中国人力资源市场网，市场行情统计，http：//
　www. chrm. gov. cn/Statistic/。技术等级指以国家职业资格证书为凭证的职业技能水平，专
　业技术职称指以国家认可的专业技术职务证书为凭证的专业技术水平。在调查中，技术
　等级和专业技术职称相互独立，以招聘要求或个人具有的最高等级或水平为准进行统计。

对社会整体而言，国家资历框架通过设置学习成果的认可标准，事实上建立了各行各业对学习者知识、技能与能力要求的统一标准，较为准确地反映了劳动力市场需求的人才规格，对教育和培训系统有较强的指导作用，为打破教育和劳动力市场之间的藩篱创造了可能。对学习者个体而言，国家资历框架是对人在各种教育场所和工作空间中获取的知识和能力的一种承认、认证及评估的机制，支持灵活的途径以及个人学习的积累、承认和转移，打通各种学习途径的壁垒，使人们能够通过持续终身的学习和贯穿各个领域的教育，掌握个人和社会所需要的技能或能力水平，从而帮助个人适应快速变革的现代社会。如此，人们可以根据国家资历框架明确个人的职业规划，更为高效地进行学习，从而实现个人发展与人才需求的有效匹配。在国家资历框架的机制下，人才的流动和发展得到鼓励，将有效刺激劳动力市场的良性竞争，整体上可以较为快速、经济地实现我国人才结构的优化，为中国未来持续、高质量的经济增长提供新的动力。

国家资历框架通过建立新的人才评价标准的话语体系，可以为职业教育改革提供契机。国家资历框架是对人才标准的一次重新设定，通过制定贯穿人一生发展的学习成果认可评价体系，为人才培养与评价提供一种话语体系。这一全新的话语体系打破了建立在传统的学历文凭规定的人才规格基础上的话语体系，以学习成果为认可和评价的基本单元，以资历为基础，建立了一整套人才能力综合评价体系，使得各类教育、培训的学习成果能够在一个统一标准的体系下进行评判与比较。对于职业教育来说，国家资历框架为破除"唯文凭"之见提供了可能，为职业教育"正名"和提高社会认可度提供了可能。

国家资历框架的建立也将进一步加强职业教育与劳动力市场的衔接。在国家资历框架的建设过程中，需要与各种行业、各种职业的权威组织和机构进行协商，从而制定受业界广泛认可的行业、职业资格认证体系，教育系统尤其是职业教育系统则根据资历框架的标准体系提供相应的教育项目及内容。国家资历框架的建设将有利于扩大职业教育服务市场的进一步开放，劳动力市场的需求将会更为直接迅速地反馈至职业教育服务提供者，只有能够提供与经济社会发展需求相适应的职业教育，才能够不被市场和社会淘汰；也将倒逼职业教育改革，提高课程和教学质量。职业教育服务市场进一步开放的另一个可能的连锁反应就是促进社会资源加速进入职业教育领域，解决目前职业教育经费不足问题。

再者，通过建立国际通用的制度体系，国家资历框架可为我国教育进一步对外开放、参与全球教育治理提供制度基础。参与全球教育治理已进入我国决策日程，中国要逐渐从过去的国际事务参与者和合作者转变为国际规则的设计者和贡献者。① 然而，中国在教育领域，尤其是国家资历框架这一全球性制度安排上的缺失，在一定程度上阻碍了中国在全球教育治理过程中发挥主动性。当今国家间教育交流合作与全球教育治理的重要方式之一便是各国之间签订双边和地区性资历互认协议。目前联合国教科文组织正在推进全球高等教育资历认可的国际公约②，全球职业教育和培训领域也将资历体系③和"世界参考水平"④ 的制定纳入议程。而中国在教育对外交流中因在国家资历框架话语体系上的空缺而形成合作障碍的案例有很多，比如我国与南非在人才标准互认上的几番周折；还有一些教育发达国家对我国的学历、文凭存在歧视态度，比如不认可我国的一部分学历和学位。

积极推动我国国家资历框架的建设，是维护国家教育地位和声誉的有力手段之一，是改变我国在教育对外交流与合作中因话语体系不兼容形成被动局面的有效途径，是我国深度参与全球教育治理的制度基础。

2. 我国国家资历框架的制度构建

结合世界各国国家资历框架的建设实践，笔者构建了一个多维度、由多个子系统组成的国家资历框架制度（见图7－2）。同时结合我国现行资历体系及已有的地区性、行业性的资历框架实践，力图借助尽可能低的改

---

① 2015年12月，中央全面深化改革领导小组第十九次会议通过《关于做好新时期教育对外开放工作的若干意见》。
② UNESCO, "Global Convention on Recognition of Qualifications Concerning Higher Education," 2016.
③ 第三届国际职业技术教育与培训大会，上海，2012。
④ J. Keevy, B. Chakroun, *Lever-setting and Recognition of of Learning outcomes: The Use of Level Descriptors in the Twenty-first Century* (Paris: UNESCO, 2015).

革成本，经由自上而下和自下而上两种路径，构建具有中国社会主义特色、符合中国实际需要的国家资历框架。

横向上，国家资历框架是一个跨越各种教育类型、各类资历体系的制度，贯穿终身的学术和职业资历等级体系，旨在形成一个贯通学术、职业及各种教育的资历体系，建立一个自由选择的学习体系。目前我国的正规教育与职业资历之间并不存在直接的一一对应关系，学习者的学习成果在不同部门之间无法实现转换。国家资历框架从根本上来说是确立了一个统一的学习成果参照衡量系，从而使学习者能够根据自身特点及需要，选择适合自身和社会的学习及发展道路。国家资历框架制度的构建设计从开始就应着眼于统筹协调当下已经存在的各种职业资格证书和技能证书，使之均可以在框架中找到自身位置，并在今后一段时间内保持原有的管辖模式，从而实现既有资历体系向国家资历框架的平稳过渡。

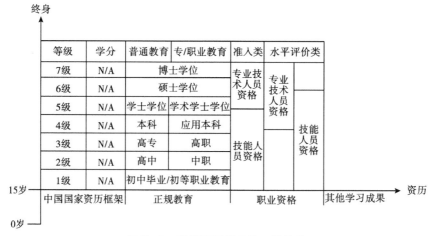

图 7 - 2　国家资历框架的二维体系

资料来源：笔者自制。

纵向上，国家资历框架服务于终身学习，服务全生命周期，贯穿于人的整个生命历程。国家资历框架制度建立的最终目标应是可以纳入人的全生命周期学习体系，人的一切学习活动和成果都可以在这一框架体系内得到认可，并可成为继续学习的基础和凭证。

从运行角度来看，国家资历框架应该至少包括 4 个子系统：一是资历标准系统，即各资历层级的学习成果的标准，该标准既包括通用标准，也包括覆盖各领域的行业标准；二是质量保障系统，包括但不限于对教育服务提供机构的审核、对课程的评估、对学分认证及转换活动的监督等；三是认可认证系统，经政府批准或授权，按照资格标准，对正规教育、非正规教育及非正式学习成果进行评价、认定和认证，经授权的机构可提供教育服务并颁发资历证书等；四是学分转换系统，即通过学分实现不同教育和学习活动衔接和互通，将学习成果转化为学分这一学习成果最基本的计量单位，通过学分的累积、认证、转换实现学习者的自由流动（见图7-3）。

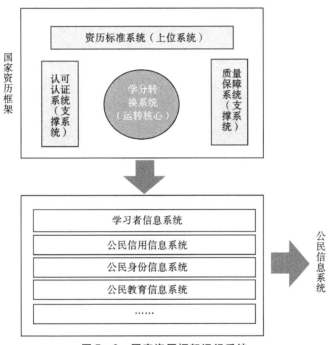

图7-3　国家资历框架运行系统

资料来源：笔者自制。

其中，资历标准系统是国家资历框架的上位系统，起到确定标准和引领的作用；质量保障系统与认可认证系统是国家资历框架的支撑系统，通过测评、认可、审查、投诉、反馈等多种方式，确保进入国家资历框架的教育机构及其他相关群体的高水平和有效性，保障学习者权益；学分转换系统是国家资历框架运转的核心，学习者的所有学习成果均通过学分转换系统转换成具有货币属性的学分，然后使用于学习者之后的继续学习过程中。同时应建立学习者信息系统，在国家资历框架内取得的所有学习成果都应记入学习者信息系统，该信息系统今后也可以整合为公民信息的重要组成部分之一，同公民身份信息、信用信息等共同组成公民信息系统，在个人社会活动需要时可以进行查询与佐证。

资历标准系统是国家资历框架的上位系统。国家资历框架对于各级资历的具体学习成果都应具有明晰的标准，从而达到对内可以衔接各级各类教育与学习成果，对外可以与其他国家和地区资历框架进行对接的效果，实现教育国际化。目前我国很多地方已经开启建立资历框架的初步实践，尤其是广东终身教育资历框架中关于资历框架等级与标准的相关探索对我国国家资历框架的建设具有一定的参考价值。广东终身教育资历框架分为从低到高的 7 个能力层级，从知识、技能、能力 3 个方面界定了与不同层级相应的学习成果标准，从而可以对学习成果进行评价判断。其对各个资历等级相对应的学习成果进行了原则性、概括性、标准性的描述（见表 7－1），在具体的实践过程中，这些标准还可以转化为更为具体、更具可操作性的标准。

国家资历框架制度得以运转的核心逻辑在于学分转换系统的建立。非正规教育及非正式学习的学习成果可以通过学分转换系统转化为最基础的学分，在取得正规教育或职业资格时发挥作用。

表 7－1 广东终身教育资历框架等级与标准

等级	知识	技能	能力
第 1 级	掌握工作或学习所需要的基本的常识性简单知识	具有完成简单任务的基本技能	能够在他人直接指导下完成简单的学习或工作任务
第 2 级	掌握工作或学习所需要的基础知识	具有应用相关信息和简单工具，完成常规任务的基本技能	能够在他人的指导下在一定程度上自主地完成学习或工作任务
第 3 级	掌握某个工作或学习领域所需要的事实性和理论性知识	具有在某个工作或学习领域中，选择和应用相应的信息、工具和方法，解决具体问题和完成相应任务所需要的技能	能够在变化但可预测的环境中，基于工作或学习的指引进行自我管理，监督他人的常规工作，承担评价和改进工作或学习的有限职责

续表

等级	知识	技能	能力
第4级	掌握某个工作或学习领域所需要的综合、专业、理论的知识，并了解知识应用的范围	具有创新性地解决抽象问题的综合的认知和实践技能	能够在不可预测的工作或学习环境中，履行管理和指导的职责，评估和改进自己和他人工作或学习的表现
第5级	掌握某个工作或学习领域所需要的高层次知识，对理论和原理进行批判性理解	具有在某个专业的工作或学习领域中，创新性地解决复杂和不可预测问题的高级技能	能够在不可预测的工作或学习环境中，管理复杂的技术或专业项目，承担管理个人和团队专业发展及做出决策的职责
第6级	掌握某个工作或学习领域中高度专业化知识，包括某些可作为原创思维和/或研究基础的前沿知识；对某个领域和交叉领域的知识形成批判性认识	具有在研究和/或创新中，为发展新知识、新工艺以及整合不同领域知识所需的专业化解决问题的技能	能够应对和改变复杂、不可预测、需要新策略方法的工作或学习环境，承担促进专业知识和实践发展和/或评估团队战略绩效的职责
第7级	掌握某个工作或学习领域以及交叉领域最先进的前沿知识	具有最先进的技能和方法，包括综合和评价，解决在研究和/或创新中的关键问题，扩展和重新定义已有知识和专业化实践	能够站在工作或学习（包括研究）的前沿，表现出高度的权威性、创新性、自主性、学术性和职业操守，能持续不断地形成新的理念和方法

资料来源：广东省质量技术监督局《广东终身教育资历框架等级标准》，2017年3月15日。

　　学分转换系统使特殊技能学习成果及工作场所学习成果得到认可成为可能。目前我国存在各类特殊技能学习后取得的资格证书，包括语言技能成果（例如取得的各种语言能力等级证书）、艺术技能成果（例如取得的各种文艺类能力等级证书）、信息技术技能成果（例如计算机等级证书、微软认证证书）等，这些技能学习成果（证书）都由相关政府部门或行业协会等颁发。将这些证书通过学分转换系统进行转换，使学习者在进行正规教育或取得职业资格的过程中避免重复的学习，也可以提高学习者的学习积极性。工作场所的学习是普遍存在的现象，包括企业、行业的培训，创业创新的尝试等，这些学习和经历都不同程度地提升了学习者的能力。

然而学习者这样的学习成果难以进行衡量，用人单位、教育机构也无法判断具有这些学习经历对于知识的掌握与能力的提升的影响程度如何。通过学分转换系统，非正规教育和非正式学习成果均可以得到认可，并在学习者选择继续学习和用人单位进行人才选拔和人力资源管理的过程中发挥相应的作用（见图7-4、图7-5）。

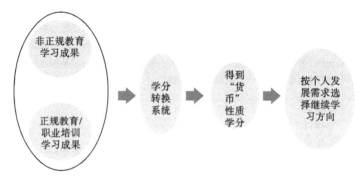

图7-4 学分转换系统作用机制

资料来源：笔者自制。

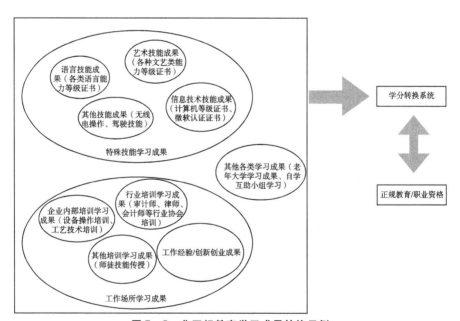

图7-5 非正规教育学习成果转换示例

资料来源：笔者自制。

3. 我国国家资历框架的建设思路

建立国家资历框架并不是一个简单的政策借鉴和制度移植的工程，而应充分考虑我国特有的政治体制、社会和教育制度、教与学的文化，既充分发挥我国政府强有力的统一领导，又结合我国已有的行业性和地区性实践。

3.1　构建国家资历框架运行体系的立法与管理基础

首先，为了切实推进我国资历框架的建设和应用，需逐步推进终身学习立法工作。应制定专门的《国家资历框架条例》，其内容应该包括国家资历框架的目标、相关管理机构及其职能、运行机制、质量保障机制、监督和评估机制等，以保障政府对资历框架体系的统筹，以及政府与普通高校、继续教育机构、职业教育和培训机构、行业组织和企业的通力合作。长期来看，应从学分转换、资历认证、教育质量保障、劳动保障等多层次、多角度完善终身学习立法体系，从法律层面全方位保障国家资历框架的建设与运行。

其次，建立国家资历框架工作领导小组和专门机构。为保障国家资历框架建设工作顺利开展，应成立一个由分管副总理担任组长，教育部、发改委等部委负责人为核心成员的工作领导小组。由工作领导小组协调多方利益和资源，打破各部门之间的壁垒，整合教育、人力资源与社会保障以及行业企业等利益相关者的力量；同时需要成立专门机构（正部级），负责资历框架的制定和实施，包括先前学习成果认可、学分转换和累积等。到未来，该机构应作为我国终身教育体系和资历框架建设的责任机构。

3.2　完善教育质量评估体系，进一步提高国家资历框架的社会公信力

依据国家资历框架建立的标准系统，建立可靠的教育质量评审机制，对学习者的学习成果进行科学、合理的认定，为劳动力市场及社会提供具有社会公信力的用人参考。为了使社会认可各类教育和培训的质量，国家

应依据国家资历框架出台各类教育的质量标准，保障国家资历框架认证的权威性。

进一步规范职业资格证书，整合职业资格评定标准体系。2017 年，经国务院批准，人力资源和社会保障部印发《关于公布国家职业资格目录的通知》，公布的国家职业资格目录覆盖了 140 项职业资格，但未能真正覆盖国家安全、公共安全、人身健康、生命财产安全等领域，未能真正满足专业性和社会通用性的要求。为此，职业资格证书体系首先要更为全面地覆盖各行业职业资格，与国家资历框架的等级对应起来，形成恰当的知识、技能和能力标准；其次要保持职业资格的质量，应发展出相应的职业资格质量评估机构，成为教育质量评估标准体系的一部分。

3.3 进一步推动学分制度建设，改革"双证制"为"基于学分的单证制"

学分制是国家资历框架的基本制度之一，是保障国家资历框架体系顺利运行的重要制度。学分是对课程单元或能力单元学习量的规定性描述，是学习成果认证、累积、转换的科学依据，可以帮助学习者了解获得资历框架体系各种资历所需学习量。我国目前没有施行真正意义上的学分制，主要还是学年学分制，学分的灵活性严重不足，各校甚至校内各专业之间的学分互认都非常困难。需要全面推行学分制，在全国范围内形成对学分的统一认识，还原学分的"货币属性"，发挥学分的教育资源配置作用。

在学分制基础上，要进一步改革我国现有毕业证书、学位证书的双证制为基于学分的单证制。我国现阶段实施学历证书和学位证书双证制，二者在实际使用过程中常常出现功能上的重复或者是厚此薄彼的冲突，比如学历证书在劳动力市场上比学位证书更重要。除此之外，双证制还造成了行政管理上的重复甚至是冲突，学历证书由教育部全国高等学校学生信息咨询与就业指导中心管理和认证，学位证书由教育部学位与研究生教育发展中心管理和认证。

3.4　稳步推进终身学习体系建设，构建学习型社会

要稳步推进终身学习体系建设地区试点工作，推广成功经验。目前，我国已有多地开展建设终身学习体系的尝试。应总结试点地区建设终身学习体系的成功经验并大力宣传，最终逐步推广至全国。在试点建设过程中，既要符合国家资历框架统一标准，又要因地制宜，建设符合当地教育系统特色、人才结构的终身学习体系。同时，对已有体系中的不足之处进行及时修正，使终身学习体系建设工作成为一个动态发展的过程。

要发掘非学历教育潜力，规范非学历教育的评估与认证体系。国家资历框架的重要作用是理顺非学历教育的层次，保障非学历教育的质量，帮助非学历教育准确支持整个社会学习者的知识、技能和能力的提升。要建立资历框架，必须实现学校教育与校外教育的沟通，将校外教育的潜力充分挖掘出来。实现从供给端优化非学历教育体系，使之成为资历框架建设的主要板块之一，从内部需求的角度推动资历框架的建设。对此，要进行非学历教育领域的"供给侧改革"。短期来看，要鼓励非学历教育领域的相关优质产品、项目的孵化和创新，充分发掘非学历教育领域的发展潜力，同时，规范非学历教育领域市场，营造良性的市场竞争机制。从长期来看，需要"建立协同创新机制、建立品牌口碑、建立智能学习体系、建立质量保证体系、建立个性化学习支持服务体系"。同时要加大社会认可力度，给予相应的资格待遇，实现整个终身学习体系的完善与完整。

加强终身学习理念的传播，营造终身学习的文化氛围。从根本上看，普及终身学习理念，营造终身学习的文化氛围，是保障国家资历框架长期、有效运行，构建学习型社会的根本动力。要从建设"学习型政府"起步，引导民众持续学习、主动学习，营造良好的社会氛围。要为教育行业提供宽松的发展环境，引导资源流入教育领域，推动教育领域发展；重视人才尤其是高素质人才的培养，鼓励民众使用学分银行、国家资历框架等，使学分制、终身学习等概念深入人心。

结　语

　　国家资历框架制度起源于 20 世纪 80 年代的英国，近半个世纪以来在全球化的推波助澜下，在全球 150 多个国家和地区得以扩散。功能主义理论已经无法解释这种制度的全球扩散，因为大多数国家的国家资历框架在实施过程中虽然采取了既定的结构，但都未真正意义上实现其最初设定的全部功能。有关学者梳理了各国国家资历框架的 13 个功能性目标：使教育和培训系统及其组成部分更加透明、易于理解；增加教育和培训系统的连续性和协同性，使二者更加统一；在不同学习项目之间提供流动机会；将知识和技能模块化，认可非正式和非正规学习；将职业教育和普通教育公平对待；提供问责和控制的工具；根据现实需要，更新和扩展标准；使教育系统更具需求导向，增加学习者和雇主的话语权；提升学习质量；增加学生和劳工的国际流动；提供与区域性框架对接参考；推动终身学习；变革经济和社会。13 个目标中只有前 3 个目标得以实现。如果说，国家资历框架的功能并未如预期那样得以实现，那么各国政府如此推崇的原因又何在？社会学的制度主义提供了一种可能的解释，即各种标准化的现代组织、教育和科研形式在全球的传播过程并非理性选择模式，而是一种文化选择模式。也就说是国家资历框架及其支持性制度规范起源于"世界社会"——一种体现自由主义价值观的模糊概念。在制度理论看来，国家资历框架这一制度的全球扩散与其他领域的全球扩散没有什么不同，尽管推动扩散的因素不完全明确，但都是基于对标准模板、"全球脚本"或领先制度的同构模仿而进行的。这一过程主要是全球性和自上而下的，国家和地方机构的作用则不那么重要。制度理论淡化了国家和机构在国家资历框架中的作用，固然能解释这一制度的全球扩散，却无法解释不同国家在资历框架实施中的效果差异，即为什么英国、德国、中国香港等国家/地区在国家/地区资历框架的实施上较之其他国家和地区更为成功，这说明还需要进一步更为深刻的解释。

任何一项教育领域的制度改革逻辑都可被区分为"宏观"和"微观"两个层面。宏观层面指教育的层级化形式、权力关系和机构的等级形态，是最外显的对制度改革的限制性力量。微观层面包括具体实践、互动模式以及社会信任与接受资历的共同价值观。①从宏观层面的制度逻辑来看，国家资历框架作为一种制度工具，发源于英国有其特有的条件，即撒切尔夫人及其后续的工党政府对新自由主义的热忱、对市场和效率的追求、对专业团体利益的普遍怀疑，以及对"客户导向"和"市场驱动"的教育与培训体系的信任。因此，国家资历框架在中央政府对教育与培训干涉传统较弱的国家以及在教育领域采取新自由主义政策的国家（如澳大利亚、新西兰）得到更多的支持。在这些国家，国家资历框架连同学分积累与转换体系共同作为教育绩效考核的标准。改革使得中小学和大学摆脱地方政府的控制，并被迫参与对学生与经费的准市场竞争。

从微观层面的制度逻辑来看，国家资历框架的成功取决于教育中传统的层级化形式、权力关系、机构的等级形态、互动模式、共同价值观等能否实现变革，取决于新的信任共同体能否建立。在韩国、俄罗斯、南非、巴西这些新兴经济体中，国家资历框架（或学分银行）未能获得成功的根本原因就在于微观层面的制度逻辑未能实现，新的信任共同体未能建立。

需要特别注意的是，国家资历框架在西方的兴起和推广有其特殊的政治背景：受新自由主义意识形态影响及全球化/区域化的迫切需要（以欧盟为代表），国家资历框架成为一种重要的政治工具而并非单纯的教育制度。实际情况是，西方各国的国家资历框架并未像理想中实施得那么顺利，对教育系统外部的作用非常有限。西方国家的国家资历框架仅仅提供了一个工具，但在涉及多个利益主体的情况下，缺乏资源、动机、

---

① 〔英〕迈克尔·扬：《把知识带回来——教育社会学从社会建构主义到社会实在论的转向》，教育科学出版社，2019。

信任机制及其他政策工具的整体配合，导致其在实际操作及监管、问责等环节中问题频发，并普遍存在官僚化、高成本的现象，并未形成理想的雇主与学习者的需求导向。我国在建设国家资历框架时，应综合考虑我国国情及文化、政治及社会环境，谨慎采取相应行动，不可一味照搬。

世纪之交以来，我国将促进终身学习和建设学习型社会作为实现教育现代化的重要途经。2002 年中共十六大正式提出了"形成全民学习、终身学习的学习型社会，促进人的全面发展"，2003 年十六届三中全会上进一步提出"构建现代国民教育体系和终身教育体系，建设学习型社会"的目标[①]，2010 年《国家中长期教育改革和发展规划纲要（2010—2020 年）》把"构建体系完备的终身教育体系"视为教育改革与发展的重要战略，2019 年 10 月《中共中央关于坚持和完善中国特色社会主义制度、推进国家治理体系和治理能力现代化若干重大问题的决定》再次强调要"完善职业技术教育、高等教育、继续教育统筹协调发展机制，加快发展面向每个人、适合每个人、更加开放灵活的终身教育体系，建设学习型社会"。

作为构建终身教育体系一项重要的制度尝试，国家资历框架及相关的学分转换制度、学位与职业资格衔接制度等自"十三五"规划以来多次出现在国家教育改革的政策文本中。2016 年，教育部印发的《关于推进高等教育学分认定和转换的意见》提出试行各类高等学校之间学分转换，建立个人学习账号和学分累计制度，畅通继续教育、终身学习通道；同年印发的《推进共建"一带一路"教育行动》也提出"呼吁各国加快推进本国教育资历框架开发，助力各国学习者在不同种类和不同阶段教育之间进行转换，促进终身学习社会建设。共商共建区域性职业教育资历框架，逐步实现就业市场的从业标准一体化"。[②] 2019 年 1 月，国务院印发的《国家职业教育改革实施方案》要求完善学历教育与培训并重的现代职业教育体系，探索学历证书和职业技能等级证书互通衔接，资历框架建设、学分银行和 1 + X 证书制度相连出现；2020 年 9 月，国务院学位委员会和教育部

---

① 肖庆华：《中国终身教育：问题与对策》，《继续教育研究》2008 年第 3 期，第 14 ~ 16 页。

② 教育部：《推进共建"一带一路"教育行动》，2019 - 06 - 30，http：//www. moe. gov. cn/srcsite/A20/s7068/201608/t20160811_274679. html.

共同印发《专业学位研究生教育发展方案（2020—2025）》，要求创新专业学位研究生培养模式，产教融合培养机制更加健全，积极完善专业学位与职业资格准入及水平认证的有效衔接机制。

我国一些地区和专业领域也尝试进行了资历框架建设的探索。我国推动国家资历框架建设的利益群体主要有三类，一是国家开放大学体系，旨在提高非正规教育的社会合法性和认可程度；二是负责认证学历、学位的国家部门，如学位中心、教育部就业指导中心、留学服务中心等，旨在推动我国教育对外开放，提高国际对接效率；三是广东、上海、香港等省市，在学习型城市建设中尝试进行城市终身教育体系建设中的资历框架和学分银行建设。已有实践大致呈现出三类模式：一是开放大学系统以开放大学为中心，整合其他形式教育资源，并与自学考试平台开展合作互认。譬如，国家开放大学于2014年发布的"学习成果框架"将资历系列分为10级，其成果范围覆盖学历教育学习成果、非学历教育学习成果和无定式学习成果，与世界其他资历框架基本一致。二是城市或地区终身教育体系建设中的资历框架和学分银行建设，譬如广东终身教育资历框架、粤港澳大湾区资历框架、中国香港地区资历框架、上海学分银行、陕西高等继续教育学分银行等。三是以行业和职业为核心的资历框架建设。譬如，教育部2011年实施的"卓越工程师教育培养计划"将卓越工程师的培养分为本科、硕士和博士三个层次，并制定了相应的认证标准。

已有政策探索和实践尝试为我国构建资历框架提供了重要基础，但目前我国还没有建立国家统一的资历框架。世界各国资历框架建设的实践逻辑和不确定性提醒我们，在考虑我国资历框架的建设策略时，需要探索一条不同于大多数妥协的折衷方案的中间道路①，这条中间道路尤其需要充分考虑我国教育文化传统和教育治理体制的特殊性对构建资历框架的双重影响。

在教育文化传统上，"学以为己"和"君子不器"两种理念的影响使中国历代读书人形成了"学而不厌"和"博学而不穷"的学习精神，追求

---

① 〔英〕迈克尔·杨：《把知识带回来——教育社会学从社会建构主义到社会实在论的转向》，教育科学出版社，2018，第166页。

个人完善的目标使得终身学习成为践行信仰、寻求人生乐趣的重要方式，这为构建指向终身学习的资历框架提供了重要支持。但同时，科举形成的"务记揽，为词章，以钓声名取利禄"的功利学习观和强大应试传统使学历教育成为我国学习者认可的"正统"内容。也因如此，长期以来我国职业教育体系处于教育系统的底层，其地位、功能和质量都还有待完善，这将不利于资历框架提高劳动力和技能供给的功能发挥。

在治理体制上，我国作为一个"超大国家"，受教育人口的规模巨大，区域间、城乡间的差异性与多样性复杂，这都给治理带来了巨大的挑战，使得我国国家治理的基本逻辑在放权和收权之间维系微妙平衡，既要通过放权促进各类主体发挥积极和主动性，又需要收权使社会处于政府的管理之下，保证社会秩序的稳定。国家治理体系的特点对教育及其治理具有重要影响，强大的政府力量和影响始终是我国教育治理体系的底色，这为国家资历框架建设装上了强大引擎。但同时，我国的教育行政体制是以中央集权为基础，中央教育行政与地方教育行政相结合的体制，使我们在建设国家资历框架中面临办学模式单一和多元社会需求之间的矛盾、教育普及化进一步发展和各级政府教育管理水平之间的矛盾，以及各区域之间发展不平衡的矛盾。

由此可见，倘若以构建国家资历框架作为我国构建终身教育学习体系的路径选择，还需一切从我国实际情况出发，充分预计到建设过程中所面临的挑战和可能造成的影响，在此基础上谨慎采取相应行动。习近平总书记站在党和国家发展全局的高度指出，"形成全民学习、终身学习的学习型社会，促进人的全面发展"是一个关系到中华民族能否持续发展、能否实现民族复兴大业的战略问题。[1] 当前，我国正处于"两个一百年"奋斗目标的历史交汇期和中华民族伟大复兴的关键期，在此背景下建设服务全民终身学习的教育体系是新时代教育改革与发展的新主题、新方向、新目标、新任务。但如何实现一个终身学习的社会还须从长计议，能否建立一个有中国特色、中国气派、中国风格的终身教育体系，将最终取决于我国推进教育改革与实践的领导力和意志力。

---

[1] 习近平：《之江新语》，浙江人民出版社，2007，第41页。

参考文献

中文文献

1. 贝毅、曲连刚：《知识经济与全球经济一体化——兼论知识经济条件下国际产业转移的新特点》，《世界经济与政治》1998 年第 8 期。

2. 陈宝生：《在全国教育工作会议上的讲话》，http：//www. moe. gov. cn/jyb_ xwfb/moe_176/201802/t20180206_326931. html。

3. 陈玳、张以明：《论新自由主义理论的历史性困惑》，《贵州社会科学》2019 年第 2 期。

4. 陈静：《英国资格与学分框架运行机制及特点》，《现代教育管理》2014年第 11 期。

5. 陈霞：《一种为学生的升学和就业做准备的课程—英国普通国家职业资格（GNVQ）课程述评》，《外国教育研究》2002 年第 9 期。

6. 褚宏启：《教育治理：以共治求善治》，《教育研究》2014 年第 10 期。

7. 杜凤娇：《改革顶层设计如何接地气——与胡鞍钢、郭建宁、陶文昭三位教授的采访交流》，《人民论坛》2013 年第 3 期。

8. 杜越：《联合国教科文组织与全球教育治理：理念与实践探究》，教育科学出版社，2016。

9. 杜越：《联合国教科文组织与全球教育治理》，《全球教育展望》2011 年第 5 期。

10. 关燕桃：《韩国学分银行运行机制及其启示》，《科教文汇（下旬刊)》2017 年第 7 期。

11. 谷贤林：《终身学习思潮的理论基础与价值取向》，《比较教育研究》

2018 年第 12 期。

12. 《先试点后推广》，《光明日报》2013 年 4 月 15 日，http：//cpc. people. com. cn/n/2013/0415/c78779 – 21143970. html，最后访问时间：2019 年 5 月 20 日。

13. 《广东发布全国首个终身教育资历框架等级地方标准》，广州人才工作网，2017 年 12 月 19 日，https：//rencai. gov. cn/Index/detail/12856，最后访问时间：2019 年 7 月 4 日。

14. 国家开放大学学分银行："学习成果框架"，http：//cbouc. ouchn. edu. cn/kj/xxcgkj/index. shtml，最后访问时间：2019 年 7 月 4 日。

15. 《关于开展国家开放大学学分银行账户建立及学习成果存储工作的通知》，2016 年 6 月 1 日。

16. 匡瑛：《英、澳国家资格框架的嬗变与多层次高职的发展》，《高等工程教育研究》2013 年第 4 期。

17. 〔德〕韩博天、〔美〕裴宜理：《中国如何处理不确定性：游击式政策与适应性治理》，《比较》2012 年第 6 期。

18. 〔德〕韩博天：《红天鹅：中国独特的治理和制度创新》，中信出版社，2018。

19. 《国家中长期教育改革和发展规划纲要（2010—2020 年)》，http：//www. gov. cn/jrzg/2010 – 07/29/content_ 1667143. htm，最后访问时间：2019 年 6 月 10 日。

20. 贺五一、〔波兰〕亚采克·斯罗科斯：《波兰高等教育市场化论析——兼与中国高等教育改革相比较》，《江苏师范大学学报》（哲学社会科学版）2019 年第 5 期。

21. 〔英〕赫尔德：《全球大变革——全球化时代的政治经济与文化》，社会科学文献出版社，2001。

22. 胡焰初：《〈欧洲地区高等教育相关资格认可公约〉述评》，《武汉大学学报》（哲学社会科学版）2007 年第 1 期。

23. 黄健、刘雅婷、江丽、郑慧仪：《资历框架的设计与运行：香港的经验启示及建议》，《开放教育研究》2017 年第 6 期。

24. 教育部：《卓越工程师教育培养计划》，http：//www. moe. gov. cn/s78/

A08/gjs_left/moe_742/s5632/s3860/201109/t20110920_124884. html，最后访问时间：2019 年 7 月 5 日。

25. 《教育部等九部门关于进一步推进社区教育发展的意见》，2016 年 7 月 8 日，http：//www. moe. gov. cn/srcsite/A07/zcs_cxsh/201607/t20160725_272872. html。

26. 《教育部关于印发〈推进共建"一带一路"教育行动〉的通知》，2016 年 7 月 15 日，http：//www. moe. gov. cn/srcsite/A20/s7068/201608/t2016 0811_274679. html，最后访问时间：2019 年 6 月 30 日。

27. 《教育部关于办好开放大学的意见》，http：//www. gov. cn/gongbao/content/2016/content_5067956. html，最后访问时间：2019 年 7 月 5 日。

28. 《我国近千专业进入全球工程教育"第一方阵"》，2018 年 6 月 12 日，http：//www. moe. gov. cn/jyb_xwfb/gzdt_gzdt/s5987/201806/t2018061 2_339209. html，最后访问时间：2019 年 7 月 5 日。

29. 《教育部 工业和信息化部 中国工程院关于加快建设发展新工科实施卓越工程师教育培养计划 2.0 的意见》，2018 年 10 月 8 日，http：//www. moe. gov. cn/srcsite/A08/moe_742/s3860/201810/t20181017_3518 90. html，最后访问时间：2019 年 7 月 5 日。

30. 金炳雄：《欧洲资历框架对我国国家资历框架构建的启示》，《中国职业技术教育》2019 年第 22 期。

31. 阚阅：《从单一功能到多重互动：国际高等教育资历承认的发展与展望》，《中国高教研究》2019 年第 7 期。

32. 《劳动部、人事部关于颁发〈职业资格证书规定〉的通知》，2016 年 10 月 21 日，http：//www. 21wecan. com/rcpj/zyjnjd/zcfg_12060/201610 /t20161021_2996. html。

33. 李弘祺：《学以为己：传统中国的教育》，华东师范大学出版社，2017。

34. 李立国：《国家治理视野下的中央教育行政机构职能分析》，《清华大学教育研究》2014 年第 6 期。

35. 李文钊：《党和国家机构改革的新逻辑——从实验主义治理到设计主义治理》，《教学与研究》2019 年第期。

36. 李向阳：《全球化时代的区域经济合作》，《世界经济》2002 年第 5 期。

37. 联合国教科文组织：《反思教育：向"全球共同利益"的理念转变？》，http：//unesdoc. unesco. org/images/0023/002325/232555c. pdf。

38. 李秀珍：《韩国终身教育学分银行的实践及其启示》，《继续教育》2018 年第 3 期。

39. 刘阳：《图解英国国家资格框架之改革进程》，《职业技术教育》2006 年第 25 期。

40. 鲁彬之、孙天洋：《构建"国家资历框架"势在必行》，《中国教育报》2018 年 03 月 13 日。

41. 〔英〕迈克尔·扬：《把知识带回来——教育社会学从社会建构主义到社会实在论的转向》，教育科学出版社，2019。

42. 渠敬东：《项目制：一种新的国家治理体制》，《中国社会科学》2012 年第 5 期。

43. 渠敬东、周飞舟、应星：《从总体支配到技术治理——基于中国 30 年改革经验的社会学分析》，《中国社会科学》2009 年第 6 期。

44. 瞿振元：《建设中国特色高等教育治理体系推进治理能力现代化》，《中国高教研究》2014 年第 1 期。

45. 上海市终身教育学分银行："学分银行简介"，https：//shcb. org. cn/doc/doc1. jsp。

46. 石中英：《穿越教育概念的丛林，找到教育改革创新的正确方向》，http：//mp. sohu. com/profile？xpt = RTlBOTY1N0ZFOEE0RTQxNjI2MUY5NzJCRkU5MEFBMDRAcXEuc29odS5jb20 = 。

47. 《世界银行发展报告 2019：工作性质的变革》，https：//www. shihang. org/zh/publication/wdr2019。

48. 唐皇凤：《大国治理：中国国家治理的现实基础与主要困境》，《中共浙江省委党校学报》，2005 年第 6 期。

49. 《推进教育治理体系和治理能力现代化——一论综合教育改革》，《中国教育报》，http：//old. moe. gov. cn//publicfiles/business/htmlfiles/moe/s5148/201401/162283. html。

50. 王立生：《落实十九大精神，加快国家资历框架建设》，2018 年 4 月 19 日，http：//www. moe. gov. cn/jyb_xwfb/moe_2082/zl_2017n/2017_

zl76/201804/t20180419_333588. html。

51. 王国鹏：《新形势下中外高校学历学位互认工作存在问题探析》，《创新科技》2016 年第 5 期。

52. 王俊：《老龄化的标准研究》，《人口与发展》2014 年第 3 期。

53. 王有升：《中国教育治理体制的历史演变、现实问题与改革动力探析》，《华中师范大学学报》（人文社会科学版）2016 年第 6 期。

54. 文雯：《中国特色国家资历框架构建：一种制度构想》，《中国高等教育》2019 年第 8 期。

55. 邬志辉：《教育全球化：中国的视点与问题》，华东师范大学出版社，2004。

56. 肖庆华：《中国终身教育：问题与对策》，《继续教育研究》2008 年第 3 期。

57. 香港特别行政区教育局：《资历级别通用指标（2018）》。

58. 薛晶洁：《欧洲通行证运作模式及对我国学分银行建设的启示》，《开放教育研究》2018 年第 1 期。

59. 叶赟：《我们用什么和机器人展开竞争？高阶认知技能和社会行为技能》，2019 年 10 月 15 日，http：//www. labour – daily. cn/shsldb/lbxw/content/2e6f3a3d – 4a8a – 412e – b823 – 6ca9dfc93d72. html。

60. 〔南非〕詹姆斯·柯维、〔法〕伯恩·查克劳：《学习成果的分层和认定——21 世纪应用探讨》，福建教育出版社，2019。

61. 张华峰、史静寰：《走出"中国学习者悖论"——中国大学生主体性学习解释框架的构建》，《中国高教研究》2018 年第 12 期。

62. 张征：《新自由主义背景下大学制度变革研究》，中国海洋大学出版社，2014。

63. 张伟远、段承贵：《终身学习立交桥建构的国际发展和比较分析》，《中国远程教育》2013 年第 9 期。

64. 张卓元：《中国改革顶层设计》，中信出版社，2014。

65. 《粤港签署资历框架合作意向书》，中华人民共和国发展和改革委员会网站，2019 年 6 月 28 日，http：//www. ndrc. gov. cn/fzggw/jgsj/dgs/sjdt/201906/t20190628_1050359. html，最后访问时间：2019 年 7 月 5 日。

66. 中华人民共和国人力资源和社会保障部中国人力资源市场网，市场行情统计，http：//www.chrm.gov.cn/Statistic/。

67. 国家统计局网站，http：//stats.gov.cn/。

68. 《国家开放大学开通"学银在线"开放学习平台》，《中国教育报》，http-tp：//www.moe.gov.cn/s78/A16/s5886/xtp_left/s5889/201801/t20180108_323987.html。

69. 中国香港特别行政区教育局：《推广职业专才教育专责小组报告（2015）》。

70. 《终身教育资级标准看广东》，《领导决策信息》2018年第22期。

71. 周黎安：《行政发包制》，《社会》2014年第6期。

72. 周黎安：《转型中的地方政府：官员激励与治理》，格致出版社，2017。

73. 周光礼：《中国高等教育治理现代化：现状、问题与对策》，《中国高教研究》2014年第9期。

74. 周巧姝：《浅析知识经济与现代教育创新的发展》，《长春师范学院学报》2006年第12期。

75. 周雪光：《权威体制与有效治理：当代中国国家治理的制度逻辑》，《开放时代》2011年第10期。

76. 周雪光：《论中国官僚体制中的非正式制度》，《清华社会科学》2019年第1期。

77. 周雪光、练宏：《中国政府的治理模式：一个"控制权"理论》，《社会学研究》2012年第5期。

78. 朱贺玲、文雯：《从"一致""等值"到"认可"：教育资历跨境认可的全球实践和新动向》，《复旦教育论坛》2018年第3期。

79. 朱婷：《国内外知名学者终身教育概念的分析与比较》，《继续教育》2018年第8期。

80. 驻欧盟使团经商参处：《OECD〈数字经济展望2017〉报告主要内容》，2018年5月10日，http：//ed.mofcom.gov.cn/article/sqfb/201805/20180502741963.shtml。

81. 朱旭峰、张友浪：《创新与扩散：新型行政审批制度在中国城市的兴起》，《管理世界》2015年第10期。

82. 《中共中央办公厅、国务院办公厅印发〈关于做好新时期教育对外开放工作的若干意见〉》，2016 年 4 月 29 日，http：//www. gov. cn/xin-wen/2016 – 04/29/content_5069311. htm。

外文文献

1. S. Adam，"An Introduction to Learning Outcomes：A Consideration of the Nature，Function and Position of Learning Outcomes in the Creation of the European Higher Education Area，" in E. Froment，J. Kohler，L. Purser and L. Wilson，eds. ，*EUA Bologna Handbook：Making Bologna Work*（Berlin：Raabe Verlag，2006）.

2. C. Adelman，*The Bologna Process for U. S. Eyes：Re-learning Higher Education in the Age of Convergence*（Washington DC：Institute for Higher Education Policy，2009）.

3. S. Allais，*The Implementation and Impact of National Qualifications Frameworks：Report of a Study in 16 Countries*（Geneva：ILO，2010）.

4. *Australian Qualification Framework*（Canberra：Australian Qualification Council，2013）.

5. Ashbrook，"Final Report：Evaluations of the Awareness，Perceptions and Understanding of the SCQF Amongst Learners and the Understanding，Awareness and Perceptions of the Framework Amongst Management and Teaching Staff in Schools，" 2013，http：//scqf. org. uk/wp – content/up-loads/2014/04/Ashbrook – Report – Key – Findings – Learners – Teaching – Staff – July – 2013. pdf.

6. ASEAN，*ASEAN Framework Arrangement for the Mutual Recognition of Surveying Qualifications*（Jakarta：ASEAN，2007），http：//www. asean. org/storage/images/archive/21139. pdf.

7. ASEAN，"The ASEAN Qualifications Reference Framework"，2016，ht-tp：//asean. org/storage/2017/03/ED – 02 – ASEAN – Qualifications – Reference – Framework – January – 2016. pdf.

8. 4th Asia – Pacific Meeting on Education 2030（APMED），"Transforming

Learning—Meeting the Skills Demand to Achieve SDGs in the Asia – Pacific," accessed May 20, 2019, https：//bangkok. unesco. org/index. php/content/transforming – learning – 4th – apmed2030 – opens – clear – view – regional – education – challenges.

9. Australia Qualification Framework Council, "Australia Qualification Framework 2nd Edition January 2013," http：//www. aqf. edu. au.

10. T. Bailey, Y. Matsuzuka, *Integration of Vocational and Academic Curricula* (New York：Community Colleges and Community College Research Centre, Columbia University, 2003).

11. D. Bamford – Rees, "Thirty – five Years of Prior Learning Assessment：We've Come a Long Way," in D. Hart, J. Hickerson, eds. , *Prior Learning Portfolio：A Representative Collection* (Chicago：CAEL, 2008).

12. K. Bird, E. Ganzglass, H. Prince, *Giving Credit Where Credit is Due：Credentialing and the Role of Post – Secondary Non – credit Workforce Learning* (Washington. D. C. ：Center for Post – secondary and Economic Success, 2011).

13. T. Birtwistle, H. H. McKiernan, "Making the Implicit Explicit：Demonstrating the Value Added of Higher Education by a Qualifications Framework," *The Journal of College and University Law* 36 (2010).

14. BMBF, "Berufstbildungsbericht 2016 [Vocational Training Report 2016]," https：//www. bmbf. de/pub/Berufsbildungsbericht_2016. pdf.

15. BMBF, KMK, "German EQF Referencing Report," 2013, https：//ec. europa. eu/ploteus/sites/eaceqf/files/German _ EQF _ Referencing _ Report. pdf.

16. J. Bjørnåvold, "The EQF as a Catalyst for European NQF Developments," in *Paper Presented at International Peer Learning Activity on NQFs* (Brussels：Belgium, 2010).

17. Bologna Working Group on Qualifications Frameworks, "A Framework for Qualifications of the European Higher Education Area," 2005.

18. Caricom, *Caricom Qualifications Framework* (Saint Michael, Barbados：Caricom, 2012), https：//www. collegesinstitutes. ca/wp – content/uploads/

2014/05/CARICOM – Qualifications – Framework. pdf.

19. Caribbean Community, "The CARICOM Qualifications Framework: A Model for Enabling Regional Seamless Human Resource Development," The Directorate of Human and Social Development, CARICOM Secretariat, 2017.

20. Cedefop, *Application of Learning Outcomes Approaches Across Europe: a Comparative Study* (Luxembourg: Publications Office, 2016), http: //www. cede fop. europa. eu/en/publications – and – resources/ publications/3074.

21. B. Chakroun, K. Daelman, "Developing World Reference Levels of Learning Outcomes: Potential and Challenges," in UIL, UNESCO, ETF, Cedefop, eds. , *Global Inventory of Regional Qualifications Frameworks* (2015).

22. COL, SAQA, *Transnational Qualifications Framework for the Virtual University of Small States of the Commonwealth* (Pretoria: Commonwealth of Learning, South African Qualifications Authority, 2010), http: //www. vussc. info/.

23. Commission on Global Governance, *Our Global Neighborhood: The Report of the Commission on Global Governance* (Oxford: Oxford University Press, 1995).

24. Council of Europe: "Terms of Reference of the Joint Council of Europe/ UNESCO European Network of National Information Centres on Academic Mobility and Recognition (ENIC)", https: //publicsearch. coe. int/#k = ENIC#f = % 5B% 5D#s = 51.

25. Council of Europe, *Convention on the Recognition of Qualifications Concerning Higher Education in the European Region* (Lisbon, 1997).

26. Cross – Border Education Research Team, *C – BERT Branch Campus Listing* (Albany, NY: Author, 2017), [Data originally collected by Kevin Kinser and Jason E. Lane], http: //cbert. org/branchcampuses. php.

27. D. Raffe, "What is the Evidence for the Impact of National Qualifications Frameworks?" *Comparative Education* 49 (2013).

28. Danish Evaluation Institute, "Referencing the Dannish Qualification Framework for Lifelong Learning to the European Qualifications Framework,"

2011, http：//english. eva. dk/publications.

29. A. Deij, M. Graham, J. Bjornavold J, et al. , *Global Inventory of Regional and National Qualifications Frameworks. Volume I: Thematic Chapters*, UNESCO Institute for Lifelong Learning (2017).

30. Directorate General of Higher Education (n. d.), *Indonesian Qualifications Framework (Kerangka Kualifikasi Nasional Indonesia)*, *Presidential Decree* (Jakarta: Ministry of Education and Culture, 2012).

31. DQR, "The German Qualifications Framework for Lifelong Learning," 2011, http：//empleo. ugr. es/unilo/ documentos/dqr _ document _ en_110322. pdf.

32. "Education at a Glance 2018: OECD Indicators," https：//read. oecd – ilibrary. org/education/education – at – a – glance – 2018/china_ eag – 2018 – 74 – en#page1.

33. EHEA Pathfinder Group on Automatic Recognition, *Report by the EHEA Pathfinder Group on Automatic Recognition* (Yerevan: the Bologna Ministerial Conference, 2015).

34. ETF, CEDEFOP & UNESCO, "Global Inventory of Regional and National Qualifications Frameworks," 2013.

35. EU Commission White Paper , *Teaching and Learning: Towards the Learning Society* (Brussels: European Union, 1995).

36. European Commission, *European Area of Recognition Manual: Practical Guidelines for Fair Recognition of Qualifications* (Netherlands: NUFFIC, 2012).

37. European Commission, "Education and Training Monitor: Country Report Germany," 2016, https：//ec. europa. eu/education/sites/education/files/monitor2016 – de_ en. pdf.

38. European Centre for the Development of Vocational Training (Cedefop), "Qualifications Frameworks in Europe: Briefing Note 2016," 2017, http：//www. cedefop. europa. eu/files/9117_ en. pdf.

39. EQF Advisory Group, "Criteria and Procedures for Referencing National Qualifications Levels to the EQF," 2017, http：//ec. europa. eu/transparency/regex-

pert/index. cfm? do = groupDetail. groupDetailDoc&id = 10973&no = 2.

40. Erasmus Student Network ALSBL, *Automatic Recognition of Full Degrees* (Brussels: ESN ALSBL, 2014).

41. "Executive Order No. 83, s. 2012," http://www. officialgazette. gov. ph/2012/10/01/executive – order – no – 83 – s – 2012/.

42. Global Innoventory of CEDEFOP, 2013.

43. P. Grootings, "Discussing National Qualifications Frameworks: Facilitating Policy Learning in Practice," in *ETF Yearbook* 2007 (Turin: ETF, 2007).

44. G. Hanf, "Changing Relevance of the Beruf," in M. Brockman, L. Clarke, C. Winch, Knowledge, *Skills and Competence in the European Labour Market: What's in a Vocational Qualification?* (London: Routledge, 2011).

45. S. Heilmann, "Policy Experimentation in China's Economic Rise," *Studies in Comparative International Development* 43 (2008).

46. https://www. daad. de/imperia/md/content/asem2/events/2012tvetberlin/keynoteserban. pdf.

47. https://www. dqr. de/content/2316. php#qs – result.

48. http://www. cncp. gouv. fr/actualites/inventaire – dernieres – certifications – recensees – et – prochaines – echeances – 0.

49. ILO (SED) Global, "An Introductory Guide to National Qualifications Frameworks," 2007.

50. ILOSTAT Database and World Bank Population Estimate, https://data. worldbank. org/indicator/SL. TLF. CACT. ZS.

51. I. Isaac, "The Philippine National Qualifications Framework", in *International Conference on Implementation of NQF Policies and Strategies* (Bangkok, Manila: TESDA, 2011), http://www. unescobkk. org/fileadmin/user _ upload/epr/TVET/PHILIPPINES_ Paper. pdf.

52. J. Keating, "The Malaysian Qualifications Framework," in *Case Study* (Geneva: ILO, 2009).

53. J. Keevy, B. Chakroun, A. Deij, *Transnational Qualifications Frameworks* (Luxembourg: Publications Office of the European Union, 2011).

54. J. Keevy, B. Chakroun, *The Use of Level Descriptors in the Twenty - first Century* (Paris: UNESCO, 2015).

55. Kerson Associates Ltd, "The Use and Impact of the SCQF in the HEI and College Sectors: Follow - up Study 2014 - 15: Final Report for the SCQF Partnership," 2015, http: //scqf. org. uk/wp - content/uploads/2015/09/ COLLEGE - AND - HE - FINAL - REPORT - with - recommendations - Sept - 2015. pdf.

56. J. Klenk, *Nationale Qualifikationsrahmen in Dualen Berufsbildungssystemen. Akteure, Interessen und Politischer Prozess in Dänemark, Österreich und Deutschland* [NQF in Dual VET Systems: Actors, Interests and Political Process in Denmark, Austria and Germany] (Bielefeld: W. Bertelsmann, 2013).

57. S. Lester, "The UK Qualifications and Credit Framework: A Critique," *Journal of Vocational Education and Training* 63 (2011).

58. K. Lieberthal, M. Oksenberg, *Policy Making in China: Leaders, Structures, and Processes* (PRINCETON: Princeton University Press, 1990).

59. "Lifelong Learning," in *Obo in Education* (2019), https: //www. oxfordb ibliographies. com/view/document/obo - 9780199756810/obo - 97801997 56810 - 0024. xml.

60. Luca Lantero, "Bridge Handbook: Joint Programmes and Recognition of Joint Degrees," 2017, http: // erasmusmundus. it/files/fileusers/BRIDGE % 20HANDBOOK% 20WEB. pdf.

61. Lumina Foundation, "Lumina's Goal," https: //www. luminafoundation. org/lumina - goal.

62. Lumina Foundation, "Strategic Plan 2013 - 16," (Indianapolis: Lumina Foundation, 2012).

63. Lumina Foundation, *Connecting Credentials. Lessons From the National Summit on Credentialing and the Next Steps in the National Dialogue* (Indianapolis: Lumina Foundation, 2016).

64. Lumia Foundation, "Connecting Credentials: A Beta Credentials Framework," accessed December 5, 2019, https: //www. luminafoundation.

org/resources/connecting – credential.

65. Malaysian Qualifications Agency, "Malaysian Qualification Agency Act 2007, " http: //tatiuc. edu. my/admin/PPA/Other% 20QA% 20document/Act% 20% 20MQA% 20679% 20 english. pdf.

66. Manual for the German Qualification Framework.

67. K. Martens, A. Rusconi, K. Leuze, *New Arenas of Education Governance* (Palgrave Macmillan, 2007).

68. E. Michelson, "Report and Recommendation to the South Africa Qualifications Authority Based on International Models of the Recognition of Prior Learning, " *SAQA Bulletin* 12 (2012).

69. Ministry of Higher Education and Science of Danmark, https: //ufm. dk/ en/education/recognition – and – transparency/transparency – tools/qualifications – frameworks/levels/level – 1.

70. Ministry of Higher Education and Science of Danmark, " Qualification Framework for Lifelong Learning, " http: //www. nqf. dk.

71. K. Mundy, "Educational Multilateralism and World (Dis) Order, " *Comparative Education Review* 42 (1998).

72. "Nairobi Declaration and Call for Action on Education, " 2018, accessed May 20, 2019, http: //www. unesco. org/new/fileadmin/MULTIMEDI-A/FIELD/Nairobi/nairobideclarationenwebsite. pdf.

73. NZQA, "NZQF Programme Approval and Accreditation Rules, " 2013, http: //www. nzqa. govt. nz/assets/About – us/Our – role/Rules/Prog – App – Accred – Rules. pdf.

74. OECD Statistics, https: //stats. oecd. org.

75. OECD, *Education at Glance 2019 OECD Indicators* (Paris: OECD Publishing, 2019), https: //doi. org/10. 1787/f8d7780d – en.

76. OECD Glossary of Statistical Terms, https: //stats. oecd. org/glossary/detail. asp? id = 744.

77. OECD, *Measuring What People Know: Human Capital Accounting for the Knowledge Economy* (Paris: OECD Publishing, 1996), https: //doi. org/

10. 1787/9789264065482 – en.

78. Office of Education Council, *National Qualification Framework: Thailand NQF* (Bangkok: Office Education Council, 2013).

79. Office of Qualifications and Examination Regulation, "Regulated Qualifications Framework: A Postcard," 2015, https://www. gov. uk/government/uploads/system/uploads/attachment_data/file/461298/RQF_Bookcase. pdf.

80. Official Gazette of the Republic of Philippines, http://www. officialgazette. gov. ph.

81. Ofqual, "General Conditions of Recognition," 2016, https://www. gov. uk/government/uploads/system/uploads/attachmentdata/file/529394/general – conditions – of – recognition – june – 2016. pdf.

82. A. M. Ponton, "Qualifications Frameworks in the UK: Do They Support Credit Transfer?" *International Journal of Continuing Education and Lifelong Learning* 6 (2013).

83. QAA, "The Framework for Higher Education Qualifications of UK Degree – awarding Bodies," 2014, http://www. qaa. ac. uk/en/Publications/Documents/qualifications – frameworks. pdf.

84. QAA, "The Framework for Higher Education Qualifications in England, Wales and Northern Ireland (FHEQ)," 2008, http://www. qaa. ac. uk/publications/information – and – guidance/ publication? PubID = 2718 #. WAR7fywiu04.

85. QAA, "Characteristics Statement: Master's Degree," 2015, http://www. qaa. ac. uk/publications/information – and – guidance/publication? PubID = 2977#. WATDnSwiu05.

86. Y. Qian, B. R. Weingast, "Federalism as a Commitment to Reserving Market Incentives," *Journal of Economic Perspectives* 11 (1997).

87. Qualifications and Curriculum Development Agency, "Regulatory Arrangements for the Qualifications and Credit Framework," 2008, https://www. gov. uk/government/uploads/system/uploads/attachment _ data/file/371294/2008 – 08 – 15 – regulatory – arrangements – qcf – august 08. pdf.

88. D. Raffe, J. Gallacher, N. Toman, "The Scottish Credit and Qualifications Framework: Lessons for the EQF," *European Journal of Vocational Training* 42 (2008).

89. D. Raffe, "Bringing Academic and Vocational Training Closer Together," in J. Oelkers, ed., *Futures of Education II: Essays from an Interdisciplinary Symposium* (Frankfurt: Peter Lang, 2003).

90. D. Raffe, "What is the Evidence for the Impact of National Qualifications Frameworks?" *Comparative Education* 49 (2013).

91. A. Rauhvargers, "Recognition and Qualifications Frameworks," *Assessment in Education: Principles, Policy and Practice* 16 (2009).

92. A. Rauhvargers, "Improving the Recognition of Qualifications in the Framework of the Bologna Process," *European Journal of Education* 39 (2004).

93. W. H. Reinicke, "Global Public Policy: Governing Without Government?," *International Affairs* 75 (1999).

94. L. R. Cariño, R. J. H. Rabago, "Trainer Qualifications Framework: The Philippine Technical – Vocational Education and Training (TVET) Validation of Adult Educator's Competences: Towards Total Quality," in *Teachers and Trainers in Adult Education and Lifelong Learning: Professional Development in Asia and Europe* (Bergisch Gladbach, Bonn: German Institute for Adult Education, 2009), https://www.die – bonn. de/asem/asemconfpapers. pdf.

95. Royal Bank of Canada, "Human Wanted," 2018.

96. J. G. Ruggie, "International Responses to Technology: Concepts and Trends," *International Organization* 29 (1975).

97. SADC, "Updated and Amended Version of the Southern African Development Community Regional Qualifications Framework: Concept Paper and Implementation Plan for the SADC Regional Qualifications Framework," 2011, https://www. academia. edu/4570148/The _ Southern _ African _ Development_ Community_ Regional_ Qualifications_ Framework_ Concept_ Document.

98. J. Samuels, "Contextual and Institutional Arrangements for Lifelong Learn-

ing," in M. Singh, R. Duvekot, eds. , *Linking Recognition Practices and National Qualifications Frameworks. International Benchmarking of Experiences and Strategies on the Recognition, Validation and Accreditation (RVA) of Non-formal and Informal Learning* (Hamburg: UNESCO Institute for Lifelong Learning, 2013).

99. Serban, *Qualifications Frameworks: Possible Tools for (Vocational) Education and Training Reforms? Based on ETF's Experience* (Berlin: ASEM TVET Symposium, 2012).

100. BSHARE, "ASEAN Qualifications Reference Framework and National Qualifications Frameworks: State of Play Report, " 2015, http://share-asean. eu/wp-content/uploads/2015/10/AQRF-NQF-State-of-Play-Report. pdf.

101. SHARE Project Management Office, "ASEAN Qualifications Reference Framework and National Qualifications Frameworks: State of Play Report," 2017, http://www. share-asean. eu/wp-content/uploads/2015/10/AQRF-NQF-State-of-Play-Report. pdf.

102. South African Development Community Glossary (2011).

103. South African Qualifications Authority (SAQA), *Level Descriptors for the South African National Qualifications Framework* (Pretoria: SAQA, 2012a).

104. South African Qualifications Authority (SAQA), *Policy and Criteria for Recognizing a Professional Body and Registering a Professional Designation for the Purposes of the National Qualifications Framework Act, Act* 67 *of* 2008 (Pretoria: SAQA, 2012b).

105. South African Qualifications Authority (SAQA), *Policy and Criteria for the Registration of Qualifications and Part Qualifications on the National Qualifications Framework* (Pretoria: SAQA, 2013a)

106. South African Qualifications Authority (SAQA), *National Policy for the Implementation of the Recognition of Prior Learning* (Pretoria: SAQA, 2013b).

107. South African Qualifications Authority (SAQA), *Policy for Credit Accumulation and Transfer Within the National Qualifications Framework* (Pretoria: SAQA, 2014a).

108. South African Qualifications Authority (SAQA), *National Policy and Criteria for Designing and Implementing Assessment for NQF Qualifications and Part – qualifications and Professional Designations in South Africa* (Pretoria: SAQA, 2014b).

109. South African Qualifications Authority (SAQA), *NLRD 4th Trends Report* (Pretoria: SAQA, 2017a).

110. South African Qualifications Authority (SAQA), *Policy and Criteria for Evaluating Foreign Qualifications Within the South African NQF as Amended* (Pretoria: SAQA, 2017b).

111. SPBEA, *The Pacific Qualifications Framework* (Suva, Fiji: South Pacific Board for Educational Assessment, 2011), http://eqap. org. fj/getattachment/Our – Work/Projects/Pacific – Register – for – Qualifications – Standards/2 – – PQF – booklet – FINAL. pdf. aspx.

112. The UK Government, "Referencing the Qualifications Frameworks of the United Kingdom to the European Qualifications Framework," 2010, http://scqf. org. uk/content/files/europe/QFUK_Joint_Report_ – _Updated_ March_2010. pdf.

113. Übergängevonder beruflichen in die hochschulische Bildung (ANKOM)

114. "Page of the Consultation on After the QCF: A New Qualifications Framework (Go to Consultation Description)", UK Government Web, https://www. gov. uk/government/consultations/after – the – qcf – a – new – qualifications – framework.

115. UddannelsesGuiden, https://www. ug. dk/.

116. UNESCO, "Global Convention on Recognition of Qualifications Concerning Higher Education," 2016.

117. UNESCO, "Asia – Pacific Regional Convention on the Recognition of Qualifications in Higher Education," (Tokyo, 2011).

118. UNESCO and Council of Europe, "Monitoring the Implementation of the Lisbon Recognition Convention," (Paris, 2016).

119. UNESCO, "Education: Outbound Internationally Mobile Students by Host Region," http://data. uis. unesco. org/.

120. UNESCO, "CEDEFOP Global Inventory of Regional and National Qualifications Frameworks," 2016.

121. UNESCO, "CEDEFOP Global Inventory of Regional and National Qualifications Frameworks," 2017.

122. UNESCO, http: //www. unesco. org. pk/education/documents/2018/DRAFT_PK_SDG - 4_ Gap_ Analysis. pdf.

123. UNESCO Guidelines for the Recognition, "Validation and Accreditation of the Outcomes of Non - formal and Informal Learning," http: // old. nordvux. net/download/6997/3_ unesco. pdf.

124. UNESCO INSTITUTE FOR STATISTICS, "International Standard Classification of Education (ISCED) 2011 - Draft, " 2010.

125. UNESCO, "CEDEFOP Global Inventory of Regional and National Qualifications Frameworks," 2009.

126. UNECO ISCED, "Global Formal Education," 2011, https: //unevoc. u nesco. org/go. php? q = TVETipedia + Glossary + A - Z&id = 222.

127. United Nations, "Sustainable Development Goals 2030," 2015.

128. US Department of Education, International Affairs Staff, *Education in the United States: A Brief Overview* (Washington DC: Education Publications Centre, 2005).

129. ValiKom Project, http: //www. bildungsspiegel. de/news/ weiterbildung - bildungspolitik/17 - valikom - chancen - fuer - menschen - ohne - berufsabschluss.

130. M. Van Noy, et al. , *Non - credit Enrolment in Workforce Education: State Policies and Community College Practices* (New York: Community Colleges and Community College Research Center, Columbia University, 2008).

131. World Bank, "Governance and Development," http: //documents. worldbank. org/curated/en/604951468739447676/Governance - and - development.

132. C. Xu, "The Fundamental Institutions of China's Reforms and Development," *Journal of Economic Literature* 49 (2011).

致　谢

　　本研究得到了全国教育科学规划项目"国家资历框架研究"课题组全体同仁的支持和帮助。感谢教育部学位与研究生教育发展中心前主任王立生先生多次参与课题讨论并给予相关指导。清华大学研究团队的包塂含（清华大学公共管理学院博士研究生）为本书第四章、第六章的研究和写作，谭思颖（清华大学教育研究院硕士研究生）为本书第一章、第二章的研究和写作均作出了实质性贡献。清华大学教育研究院袁本涛教授，北京工业大学朱贺玲研究员，清华大学教育研究院泰国留学生张灵霄、张若曦亦为本研究提供了重要的学术意见。谨在此对课题组全体同仁致以诚挚的谢意。

图书在版编目（CIP）数据

走向终身学习和教育现代化：国家资历框架的理论
和实践／文雯，吴圣楠著. -- 北京：社会科学文献出
版社，2021.7（2023.5 重印）
 ISBN 978 - 7 - 5201 - 7889 - 1

Ⅰ.①走…　Ⅱ.①文…　②吴…　Ⅲ.①终生教育 - 研
究 - 中国②教育现代化 - 研究 - 中国　Ⅳ.①G72②G52
 中国版本图书馆 CIP 数据核字（2021）第 091314 号

走向终身学习和教育现代化
——国家资历框架的理论和实践

著　　者／文　雯　吴圣楠

出 版 人／王利民
责任编辑／李建廷
责任印制／王京美

出　　版／社会科学文献出版社
　　　　　　地址：北京市北三环中路甲 29 号院华龙大厦　邮编：100029
　　　　　　网址：www. ssap. com. cn
发　　行／社会科学文献出版社（010）59367028
印　　装／北京虎彩文化传播有限公司

规　　格／开　本：787mm × 1092mm　1/16
　　　　　　印　张：17.75　字　数：283 千字
版　　次／2021 年 7 月第 1 版　2023 年 5 月第 2 次印刷
书　　号／ISBN 978 - 7 - 5201 - 7889 - 1
定　　价／98.00 元

读者服务电话：4008918866